21世纪应用型本科财税系列规划教材

中国税制

China Taxation

高凤勤 赵 宇 主编
郭 健 马 静 副主编

东北财经大学出版社
Dongbei University of Finance & Economics Press
大连

图书在版编目（CIP）数据

中国税制 / 高凤勤，赵宇主编. —大连：东北财经大学出版社，2020.11（2022.1重印）
（21世纪应用型本科财税系列规划教材）
ISBN 978-7-5654-4022-9

Ⅰ. 中… Ⅱ. ①高… ②赵… Ⅲ. 税收制度-中国-高等学校-教材 Ⅳ. F812.422

中国版本图书馆CIP数据核字（2020）第217125号

东北财经大学出版社出版
（大连市黑石礁尖山街217号 邮政编码 116025）
网 址：http：//www.dufep.cn
读者信箱：dufep@dufe.edu.cn
大连图腾彩色印刷有限公司印刷 东北财经大学出版社发行

幅面尺寸：170mm×240mm 字数：333千字 印张：16 插页：1
2020年11月第1版 2022年1月第2次印刷

责任编辑：田玉海 责任校对：齐 校
封面设计：原 皓 版式设计：钟福建

定价：35.00元

教学支持 售后服务 联系电话：（0411）84710309

如有印装质量问题，请联系营销部：（0411）84710711

前 言

随着经济与社会的发展，税制改革成为各国财税改革的重要内容。具体到我国，党的十八届三中全会明确提出了“落实税收法定原则”的重要改革任务，随着全面“营改增”的推进，我国开征了环境保护税，修订了个人所得税法，烟叶税、船舶吨税、车辆购置税、耕地占用税、资源税、城市维护建设税、契税七个税种相继立法，增值税、消费税、土地增值税、印花税四个税种也进入了立法程序，其正式法律的出台也不会太久。面对我国税收制度不断变革的情况，如何及时向财税、会计等经济管理类诸多专业的本科生甚至研究生阐释我国税制改革和税收法治化进程中的最新成果，成为“中国税制”教材编写的核心问题，从而也为本教材的编写提供了良好的契机。

本教材共分九章，主要讲解了税制的基础知识、中国现行税制体系中各个税种的制度规定、应纳税额的计算以及征收管理等内容。本教材的编写，根据税收理论与实践发展的新要求，适应高等教育培养专业能力强、综合素质高、创新型、应用型人才的需要，吸收借鉴其他院校教材编写经验，理论联系实际、教学和科研成果融合，力求全面、系统地刻画中国现行税制全貌等特点。此外，本教材还在以下方面彰显出自己的特色：一是在内容设计上，紧密结合当前中国税制理论与实践的新发展，紧跟最新税制变化，以清晰简洁、深入浅出的写作风格，调整完善教材内容，满足了学生学习最新税收制度的需求。二是内容充实，突出了对增值税、企业所得税、个人所得税等重点税种的介绍和阐释，给教师留有教学内容取舍和课堂发挥空间。三是运用生动活泼的例题和综合案例介绍和分析各个税种的具体计算和征收管理实践操作，在每章章后设有复习思考题，有助于提高学生的学习兴趣，增强学生分析问题和解决问题的能力。

本教材由长期从事税收教学与科研的专家、教授和骨干教师编写。高凤勤教授、赵宇教授担任主编，郭健教授、马静教授担任副主编。参与编写的人员及其分工如下：赵宇（第一章），郭健、刘金东（第二章），韩仁月（第三章），程燕婷（第四章），马静、王杰茹（第五章）、高凤勤（第六章），张春燕（第七章），范辰辰（第八章），王杰茹（第九章）。高凤勤教授、赵宇教授对全部书稿进行了总纂、修改和最后的定稿。

本教材既可作为高等财经院校相关专业的教材，也适用于经济管理实务人员进行理论学习，是他们了解税制基础知识和中国现行税制及其变迁，处理相关税收专业业务的重要参考书。

在本教材编写过程中，我们参阅和借鉴了近年来出版或发表的不少优秀教材和税制研究方面的最新成果，在此不再一一列举，谨向各位作者表示衷心的感谢！财税界的不少专家、学者和同行也为本书的编写提出了宝贵意见，提供了大量文献资料，向他们表示深深的谢意！我们还要衷心感谢东北财经大学出版社的编辑老师和各位工作人员为本教材的出版发行付出的辛苦劳动。

由于我国现行税制内容丰富，结构复杂，并处于不断的变革和完善过程中，加之编者水平有限，本教材不足之处在所难免，恳请各位读者批准指正。

编　者

2020年秋

目　录

第一章

中国税制导论

学习目标

通过本章的学习，掌握税收、税法、税收制度及其相关概念，税收的特征、税法的原则、税收制度的构成要素、税率的形式、现代税收制度建立的原则、影响税制体系的主要因素等；了解税种的分类、税制体系的类型及其优缺点、我国税收制度的沿革、我国现行税制体系中税种的设置等。

重点与难点

本章重点主要有：税收的概念和特征、税法的概念与原则、税收制度的概念及其构成要素、税率的形式、现代税收制度建立的原则、影响税制体系的主要因素。本章难点主要有：累进税率、税收的经济效率。

第一节　税收的概念和特征

在现代社会经济生活中，税收参与其中并发挥着重要的作用。从居民收入到企业经营，从政府的政治活动到社会经济建设，国民经济的各个部门、企事业单位、居民个人都同税收关系密切。例如，就居民个人而言，工资薪金所得、劳务报酬所得、稿酬所得、财产租赁所得、财产转让所得等只要符合个人所得税法规定的标准，就要依法缴纳个人所得税；上街购物、享受服务，虽然不直接纳税，但所支付的价格中已经包含了税款。就工商企业而言，开业需要到税务部门办理税务登记；生产经营需要依法缴纳增值税、消费税，盈利企业还要依法缴纳企业所得税；同时，工商企业不仅享用政府以税收收入提供的公共工程和公共服务，而且享受政府提供的各种税收优惠的支持，如税额优惠、税率优惠、加速折旧、出口退税等。就政府而言，行政管理、国防建设、市政工程、发展教育事业等的资金主要来源于税收。税收收入多少不仅直接关系着财政支出能否得到基本满足，而且已经成为国家经济实力的重要标志和政府干预经济运行的重要手段。那么，什么是税收？税收具有哪些特征？我们就从这些基本问题讲起。

一、税收的概念

税收是一个古老的政治经济范畴，是人类社会发展到一定历史阶段的产物。一般来说，税收的产生取决于两个相互影响的前提条件：一是经济条件，即私有财产制度的存在；二是社会条件，即国家的产生和存在。也就是说，税收是私有财产制度和国家政权相结合的产物。原始社会没有税收，税收始于奴隶社会。在我国历史上，夏、商、周是三个最早的奴隶制国家，当时的税收分别采取了贡、助、彻三种低级形式。到了春秋时期，公元前594年，鲁国实行"初税亩"，首次从法律上承认土地私有制并按田亩征税，正式确立完全意义上的税收制度，成为我国税收发展史上的里程碑。

关于税收的概念，古今中外的学者历来表述不一。例如，英国经济学家亚当·斯密认为，"人民拿出自己一部分私人收入给君主或国家，作为一笔公共收入"，并强调国家经费的大部分必须取自于各种税收。这一定义除了说明税收的纳税主体是"人民"外，侧重反映了税收是一种"公共收入"。美国经济学家塞里格曼认为，"赋税是政府对于人民的一种强制性征收，用以支付谋取公共利益所需的费用，其中不包含是否给予特种利益的关系"。这一定义强调了税收是"强制性征收"。

相比之下，一些现代经济类工具书关于税收概念的表述更为完备，也更能代表大多数学者的观点。例如，英国《新大英百科全书》对税收概念的表述是："税收是强制的、固定的征收，它通常被认为是对政府公共收入的捐献，用以满足政府开支的需要，而并不表明是为了某一特定的目的。税收是无偿的，它不是通过交换来取得。这一点与政府的其他收入大不相同，如出售公共财产或发行公债等。税收总是为了纳税人的福利而征收，每一纳税人在不受任何利益支配的情况下承担了纳税义务。"《美国经济学词典》对税收概念的表述是："税收是居民个人、公共机构和团体向政府强制转让的货币（偶尔也采取实物和劳务的形式）。其征收对象是财产、收入或资本收益，也可以来自附加价格或大宗的畅销商品。"20世纪90年代，金鑫等主编的《中国税务百科全书》认为，税收是"国家为满足社会公共需要，依据其社会职能，按照法律规定，参与国民收入中剩余产品分配的一种规范形式"。

综观经济学界关于税收概念的表述，虽然不同时期的人们在认识的层面、理解的角度和文字表述上都存在差异，但是要定义税收，就需要对税收征收的主体和纳税的主体、税收征收的依据和特征、税收的目的和用途等基本问题作出科学合理、简明扼要的回答。据此，我们认为，税收是国家为了满足社会公共需要，凭借公共权力，按照法律预先规定的标准和程序，强制、无偿、定量地参与单位和个人财富分配而取得财政收入的一种主要形式。

要理解税收的概念，需要把握以下几点：

（1）税收征收的主体是国家或政府，纳税的主体是税法规定的负有纳税义务的单位和个人。除政府之外，其他任何组织或机构均无权征税。

（2）税收征收的目的和用途是满足社会公共需要。这种需要对每个社会成员来说，既是不可缺少的，又是无法独立解决的，而且在受益上具有共享性。

（3）税收征收凭借公共权力，按照法律预先规定的标准和程序参与社会财富的分配。

（4）税收具有强制性、无偿性、固定性三大特征。

（5）税收是政府取得财政收入的一种主要形式，也是政府调节社会经济生活的重要工具。

二、税收的特征

税收作为国家取得财政收入的一种主要形式，与其他财政收入形式相比，具有强制性、无偿性和固定性的特征。这被称为税收的“三性”。

（一）税收的强制性

税收的强制性是指国家凭借其公共权力，以法律形式对税收征纳双方的权利与义务进行规范，依据法律进行征税。在这里需要强调的是，国家征税凭借其公共权力，而不是财产权力。税收的强制性主要体现在征税过程中。

一方面，税收征收依据的是国家税法，是通过国家法律规定强制征收的，国家有依照税法行使征税的权力，公民有依法纳税的义务。当国家征税权力受到纳税人的干扰和抵制时，有权运用法律加以制裁。我国宪法明确规定公民有依照法律纳税的义务。纳税人必须依法纳税，否则就要受到法律的制裁。

另一方面，当纳税人的正当生产经营权和享受社会公共条件的权利受到侵害时，也可以通过法律来保障其自身的合法权益。

所以，税收的强制性，既不意味着国家可以借助公共权力任意征税，也不意味着纳税人只尽义务不享受权利。它是国家和纳税人从不同侧面满足社会公共需要的权利和义务关系的法律规范。

（二）税收的无偿性

税收的无偿性是指国家征税后，税款即为国家所有，纳入国家财政预算统一分配，既不需要直接向具体纳税人返还，也不需要支付报酬。

税收的无偿性特征，从纳税人方面讲是义务缴纳；从国家方面讲，是国家凭借公共权力的立法征收，改变一部分社会产品的所有权和支配权，使其归国家所有，在国家的统一管理下，用于满足社会公共需要。其实质就是国家运用税收为其公务活动筹集必要的经费，然后从社会公共需要出发统一集中支配使用。国家在取得税款时，无须对具体纳税人返还或者作出某种直接提供相应的服务和承诺。就这一点来说，“税”和政府为公民提供某种服务而收取的“费”是有本质区别的。

需要注意的是，税收的无偿性是从具体纳税人角度而言的，但就纳税人的整体而言则是对等的，因此，税收的无偿性表现为个体的无偿性、整体的有偿性。

（三）税收的固定性

税收的固定性是指国家征税之前，就必须预先明确规定一定时间内相对固定的、统一的征税标准，包括纳税人、课税对象、税率、纳税期限、纳税地点及违章处罚等内容，使征纳双方共同遵守。

税收的固定性包括两层含义：第一，税收征收总量的有限性。由于预先规定了征税的标准，政府在一定时期内的征税数量就要以此为限，从而保证税收在国民经济总量中的适当比例。第二，税收征收具体操作的确定性，即税法确定了课税对象及征收比例或数额，具有相对稳定、连续的特点，既要求纳税人必须按税法规定的标准缴纳税额，也要求税务机关只能按税法规定的标准对纳税人征税，不能任意降低或提高。

税收的固定性无论对国家还是对纳税人都有重要意义。对国家来说，它有利于保证一定时期内财政收入的相对稳定，增强对财政支出规模和使用方向的计划性。对纳税人来说，它可以保护其合法权益不受侵犯，增强其守法经营、依法纳税的积极性。当然，税收的固定性是相对于某一个时期而言的。国家可以根据经济和社会发展需要适时地修订税法，但这与税收整体的相对固定性并不矛盾。

综上所述，税收特征是税收本质属性的外在体现，是税收区别于其他财政收入形式的重要标志，它反映了税收的共性。

税收的三个特征是一个完整的统一体，必须同时具备，缺一不可。无偿性是税收三个特征的核心，强制性和固定性是对无偿性的保证和约束。由于税收的无偿性使纳税人直接感受到利益的损失，因而需要通过强制性来保证国家取得税款来满足社会公共需要；税收的无偿性也决定了税收的固定性，征税人和纳税人必须按照事先规定的课税对象和征税标准依法征收和缴纳，从而使得税收的强制性变得更为规范。也正是由于税收具有这三大特征，才使它成为财政收入的最主要来源。

第二节　税收制度构成要素

一、税收制度与税法的概念

（一）税收制度的概念

税收制度，简称“税制”，是国家各种税收法令和征收管理办法的总称。它包括各种税收法律法规、条例、实施细则、征收管理办法等。税收制度是国家向纳税人征税的法律依据和工作规程，也是纳税人自觉履行纳税义务的行为规范。

税收制度有广义和狭义之分。广义的税收制度是指国家的各种税收法规、税收管理体制、税收征收管理制度以及税务机关内部的管理制度的总称。狭义的税收制度是指国家的各种税收法律法规和征收管理制度，包括各种税法、条例、实施细则、征收管理办法和其他有关的税收规定等。

税收制度主要包括三个层次：一是不同的税制要素构成税种。构成税种的税制要素主要有：纳税人、征税对象、税目、税率、纳税环节、纳税期限、纳税地点、减税免税等。二是不同的税种构成税制结构。构成税制结构的具体税种国与国之间差异较大，但一般都包括：企业所得税、个人所得税，增值税、消费税、关税，以及财产税、资源税、社会保障税等。三是规范税款征收程序的法律法规，如“税收征收管理法”等。

（二）税法的概念

税收制度的核心是税法。所谓税法，是指国家立法机关制定的用以调整国家与纳税人之间在税收征纳方面权利与义务关系的法律规范的总称。它是国家依法征税、纳税人依法纳税的行为准则，其目的是保障国家利益和纳税人的合法权益，维护正常的税收秩序，保证国家的财政收入。

税收活动必须按照税法进行，否则就会受到制裁。税法原则反映了税收活动的根本属性，具体包括基本原则和适用原则。税法的基本原则包括税收法定原则、税收公平原则、税收效率原则和实质课税原则。

税收法定原则是指税法主体的权利和义务必须由法律加以规定，税法的各类构成要素必须且只能由法律予以明确。实质课税原则是指应根据客观事实确定是否符合课税要件，而不能仅根据其外观和形式确定是否应予以课税。税收公平原则是指纳税人的税收负担应根据纳税人的负担能力加以分配，负担能力相同的人税负相同，负担能力不同的人税负不同。税收效率原则是指税法的制定应有利于资源的有效配置和经济体制的有效运行，并能提高征管机关的行政效率，降低征纳成本。

税法的适用原则包括法律优位原则，法律不溯及既往原则，新法优于旧法原则，特别法优于普通法原则，实体从旧、程序从新原则和程序优于实体原则。

法律优位原则也称行政立法不得抵触法律原则，其基本含义是法律的效力高于行政立法的效力，法律优位原则在税法中的作用主要体现在处理不同位阶税法的关系上，即税收法律的效力高于税收行政立法的效力。

法律不溯及既往原则，是指纳税人在新法实施前发生的税收行为只能沿用旧法，而不能适用新法。

新法优于旧法原则是指，新法和旧法对同一事物有不同规定时，新法的效力优于旧法。这是为了避免因法律修订带来的新法和旧法之间因规定不同带来的矛盾。

特别法优于普通法原则是指，对同一事项两部法律分别订有一般和特别规定时，特别规定的效力高于一般规定的效力。该原则打破了税法效力等级的限制，居于特别法地位的级别较低的税法，其效力可以高于作为普通法的级别较高的税法。

实体从旧、程序从新原则主要包括两层含义：一是实体法不具备溯及力，即在纳税义务的确定上，以纳税义务发生时的税法规定为准，实体性的税法规则不具有向前的溯及力；二是程序性税法在特定条件下具有一定的溯及力，即对于新税法公布实施之前发生，却在新税法公布实施之后进入税款征收程序的纳税义务，原则上新税法具有约束力。

税法一般由税法通则、各税税法（条例）、实施细则、具体规定四个层次构成。“税法通则”规定一个国家的税种设置和每个税种的立法精神。“各税税法（条例）”分别规定各个税种的征税办法。在我国，“税法”是由全国人民代表大会及其常务委员会审议通过并颁布施行的；“条例”是全国人民代表大会及其常务委员会授权国务院制定颁布的某种税的征税办法，待条件成熟再由人大正式立法。我国曾经绝大部分税种都是条例性质的，现在各税种的条例正在改为法律形式。“实施细则”是对各税税法（条例）的详细说明和解释。“具体规定”是根据不同时期、不同地区的具体情况制定的补充性税收法规。目前，世界上只有少数国家单独制定税法通则，大多数国家都把税法通则的有关内容包含在各税税法（条例）中，我国的税法就属于这种情况。

税收制度属于上层建筑，一国税收制度的确立都要根据本国具体的政治经济条件。各国政治经济条件不同，税收制度也不尽相同，具体的征收办法也会各有不同。就一个国家而言，由于政治经济条件和政治经济目标不同，税收制度也有着或大或小的差异。我国现行的税收制度就是中华人民共和国成立后，根据我国不同时期具体的政治经济形势，经过几次较大的改革逐步发展而来的。

二、税收制度构成要素

税收制度由若干要素构成。税收制度若干要素构成每个税种的主体结构。税收制度构成要素主要包括：纳税人、征税对象、税目、税率、纳税环节、纳税期限、减免税和违章处理等。其中，对谁征税——纳税人、对什么东西征税——征税对象、征多少税——税率是三个基本构成要素。

（一）纳税人

纳税人又称纳税义务人，是指税法规定直接负有纳税义务的单位和个人。各个税种都有各自的纳税人规定，如我国企业所得税的纳税人是在中华人民共和国境内的企业和其他取得收入的组织。纳税人是纳税的主体。

从法律角度划分，纳税人可分为法人和自然人。法人是指依法成立并具有民事权利能力和民事行为能力，能独立行使法定权利、承担法定义务的社会组织，是社会组织在法律上的人格化，如公司、企业、社团等。法人一般应具备以下条件：一是依法成立，正式在政府管理部门注册备案；二是有自己的名称、组织机构和场所；三是有独立支配的财产和经费；四是能独立对外行使法定民事权利和义务。自然人是指基于出生，依法独立享有法定权利，并承担法律义务的公民个人，以及居住在我国境内的外国人，如从事个体经营的工商业户的个人、有应税收入或者应税财产的个人等。

与纳税人相关的概念主要有负税人、扣缴人、税务代理人等。

负税人是指税收的实际负担者，是最终负担国家征收税款的单位和个人。负税人与纳税人有时一致，如所得税的纳税人也就是所得税的负税人；负税人与纳税人有时不一致，如流转类税收，纳税人是生产销售商品或从事各种服务的企业或个人，而负税人则是商品或服务的最终消费者。这是因为，在一定条件下，纳税人通过一定的方式，把缴纳的税款转嫁给他人负担，纳税人不一定实际负担税款。

一般情况下，各项税收是由纳税人直接申报缴纳或由税务机关直接征收，但为了简化纳税环节和计征手续，加强税收的源泉控制，方便纳税人，税法还规定了扣缴人、税务代理人。扣缴人是扣缴义务人的简称，是指税法规定的，在经营活动中负有代扣税款并向国库缴纳税款义务的单位和个人。扣缴人必须认真履行义务，否则应负法律责任。例如，我国现行个人所得税法律就规定，凡是可以在应税所得的支付环节扣缴个人所得税的，均由扣缴人履行代扣代缴义务。税务代理人是指经有关部门批准，依照税法规定，在一定的代理权限内，以纳税人、扣缴义务人的名义，代为办理各项税务事宜的单位或个人。税务代理是一种民事代理行为，理应享有代理人的各项权利、履行相关义务并承担一定法律责任。

（二）征税对象

征税对象，又称课税对象或征税客体，是指对什么东西征税，是征税的标的物。课税对象是税收制度最基本的要素之一，也是一种税区别于另一种税的主要标志。在整个国民经济运行中，课税对象的选择可以是多方面的。概括起来，课税对象一般有商品或劳务、所得额或收益额、财产、资源等。国家为了筹集财政资金和调节经济，可以根据客观的经济需要选择多种多样的课税对象。每个税种都有自己的征税对象，也就是必须明确规定对什么征税，如企业所得税的征税对象是企业的生产经营所得和其他所得。征税对象体现不同税种的征税界限和基本范围。凡是列入征税对象的，就属于该税的征税范围，凡是未列入征税对象的，就不属于该税的征税范围。因此，不同税种名称的由来，主要取决于不同的征税对象，如以增值额为征税对象的叫增值税。

在税收实践中，与征税对象相关的概念有计税依据和税源。

计税依据是征税对象量的具体化，是计算应征税额的依据。有的税种征税对象与计税依据一致，如流转税的征税对象和计税依据都是流转额；所得税的征税对象和计税依据都是所得额。有的税种征税对象与计税依据不一致，如房产税的征税对象是房产，其计税依据是房产余值和租金收入。计税依据按其性质可分为两大类：一类是以征税对象的实物形态为计税单位，即按征税对象的数量、重量、容积、体积等为计税依据。它适用于从量计征的税种，如对盐征资源税的征税依据是盐的销售吨数。另一类是以价值形态为计税依据，即按征税对象的价格或价值为计税标准。它适用于从价计征的税种，如对卷烟计征消费税时的计税依据是卷烟的销售价格。

税源是指每一种税的具体经济来源，是各种税收收入的最终出处。在社会产品价值中，能够成为税源的只能是国民收入分配中形成的各种收入，如工资、奖金、租金、利润、利息等。各种税因征税对象的不同，都有不同的经济来源。有的税种征税对象与税源是一致的，如所得税，其征税对象和税源都是纳税人的所得；有的税种征税对象与税源是不一致的，如财产税，征税对象是应税财产，而税源则是财产的收益或财产所有人的收入。掌握和了解税源的发展变化是税务工作的重要内容，它对制定税收制度和税收政策、开辟和保护税源、增加财政收入都具有重要意义。

（三）税目

税目是与征税对象相联系的税制构成要素。征税对象只说明了征税的标的物，需要作出具体的解释。税目是征税对象的具体项目，它具体地规定一个税种的征税范围。有些税种征税对象简单、明确，没有必要再另行规定税目，如企业所得税；有些税种征税对象复杂，需要规定税目，如消费税以消费品为征税对象，但对哪些消费品征税，需要通过税目来规定。设置税目的目的，一是明确具体的征税项目；二是根据不同项目的利润水平和国家经济政策，通过设置不同的税率进行税收调控。

设计税目的方法：一是列举法，即按照每种商品或经营项目分别设置税目，如我国现行消费税税目包括烟、酒、成品油、小汽车等，一个商品规定一个税目，共设置了15个税目，并且在15个税目中还设置了子税目，如烟包括卷烟、雪茄烟和烟丝等3个税目。这种方法的优点是界限明确，便于掌握，对号入座；缺点是税目过多，不便于查找。二是概括法，即按照商品大类或行业设计税目，如我国现行增值税，按销售货物，提供应税劳务，销售服务、无形资产和不动产等，一个大类的商品或行业设计一个税目。这种方法的优点是税目少，查找方便；缺点在于税目过粗，不利于贯彻合理负担的原则。具体应用中，应把两种方法结合起来，使税目设计既有利于征管，又有利于贯彻国家政策。

（四）税率

税率是应纳税额与征税对象数额的比例，是计算应纳税额的尺度。税率的高低直接体现国家在一定时期的政治、经济要求和鼓励、限制政策，直接关系国家财政收入的多少和纳税人的负担程度，因此，税率构成税收制度的中心环节。

税率一般分为比例税率、累进税率和定额税率三种形式。

1.比例税率

比例税率是指对同一征税对象不分数额大小只规定一个固定的征收比例。比例税率在具体运用上可以分为单一比例税率、差别比例税率和幅度比例税率。其中，差别比例税率按使用范围又可分为产品差别比例税率、行业差别比例税率和地区差别比例税率。比例税率的优点有：一是同一征税对象的不同纳税人税收负担相同，税负比较均衡合理，具有鼓励先进、鞭策后进的作用，有利于在同等条件下开展竞争；二是计算简便，有利于税收的征收管理。但是，比例税率不能完全适应不同纳税人的负担能力，不能体现负担能力大者多征、小者少征的原则，使得税收负担程度不尽合理，在调节收入上有一定的局限性。

2.累进税率

累进税率是指按征税对象数额大小划分成若干等级，每个等级分别规定不同的税率，等级越高，税率越高，税率随征税对象数额的增加而递增。这种税率一般在所得课税中采用。按所得额大小，确定高低不同的累进税率，既可适应纳税人的负担能力，又利于充分发挥税收调节纳税人收入的作用。

累进税率因计算方法和计算依据的不同，又可分为以下几种：

（1）全额累进税率，是对征税对象全额按照与之相适应等级的税率计算税额。在征税对象提高到一个级距时，对征税对象全额都按高一级的税率征税。

（2）超额累进税率，是指把全部征税对象按规定划分为若干等级，征税对象在各等级中，仅本等级范围的部分适用本等级税率，超过部分，按高一级税率计算，各等级税额之和，就是纳税人的应纳税额。我国现行个人所得税对工资、薪金所得等四项综合所得适用七级超额累进税率；对经营所得适用五级超额累进税率。

（3）全率累进税率与全额累进税率的原理相同，只是税率累进的依据不同。全额累进税率的依据是征税对象的数额，而全率累进税率的依据是征税对象的某种比率，如销售利润率、资金利润率等。

（4）超率累进税率与超额累进税率的原理相同，只是税率累进的依据不是征税对象的数额而是征税对象的某种比率。例如，1994年开征的土地增值税，以土地增值额的增长率为依据，分级累进征税。

在以上几种不同形式的累进税率中，全额累进税率和全率累进税率的优点是计算简便，但在两个级距的临界点处会出现税负不合理问题。超额累进税率和超率累进税率的计算相对比较复杂，但累进程度缓和，税收负担较为合理。所以，在实际运用中常采用超额累进税率和超率累进税率。至于使用超额累进税率和超率累进税率计税相对比较复杂的问题，通常引入速算扣除数来解决。所谓速算扣除数，是指采用超额累进税率计税时，简化计算应纳税额的一个数据。它实际上是在级距和税率不变条件下，全额累进税率的应纳税额比超额累进税率的应纳税额多纳的一个常数。因此，在超额累进税率条件下，用全额累进的计税方法计算的应纳税额，只要减掉这个常数，就等于用超额累进方法计算的应纳税额，故称速算扣除数。

3.定额税率

定额税率又称固定税率，是按征税对象的一定计量单位直接规定固定的税额，而不是规定征收比例。它是税率的一种特殊形式，一般适用于从量计征的税种。定额税率的优点在于：一是从量计算，而不是从价计征，有利于鼓励企业提高产品质量和改进包装。在优质优价、劣质劣价的情况下，税额固定的优质优价产品相对税负轻，劣质劣价的产品相对税负重。二是计算简便。三是税额不受征税对象价格变化的影响，负担相对稳定。但是，由于税额一般不随征税对象价值的增长而增长，不能使国家财政收入随国民收入的增长而同步增长，在调节收入和适用范围上有局限性。

为了分析的需要，税率还可分作名义税率与实际税率、边际税率与平均税率等。名义税率即法定税率，也就是税法所规定的税率；实际税率是税收实际负担率。名义税率和实际税率之间由于存在税前的大量扣除、优惠、经济的通货膨胀等因素，会产生比较大的差异。边际税率是指最后一个计税依据所适用的税率；平均税率是指全部应纳税额与收入之间的比率。

（五）纳税环节

纳税环节是指商品在流转过程中缴纳税款的环节。它主要解决对征税对象征几道税和在哪一个或哪几个流转点上征税的问题。任何税种都要确定纳税环节，有的比较明确、固定，有的则需要在许多流转环节中选择确定。对一种产品，在生产、运输、批发、零售诸环节中，可以选择只在一个环节征税，这称为一次课征制；也可以选择在两个环节征税，这称为两次课征制；还可以选择在所有流转环节都征税，这称为多次课征制。

确定纳税环节是流转课税的一个重要问题。它关系税制结构和税种的布局，关系税款能否及时足额入库，关系地区间税收收入的分配，同时关系企业的经济核算和是否便利纳税人缴纳税款等问题。所以，选择确定纳税环节，必须和价格制度、财务核算制度相适应；必须同纯收入在各个环节的分布情况相适应，符合纳税人纳税规律；必须有利于及时稳妥地控制税源、集中税款；必须有利于经济发展。

（六）纳税期限

纳税期限是指税法规定的纳税人在取得各种应税收入和发生应税行为之后，向税务机关缴纳税款的时限。它是税收的固定性、强制性在时间上的体现。从原则上讲，纳税人在取得应税收入或发生纳税义务后，应当立即向国家缴纳税款。但由于纳税人取得应税收入或发生纳税义务具有阶段性、重复性，不可能每取得一次应税收入或发生一次纳税义务就立即缴纳一次税。为了简化纳税手续，便于纳税人的经营管理，同时有利于税款及时纳入国库，有必要根据各税种的不同特点以及纳税人的具体情况分别规定不同的纳税期限。

纳税期限，要根据征税对象和国民经济各部门生产经营的不同特点以及财政收入的均衡性来确定。不同性质的税种以及不同情况的纳税人，其纳税期限是不同的。我国现行税制的纳税期限主要有：（1）按期纳税，即以纳税人发生纳税义务的一定期间为纳税期限。例如，我国现行增值税的纳税期限分别为1天、3天、5天、10天、15天、1个月和1个季度。纳税人的具体纳税期限由主管税务机关根据纳税人应纳税额的大小分别核定。纳税人以1个月或者1个季度为1个纳税期的，自期满之日起15日内申报纳税；以1日、3日、5日、10日或者15日为1个纳税期的，自期满之日起5日内预缴税款，于次月1日起15日内申报纳税并结清上月应纳税款。（2）按次纳税，即根据应税行为的发生次数确定纳税期限。例如，我国现行个人所得税对劳务报酬所得、稿酬所得、特许权使用费所得等采用按次纳税的办法。

（七）减税免税

减税免税是税收制度中对某些纳税人和课税对象给予鼓励和照顾的一种规定。减税是对应纳税额少征收一部分；免税是对应纳税额全部予以免征。减税免税的类型主要有：一次性减免税、定期减免税；困难型减免税、扶持型减免税等。把减税免税作为税制构成要素之一，是因为国家的税收制度是根据一般情况制定的，具有普遍性，不能照顾不同地区、部门、单位的特殊情况。设置减税免税，可以把税收的严肃性和必要的灵活性结合起来，体现因地制宜和因事制宜的原则，更好地贯彻税收政策。减税免税作为构成税收制度的一个特殊组成部分，要注重经济效益和社会效益，必须严格按照税收法规和税收管理体制的规定执行。

与减税免税直接相关的还有起征点和免征额的规定。起征点是征税对象达到征税数额开始征税的界限。征税对象数额没有达到起征点的不征税，达到起征点后全部征税对象数额都要征税。起征点的高低关系征税面的扩大或缩小。确定起征点，可以把一部分收入较低的人排除在征税范围以外，贯彻合理负担的税收政策。例如，我国增值税就有过起征点的规定，其中销售货物的起征点为月销售额5 000~20 000元。免征额是征税对象总额中预先规定免予征税的数额。免征额部分不征税，超过免征额的，只就其超过部分征税。免征额的高低也体现着征税面和税收负担量的变化，确立免征额，是对不同收入纳税人的一种普遍照顾，有利于降低税收负担。

（八）违章处理

违章处理是对纳税人违反税收法规的行为采取的惩罚措施，包括加收滞纳金、处以罚款、送交人民法院依法处理等。违章处理是税收强制性在税收制度中的体现。税收法规是国家法律的组成部分，依法纳税是纳税人应尽的义务。纳税人必须按期足额缴纳税款，凡有拖欠税款、逾期不缴税、偷税逃税等违反税法行为的，都应受到制裁。通过违章处理，可以加强纳税人的法治观念，提高依法纳税的自觉性，从而有利于确保国家财政收入并充分发挥税收的职能作用。

第三节　税收制度类型与税种分类

一、税收制度类型

根据税收制度中税类的多少，税收制度类型分为单一税制和复合税制。

（一）单一税制

单一税制是指一国一定时期的税收制度是由一个税类或少数几个经济性质相同的税种构成。

单一税制是17至19世纪由欧洲国家的新兴资产阶级学者提出来的。单一税制理论的产生主要是由于税制过于繁杂，政府的课征使人民不堪重负，而从理论上来讲，仅课征一种税可以简化税制，使纳税人容易明了其应纳税额，征收起来手续简单，而且对生产的影响较小。单一税制根据主体税种的不同，分单一土地税、单一消费税、单一所得税、单一财产税等。

在税收的历史长河中，单一税制只停留于理论上的探讨。这主要是由于单一税制存在严重缺陷使各国无法实行：

（1）从财政收入上看，收入少、弹性小，逃税可能性大；

（2）从社会政策上看，征收范围窄，不普遍，不但极易出现不公平，而且限制了税收职能作用的发挥；

（3）从经济发展上看，课以重税，枯竭税源，会阻碍国民经济发展。

单一税制的弊端恰好能被复合税制在很大程度上所克服。

（二）复合税制

复合税制是指一国一定时期的税收制度是由两种或两种以上税类的若干税种构成。

在复合税制条件下，税制体系内部的各个税种相互协调配合、相辅相成。同时，复合税制也不否定各税种在功能、作用和地位上的差别。恰恰相反，它往往以某一类税的某一两个税种作为筹集财政收入和调节经济活动的主导，亦即主体税种，在不影响其他税种作用效果的前提下，优先或突出主体税种的作用。

与单一税制相比较，复合税制具有相对的优点：

（1）就财政收入而言，复合税制征收面大、税源广、伸缩性大、弹性充分、能够广辟税源，充分地满足国家财政需要；

（2）就税收政策而言，复合税制便于发挥各个税种特定的经济调节作用，可以全面体现国家政策；

（3）就税收负担而言，复合税制征税范围较为广泛，有利于实现公平税负目标，同时具有稳定国民经济的功能，又由于现代国家经济职能和社会职能的多样性，所以，现代国家普遍采用复合税制。

二、税种的分类

在复合税制中，税种不是单一的，而是多样的，这就必然存在对税种分类的问题。税种分类也称税收分类，就是按照一定的标准和目的，对复杂多样的税种进行归类。从不同的角度对税种进行分类，有利于了解各税种的性质、特点，也有利于调查税源分布和研究税收负担状况，制定符合经济发展实际的税收法规、政策和制度，有利于按税种划分中央和地方财政收入，建立适合国情的财政体制。

关于税种，根据不同的标准有不同的分类方法。

（一）按征税对象的性质分类

按征税对象的性质分类，可将税种分为流转税、所得税、财产税、资源税和行为（目的）税五大类。

流转税是以商品或劳务流转额为征税对象的税种的统称。商品流转额指的是在商品交换过程中发生的交易额。劳务流转额指的是经济主体在向社会提供交通运输、邮政电信、金融保险、文化体育、娱乐服务等劳务服务时所取得的各项劳务性收入额。流转税的课征既可以全部流转额为征税对象，也可以部分流转额作为征税对象，如增值税就是以全部流转额中新增加的那一部分流转额为征税对象的。流转税对生产、流通、分配各个环节都能进行调节，税源广泛，纳税人取得收入后就要缴纳税款，不受成本费用和利润水平变化的影响，能够保证国家及时稳定地取得收入。流转税一直是我国税收体系中的主体税种。目前，我国流转税主要有增值税、消费税、关税等。

所得税是以所得额为征税对象的税种的统称。所得通常是指由于劳动、经营、投资或财产提供他人使用而获得收入扣除取得收入所需费用后的余额。因此，纳税人的应税所得可分为经营所得、财产所得、劳动所得、投资所得和其他所得。我国现行税制中所得税主要有企业所得税、个人所得税两个税种。

财产税是以纳税人所有或属其支配的财产为征税对象的税种的统称。作为征税对象的财产包括动产和不动产。不动产指的是不能移动或移动后会损失其经济价值的财产，如土地和地上附着物；动产指的是除不动产以外的，各种能移动的财产，包括有形动产和无形动产。有形动产有车辆、船舶等，无形动产有专利权、著作权、非专利技术等。一般说来，各国的财产税并不是对所有的财产都征税，而只是选择某些特定的财产进行征税，其中主要是以对不动产征税为主。对财产征税，征税数额随财产数量或价值额的大小而变化。纳税人所有或属其支配的财产数量多、价值大的则多征税；财产数量少、价值小的则少征税。财产税对于调节财富分配、鼓励劳动所得、限制不劳而获、促进财产的有效使用有积极的作用。我国现行税制中财产税主要有房产税和契税等。

资源税是以资源的绝对收益和级差收益为征税对象的税种的统称。作为征税对象的资源指的是那些具有商品属性的自然资源，即具有交换价值和使用价值的资源。资源税可分为一般资源税和级差资源税两种类型。一般资源税是以自然资源的开发和利用为前提，无论资源的好坏和收益的多少，都对开发利用者所获取的绝对收益进行征税；级差资源税则是根据开发和使用自然资源的等级以及收益的多少所形成的级差收入为征税对象来进行征税。资源税具有征税范围固定、采用差别税额、实行从量定额征收的特点。征收资源税的目的在于调节非主观努力形成的级差收益，为纳税人公平竞争创造条件，并能起到保护资源、提高利用率的作用。我国现行税制中的资源税、城镇土地使用税、土地增值税、耕地占用税都属于资源税类。

行为（目的）税是以某些特定的行为（目的）作为征税对象的税种的统称。行为（目的）税具有课税对象单一、税源分散、税种灵活的特点。开征行为（目的）税，主要是为了加强对某些特定行为（目的）的监督、限制和管理，或者是对某些特定行为（目的）的认可，从而实现国家政治上或经济上的特定目的或管理上的需要，同时也可开辟财源，增加财政收入。从世界范围来看，各国开征的行为（目的）税名目繁多，如一些国家开征的赌博税、彩票税、狩猎税等。我国现行税制中的印花税、城市维护建设税、环境保护税都属于行为（目的）税。

（二）按税收收入形态分类

按税收收入形态分类，可将税种分为实物税和货币税。

实物税是指纳税人以各种实物形式缴纳的税种。实物税有利于国家直接获取粮食、农副土特产、牲畜等。我国原农业税在1985年以前一直是以实物缴纳为主，自1985年起，改为折征代金，向货币税过渡。货币税是指纳税人以货币形式缴纳的各个税种。由于征收实物种类繁多，标准各异，运输困难，易损耗，不仅征纳不便，也不利于及时取得财政收入，而货币税的特点是以货币结算税款，计算方便，税款易保存和转移，与商品经济的发展相适应，可实行量能负担政策。因此，实物税向货币税的转变，是商品经济发展的必然结果。

（三）按税收的计税依据分类

按税收的计税依据分类，可将税种分为从价税和从量税。

从价税是以征税对象的价格或金额为依据计算应征税额，即从价计征的税种。例如，一般销售税、增值税等都是按商品价格的一定比例计征税款，从价税征收税款的多少取决于商品的价格和数量。从量税是以征税对象的数量、重量、面积、件数、体积等为依据，计算应纳税额，即从量计征的税种。从量税的税额随征税对象数量的变化而变化，不受商品价格的影响。

（四）按税收与价格的关系分类

按税收与价格的关系分类，可将税种分为价内税和价外税。

价内税是指税金包含在征税对象价格之内作为价格组成部分的税种。包含税金的价格叫含税价格。我国现行的消费税等从价税属于价内税。价外税是指税金不包含在征税对象价格中，而是附在商品价格上随商品销售实现，作为价格以外附加的税，如我国现行的增值税即为价外税。

（五）按税收负担能否转嫁分类

按税收负担能否转嫁分类，可将税种分为直接税和间接税。

税收负担简称税负，是指纳税人因履行纳税义务而承受的一种经济负担。由于税收是无偿的，是国家对纳税人所占有的社会商品或价值的无偿征收，因而，对纳税人来说，必然存在一个税收负担多少的问题。税负转嫁是指在商品交换过程中，纳税人通过提高销售价格或压低购进商品价格的方法，将缴纳的税款转由购买者或商品供应者负担的一种经济现象。

直接税是指税负不能转嫁给他人而最终由纳税人本人负担的税种，如个人所得税等。间接税是指税负可以转嫁给他人负担的税种，如消费税等。

（六）按税收管理权限分类

按税收管理权限分类，可将税收分为中央税、地方税、中央地方共享税。

按照财政税收管理体制规定的税收管理权和使用权划分，凡是由中央政府征收，其收入归中央政府支配的税种为中央税。例如，我国现行税制中的关税、海关代征的增值税、消费税、车辆购置税等。凡由地方政府征收，其收入归地方政府支配的税种为地方税，如我国现行税制中的城镇土地使用税、耕地占用税、车船税、房产税、土地增值税、契税和烟叶税等。凡由中央政府征收，其收入由中央政府和地方政府之间按比例分成，或共享同一税源的为共享税，如我国现行税制中的增值税、企业所得税、个人所得税、资源税等。

（七）国际组织的税种分类

1.OECD的税种分类。OECD是经济合作与发展组织（Organization for Economic Co-operation and Development）的英文缩写，它是由主要西方国家于1961年9月成

立的经济联合组织。截至2020年，成员国主要有英国、法国、意大利、荷兰、丹麦、挪威、葡萄牙、德国、瑞士、瑞典、芬兰、美国、加拿大、澳大利亚、土耳其、日本等38个国家。这个国际性经济组织的年度财政统计手册把成员国征收的税收划分为以下6类：第1类为所得税，包括对所得、利润和资本利得的课税；第2类为社会保险税，包括对雇员、雇主以及自营人员的课税；第3类为薪金及人员税；第4类为财产税，包括对不动产、财富、遗产和赠予的课税；第5类为商品与劳务税，包括产品税、销售税、增值税、消费税等，也包括对进出口课征的关税；第6类为其他税。

2.IMF的税种分类。IMF是国际货币基金组织（International Monetary Fund）的英文缩写。它是1945年12月27日根据《国际货币基金协定》建立的国际金融组织，截至2020年其成员拥有189个，其中主权国家180个，地区9个。国际货币基金组织所采取的税种分类标准与经济合作与发展组织基本一致，不同之处仅在于它把商品与劳务税一分为二，国内部分划分为第5类，进出口贸易部分划分为第6类。此外，对社会保险税，经济合作与发展组织作为税收收入，国际货币基金组织则认定为非税收入。国际货币基金组织的税种分类为：第1类为所得税，包括对所得、利润和资本利得的课税；第2类为社会保险税，包括对雇员、雇主以及自营人员的课税（按非税收入统计）；第3类为薪金及人员税；第4类为财产税，包括对不动产、财富、遗产和赠予的课税；第5类为商品与劳务税，包括产品税、销售税、增值税、消费税等；第6类为进出口关税；第7类为其他税收。

第四节　税收制度建立原则

税收制度建立原则简称税收原则，是指一国政府在税收制度的设计和改革方面应遵循的基本准则，也是评价税收制度优劣以及考核税务行政管理状况的基本标准。从税收发展历史来看，虽然在不同时期，人们对税收制度建立原则的认识不同，但总的来说，随着经济与社会的发展、政府职责的拓展和人们认识的提高，税收制度建立原则也经历了一个不断发展、完善的过程。

一、税收制度建立原则理论及其演变

（一）亚当·斯密的税收原则

在自由资本主义时期，亚当·斯密在其经济学名著《国民财富的性质和原因的研究》中提出了税收的四项原则：[①]

1.公平原则

亚当·斯密对“公平”含义的解释是，公民应根据自己的纳税能力来承担政府

① 斯密. 国民财富的性质和原因的研究［M］. 郭大力，王亚南，译. 北京：商务印书馆，1974：384-385.

的经费开支，按照其在国家保护之下所获得收入的多少来确定缴纳税收的额度。“一切公民，都须在可能范围内，按照各自能力的比例，即按照各自在国家保护下享得收入的比例，缴纳国赋，以维持政府。”基于此，亚当·斯密主张，取消一切免税特权，即取消贵族僧侣的特权，让他们与普通国民一样依法纳税；税收“中立”，即征税尽量不改变财富分配的原有比例，从而使经济发展不受影响；税收依负担能力而课征，即按照每个国民在国家保护之下所获得的收入课征。

2.确定原则

亚当·斯密指出：“各公民应当完纳的赋税，必须是确定的，不得随意变更。完纳的日期、完纳的方法、完纳的数额，都应当让一切纳税人及其他人了解得十分清楚明白。如果不然，每个纳税人，就多少不免为税吏的权力所左右。”这一原则是为了杜绝税务官员的任意专断征税以及恐吓、勒索等行为。在他看来，税收不确定比税收不平等对公民的危害更大。

3.便利原则

亚当·斯密指出，税收的征纳手续应尽量从简。“各种赋税完纳的日期以及完纳的方法，须予纳税人以最大的便利。”在时间上，应在纳税人收入丰裕的时候征税，不使纳税人感到纳税困难；在方法上，应力求简便易行，不让纳税人感到手续繁杂；在地点上，应将税务机关设在交通方便的场所，使纳税人纳税方便；在形式上，应尽量采用货币形式，以免纳税人因运输实物而增加额外负担。

4.最少征收费用原则

亚当·斯密强调，在征税过程中，应尽量减少不必要的费用开支，所征税收尽量归入国库，使国库收入同人民缴纳的差额最小，即征收费用最少。“一切赋税的征收，须设法使人民所付出的，尽可能等于国家所得的收入。”

亚当·斯密的税收四原则是针对当时税负不公以及征收机构的腐败苛扰情况，在总结前人税收原则基础上提出的。他的税收原则不仅成为当时西方各国制定税收制度的理论指导，也对后世税收原则理论的发展有着重要的影响。

（二）瓦格纳的税收原则

瓦格纳将税收原则归纳为四大项九小点，亦称“四项九端原则”：

1.财政政策原则

财政政策原则又称为财政收入原则，即税收应为国家提供充足的财政收入，以满足财政支出的需要。为此他提出了收入充分和收入弹性两个具体原则：

（1）收入充分原则，是指依靠税收充分满足政府财政的需要，以避免产生赤字。同时他还认为，由于社会经济的发展，政府职能将不断扩大，从而论证了公共支出持续、不断增长的规律，即通常所说的“瓦格纳法则”，因此要求税收制度能够充分满足公共支出不断增长的资金需要。

（2）收入弹性原则，是指税收收入能随着经济增长而相应增减。特别是在财政需要增加或税收以外的其他收入减少时，可以通过增税或税收的自然增长相应地增加公共收入。实现收入充分和收入弹性的原则，关键在于税制结构的合理设计。他主张把间接税作为主要税种，它能够随着人口增加、国力增强以及课税商品的增多而使税收自动增加，但它也可能因社会经济情况的变化而使税收暂时下降，故还应注意以所得税或财产税作为辅助税种。

2.国民经济原则

税收应该促进国民经济的发展，而不能对国民经济的发展产生阻碍作用，更不能伤及税源，侵及税本。为此，他提出了慎选税源和慎选税种两个具体原则：

（1）慎选税源原则，是指要选择有利于保护税本的税源，以发展国民经济。从发展经济的角度考虑，以国民所得为税源最好。若以资本或财产为税源，则可能伤害税本。但他同时强调，并不能以所得作为唯一的税源，如果出于国家的经济、财政或社会的政策需要，也可以适当地选择某些资本或财产作为税源。

（2）慎选税种原则，由于税收负担关系国民收入的分配和税收负担的公平，因此税种的选择要考虑税负的转嫁问题。所以，他主张研究税收的转嫁规律，尽量选择难以转嫁或转嫁方向明确的税种。

3.社会正义原则

税收可以影响社会财富的分配以至影响个人相互间的社会地位和阶级间的相互地位。因而税收的负担应当在每个人和每个阶级之间进行公平的分配，即要通过政府征税矫正社会财富分配不均、贫富两极分化的流弊，从而缓和阶级矛盾，达到利用税收政策实行社会改革的目的。这一原则又分为普遍和平等两个具体原则：

（1）普遍原则，是指税收负担应普及到社会上的每个成员，每个公民都应有纳税义务，不可因身份或社会地位特殊而免税，要做到不偏不倚。

（2）平等原则，是指应根据纳税能力大小征税，使纳税人的税收负担与其纳税能力相称。为此，他主张采用累进税制，对高收入者税率从高，对低收入者税率从低，对贫困者免税，同时对大额财产和不劳而获所得加重课税，以符合社会政策的要求。

4.税务行政原则

这一原则体现着对税务行政管理方面的要求，是对亚当·斯密确定、便利和最少征收费用三原则的继承和发展。其包括三方面内容：

（1）确定原则，即税收法令必须简明确定，税务机关和税务官员不得任意行事。纳税的时间、地点、方式、数量等须预先规定清楚，使纳税人有所遵循。

（2）便利原则，即纳税手续要简便，在纳税时间、地点、方式等方面给纳税人以便利。

（3）节省原则，即税收征收管理的费用应力求节省，尽量增加国库的实际收入。除此之外，也应减少纳税人因纳税而直接或间接负担的费用。

瓦格纳所提出的税收原则是多元化的。在他的税收原则中，多家的学说都得到了相应的归纳和反映。特别是瓦格纳突出了国民经济原则，强调了减少效率损失的必要性，这可以说是现代税收经济效率原则的最早的系统表述。

二、现代税收原则

从社会、经济、财政、管理四个方面，现代税收原则可以归纳为“公平、效率、适度、法治”四原则。

（一）公平原则

税收公平原则是指税收制度的建立要使各纳税人承受的负担与其经济状况相适应，并使各个纳税人之间的负担水平保持均衡。它可以从两个方面来把握：一是经济能力或纳税能力相同的人应当缴纳数额相同的税收，即以同等的方式对待条件相同的人。税收不应是专断的或有差别的，这称作“横向公平”。二是经济能力或纳税能力不同的人应当缴纳数额不同的税收，即以不同的方式对待条件不同的人，这称作“纵向公平”。在亚当·斯密的税收四原则中，公平原则列为首位。在我国历史上，也多有强调税收公平的论述。在现代社会，税收公平原则更是各国政府设计和改革税收制度的基本原则。

税收公平是相对于纳税人的纳税条件来说的，因此，衡量税收是否公平的标准应适用支付能力原则，而非受益原则。

受益原则是指根据纳税人从政府所提供的公共产品和服务中获得效益的多少，判定其应纳多少税或其税负应为多大。获得效益多者应多纳税，获得效益少者可少纳税，不获得效益者则不纳税。从表面上看，这一原则有一定的合理性。实际上，这种说法有着很大的局限性。它只能用来解释某些特定的征税范围，而不能推广到所有情况，而且受益原则在社会福利支出方面无法贯彻和体现公平。从实践来看，低收入者和残疾人往往需要政府进行补助，他们从政府的补助中得到的利益远远超过富人，如果按受益原则让他们多缴税，而富人因没有从中受益而不缴税，这显然有悖于常理。

支付能力原则是指根据纳税人的纳税能力，判定其应纳多少税或其税负应为多大。纳税能力大者应多纳税，纳税能力小者可少纳税，无纳税能力者则不纳税。财税经济学界通常以纳税人的收入、财产和支出作为测度其纳税能力的尺度。作为衡量税收负担能力标准的收入，可以是纳税人的总收入，也可以是净收入。收入多者其纳税能力大，反之则小。显然，收入是测度纳税人纳税能力的最好尺度。财产代表着纳税人的一种独立的支付能力，财产的增加意味着纳税人收入的增加或隐含收入的增加。把财产作为衡量纳税人负担能力的依据，征收财产税，对实现税收公平及社会财富的合理分配，缩小收入分配的差距具有重要意义。衡量一个人实际上从经济中抽出多少资源作为个人使用的最好尺度就是消费。一般而言，消费能充分反映一个人的支付能力。但从实践来看，对支出的征税还存在一些无法解决的问题，如对支出课税需要具备各项收支的详细资料，这一点实际操作难度较大。现实中，衡量纳税人纳税能力的尺度的办法是以上述三种尺度中的一种为主，同时兼顾其他两种。

从历史发展过程看，税收公平经历了一个从绝对公平到相对公平的转变，从社会公平到经济公平的发展过程。税收公平首先作为社会公平问题而受到重视。在现代经济中，税收公平原则不仅包括社会公平，还包括经济公平。税收经济公平首先要求税收保持中性，即对所有从事经营的纳税人，包括经营者和投资者，要一视同仁，同等对待，以便为经营者创造一个合理的税收环境，促进经营者进行公平竞争。其次，对客观上存在的不公平的因素，需要通过差别征税实施调节，以创造大体同等或公平的竞争环境。

（二）效率原则

税收的效率原则是指税收制度的建立既要有利于资源的有效配置和经济机制的有效运行，又要提高税务行政的管理效率。可见，税收效率原则包括三方面含义：

（1）从资源配置的角度讲，税收制度的建立要有利于资源的有效配置，使社会从可用资源的利用中获得最大效益；

（2）从经济机制的角度看，税收制度的建立要有利于经济机制的有效运行，不仅可使微观经济效益提高，宏观经济也要稳定增长；

（3）从税务行政的角度说，税务行政也要讲求效率，税收制度须简便，易于征收，以节省征纳双方的费用。

以上三个方面中，前两方面是指税收的经济效率，第三点是指税收的行政效率。

税收的经济效率可从三个方面来理解：

首先，要求税收的“额外负担”最小。所谓税收的额外负担，是指征税所引起的资源配置效率的下降，它是税收行政成本以外的一种经济损失。因此，相对于税收行政成本，通常又将其称为税收的经济成本。从逻辑上讲，在政府必然要征税的前提下，自然要求政府征税要尽量减少对经济行为的扭曲。再加上不同的征税方式对经济的影响是不同的，因此，政府应选择合理的征税方式，使税收的额外负担最小，即通常认为的要保持税收中性。

其次，要注意保护税源，勿侵税本。原则上，税源应来自国民收入，而不应来自税本。税本是税收的本源。通常认为，国民生产是税本，国民收入是税源，税源出自税本，原则上税收只能参与国民收入的分配，而不能伤及国民生产，侵害税本就会使税源衰竭或中断，税收收入也难持续。所以，税收应保护产业，保护各经济主体的合法权益，促进经济的稳定和增长。

最后，通过税收调节来提高资源配置的效率。这是要积极发挥税收的调节作用，以有效促进经济的发展。这是基于对税收调节职能作用的积极认识。市场经济条件下，税收是政府干预经济的有效手段。从税收本身来说，不合理的税制会引起资源配置的扭曲，因而存在税收的经济成本，但若税制设计合理，税收政策运用得当，则不仅可以降低税收的经济成本，而且可以弥补市场的缺陷，提高经济的运行效率，使资源配置更加有效。不适当的税收制度会产生额外负担，征税具有经济成本，具体表现为资源配置效率因征税而下降；而适当的税收制度则会产生“额外收益”，征税具有经济效益，具体表现为资源配置效率因征税而提高。检验税收经济效率的标准，在于税收的额外负担最小化和额外收益最大化。

税收行政效率就是要求以尽可能少的税收行政成本征收尽可能多的税收收入。税收行政效率可用税收的行政成本占税收收入的比率来反映。税收行政成本既包括政府为征税而花费的征收成本，也包括纳税人为纳税而耗费的缴纳成本，即西方所称的“奉行成本”。

亚当·斯密和瓦格纳所称的“便利、节省”原则，实质上就是税收的行政效率原则。这里应注意的是，税收的征收成本和缴纳成本是密切相关的，有时甚至是可以相互转换的。一项税收征收制度的出台，可能有利于降低征收行政成本，但它可能是以纳税人的缴纳成本的增加为代价的，或者相反。因此，税收的行政效率要对征收成本和缴纳成本综合考虑才有真正意义。

（三）适度原则

税收适度原则是指税收制度的建立应兼顾需要与可能，做到取之有度。在这里，“需要”是指财政的需要，“可能”是指税收负担的可能，即经济的承受能力。税收适度原则是从财政角度对税收制度建立在量上的基本规定，是税收组织财政收入职能的体现形式。组织财政收入是税收的首要职能，因此，古今中外的不少学者都将满足财政收入需要作为税收的重要原则，如瓦格纳的财政原则。

税收适度原则，首先要求税收负担要适中，税收收入既能满足正常的财政支出需要，又能与经济发展保持协调和同步，并在此基础上，使宏观税收负担尽量从轻。宏观税收负担是一定时期内（通常为一年）一国税收收入总额在整个国民经济体系中所占的比重，亦即税收收入总额占国民收入或国内生产总值（GDP）的比重。由于各国社会制度和经济发展水平不同，一国宏观税收负担应根据国情来确定。在通常情况下，税收收入保持与国民收入或国内生产总值的同步增长，大体是符合税收适度原则的。

其次，税收适度原则要求税收制度的设计要着眼于广开财源，采用复合税制，而不宜采用单一税制；选择税种应考虑征税对象能否提供丰裕的税源；调整税目税率和制定税收减免政策时，也应充分考虑其对税收收入的影响。

当然，税收适度原则单从财政收入方面来考虑而不顾及经济的现实可能是不够全面的。因为财政支出本身具有刚性，存在无限扩张的动力，如果税收一味地以满足财政支出需要为目标，势必会助长财政支出的过度膨胀，极易引起增税压力，使税负过重。其实，税收适度原则并不排斥收入充实的要求，因为税收收入并不总是与税负成正比，税负（率）越高，不等于收入越充裕，也可能是相反，因为税负过高会导致税源的枯竭，从而制约经济的发展。20世纪70年代后期，美国供给学派主要代表人物拉弗提出的“拉弗曲线”就反映了这一原理。拉弗曲线的主要理论观点可以概述为：

（1）税率有一个临界点，在此点可以获得最大数额的税收收入，超过这一点，即使提高税率，税收收入也会减少；

（2）除临界点外，任何一定数量的税收收入，既可以通过高税率取得，也可以通过低税率取得；

（3）在达到最高适度的税率之前，提高税率可增加税收，这个区域称为可行区，超过这一点属于禁区，在禁区中只有降低税率才能增加税收收入。因此，科学的税收原则强调的不应只是收入充裕，而应是收入适度，兼顾财政的正常需要和经济的现实可能。

（四）法治原则

税收的法治原则是指税收制度的建立应以法律为依据，依法治税。法治原则包括两方面内容：一是税收的程序规范原则，它要求税收程序，包括税收的立法程序、执法程序、司法程序必须是法定的；二是征收内容明确原则，它要求征税的内容是法定的。

法治与税收存在着本质和不可分割的联系，随着现代税收法治原则的确立，税法在税收工作中已具有至高无上的地位。法治已经成为现代税收的基本特征。有税必有法，无法便无税。税法作为税收的法律表现形式和维护税收秩序的工具，是税收制度和税收规则之所在。

税收的公平、效率、适度原则的运用寓于税法的制定和实施过程之中，离开了法治原则，税收工作就寸步难行。在早期的税收原则理论中，虽然没有明确提出税收的法治原则，但对征税内容要求规定明确，则早已成为公认的税收原则，如亚当·斯密的"确定"原则。要使征税内容"确定"，最有效的方式就是以法的形式加以规定。其实，不仅征税内容需要法定，征税程序也需要法定，即通过法律规定来明确和规范整个税收分配行为。因为，只有以法律形式明确征纳双方的权利与义务，才能真正体现税收的"强制性"和"无偿性"，税收分配也才能做到规范、确定和具有可预测性。

另外，税法的公开性和高透明度也有利于提高税收的行政效率和正确引导资源流向，体现公平原则。特别是在税收征纳关系中，相对于政府，纳税人客观上处于弱者地位，而政府本身又存在增收扩支的冲动，因此，有必要通过法律规范来提高纳税人的法律地位，确保纳税人的权利。市场经济是法治经济，目前我国要发展和完善社会主义市场经济，就需要依法治国，依法治税。因此，强调税收的法治原则非常重要，也很有现实意义。

第五节　中国税制体系

一、税制体系的概念

税制体系是指一国在进行税制设置时，根据本国的具体情况，将不同功能的税种进行组合配置，形成主体税种明确、辅助税种各具特色、作用和功能互补的税种体系。

简言之，税制体系是指一国在进行税制设置时，不同功能的税种组合配置。一国税制体系中，有的税种作为主体税种，有的税种充当辅助税种。主体税种通常是指普遍征收、收入占比较大、处于主要地位的税种；辅助税种作为主体税种的补充，往往为实现一定政策目标和发挥一定调节作用而设置，通常收入占比较小。

二、影响税制体系的主要因素

尽管一国税制体系根据本国的具体情况设置，并随经济与社会的发展不断变化，都有它具体形成和发展变化的诸多原因，但总体上来看，影响税制体系的因素主要包括以下三个方面。

（一）社会经济发展水平

社会经济发展水平是影响税制体系最基本的因素。社会经济发展水平主要是指社会生产力发展水平以及由它所决定的经济结构。从世界主要国家税制体系的历史发展来看，大致经历了从古老直接税到间接税，再由间接税发展到现代直接税的进程，这种发展进程与社会经济发展水平的进程是相一致的。

在以农业经济为主体的自然经济条件下，农业收入是税收的主要来源，当时农业生产的非商品特点决定了必须以土地和人口作为征税对象，因而只能实行古老的直接税；随着工商业的发展，到了工商经济为主体的商品经济条件下，必须以工商经营收入作为主要征税对象，这就转化为以间接税为主体的税制体系；到了现代资本主义经济，随着生产力的大力发展，企业和个人所得的增加，以所得税为标志的现代直接税成为主体税种，税制体系也随之调整变化。

（二）国家政策取向

一般来说，税制体系的具体设置，一要体现税收基本原则、二要为实现国家税收政策目标服务。税收作为国家宏观经济政策的一个主要工具，除了发挥其特有的聚财功能之外，和其他许多宏观经济政策工具一样，要发挥调控职能，也就是通过具体税种的设置对社会经济起到调节作用。例如，我国为了增强国家对房地产开发和房地产交易市场的调控而开征的房产税、土地增值税等。

（三）税收管理水平

一国税收管理水平的高低对税制体系的设置也会产生影响。一般来说，流转税由于是对商品销售或劳务服务所取得的收入进行征税，征收管理相对较为简单。而所得税由于是对纳税人所取得的各项所得进行征税，涉及税前扣除、具体的会计制度等许多细节问题，征收管理相对较为复杂。因此，一国如果推行以所得税为主体的税收体系，必须有较高的税收管理水平作基础。

三、税制体系的类型

从世界各国的税制体系类型来看，主要有以下几种：

（一）以流转税为主体税种的税制体系

这类税制体系表现为，在税制体系中流转税居主体地位并发挥主导作用，其他税居次要地位，起辅助作用。由于流转税是以货物或劳务的流转额为征税对象，只要有货物或劳务的流转额发生就能征收到税款，所以这类税征税范围广，而且不受生产经营成本费用变化的影响，税源充裕，不仅具有能保证财政收入的及时性和稳定性的优点，而且还有征管简便的特点。在实行价内税的情况下，该类税的税金又是价格的组成部分，它能够与价格杠杆配合，调节生产和消费，进而在一定程度上调节企业的盈利水平。当然，由于这类税制体系主要是在生产与流通领域形成收入过程中对国民收入的调节，其调节功能相对较弱，而且容易产生税负转嫁，其中有些税种还存在累退性，有些税种也存在重复征税等缺点。

（二）以所得税为主体税种的税制体系

这类税制体系表现为，在税制体系中所得税居主体地位并在整个税制中发挥主导作用。由于这类税收体系主要以纳税人的所得额为计税依据，所以对所有社会成员普遍征收，即不仅对生产经营者征税，而且也对不从事生产经营但有应税所得的人征税。不仅如此，所得税还可与累进税率配合，按负担能力大小征收，具有自动调节经济和公平分配的优点。当然，由于这类税制体系主要以纳税人的所得额为计税依据，也会存在收入不稳定，计算复杂，要求相适应的社会（经济、会计）核算程度较高，征管难度较大的缺点。目前，西方发达国家普遍采取这种税制体系。

（三）以资源税为主体税种的税制体系

这类税制体系表现为，在税制体系中资源税居主体地位并发挥主导作用。这类税制主要是对土地、矿产、水力、滩涂、森林等所有资源征税，所以这类税收体系具有保护资源、促进合理利用资源、调节资源级差收入和课税一般不受成本费用变化影响等优点。由于世界上大多数国家的资源分布都存在不均匀的现象，所以，除少数中东石油资源丰富的国家外其他国家很少采用这种税制体系。

（四）流转税和所得税双主体税制体系

这类税制体系表现为，在税制体系中流转税和所得税均居主体地位，这两类税收的作用相当，互相协调、配合。这类税制体系既能发挥流转税征收范围广、税源充裕、能保证财政收入的及时性和稳定性、征收简便，同时，又能发挥所得税按负担能力大小征收、自动调节经济和公平分配等优点，形成两个主体税种优势互补的税制体系。目前，这类税制体系不仅在发展比较快的发展中国家得到采用，而且也开始引起以所得税为主体税种的发达国家的重视。

四、我国现行税制体系

我国的税制建立于中华人民共和国成立初期的1950年。1950年1月30日，政务院发布《全国税政实施要则》，标志着在总结老解放区税制建设的经验和全面清理旧中国税收制度的基础上，建立了全国统一的新税制。随后，1953年、1958年、1973年曾三次合并、简化税法。

随着经济体制改革和对外开放，税制改革进行了1983年、1984年两步“利改税”。利改税，是指把国营企业上交利润的形式改为按国家规定的税种和税率交纳（所得）税金，税后利润归企业支配，使国家与国营企业之间的分配关系通过税收形式固定下来。经过两步“利改税”至1994年税制改革之前，中国税制体系中的税种有30多个。

为了适应建立社会主义市场经济体制的需要，1994年我国实施了规模最大、范围最广、成效最显著、影响最深远的税制改革。1994年，税制改革的指导思想是：统一税法、公平税负、简化税制、合理分权、理顺分配关系、规范分配方式、保障财政收入，建立符合社会主义市场经济要求的税收体系。1994年，税制改革的主要内容包括：一是建立以增值税为主体、消费税和营业税为补充的流转税体系。二是统一内资企业所得税。三是统一个人所得税。四是调整、撤并和开征了一些税种。

经过1994年的税制改革，我国税制体系包括的税种由原来的30多个减少到20多个，实际征收的税种为18个。初步实现了税制的简化与统一，形成了一套基本上适合我国国情的、以流转税和所得税为主体其他税种相配合的多税种、多层次、多环节调节的复合税制体系。从此，我国税制体系建设步入了良性发展的轨道。

近年来，为了适应国民经济和社会发展需要，我国税制体系建设又主要进行了以下几个方面的重要改革：（1）增值税转型改革。（2）营业税改征增值税。（3）调整消费税征收范围。（4）资源税从价征收改革。（5）开征环境保护税。（6）个人所得税改革。（7）其他税制改革等。经过上述一系列改革，我国的税制体系在1994年税制改革的基础上日趋完善。

目前，我国实际开征的税种共有18种，按其性质和作用（征税对象不同），大致可分为5类：

（1）流转税类：增值税、消费税、关税；

（2）所得税类：企业所得税、个人所得税；

（3）资源税类：资源税、土地增值税、城镇土地使用税、耕地占用税。

（4）财产税类：房产税、契税、车船税。

（5）行为（目的）税类：印花税、城市维护建设税、车辆购置税、船舶吨税、环境保护税、烟叶税。

关键概念

税收；税法；税收制度；纳税人；扣缴义务人；负税人；征税对象；计税依据；税目；税率；比例税率；累进税率；超额累进税率；全额累进税率；速算扣除数；定额税率；边际税率；减税；免税；起征点；免征额；单一税制；复合税制；流转税；从价税；从量税；价内税；价外税；直接税；间接税；中央税；地方税；共享税；公平原则；效率原则；税制体系。

复习思考题

1.税收的特征有哪些？

2.税率有哪几种形式？

3.如何理解税法的基本原则和适用原则？

4.与单一税制相比较，复合税制具有哪些优点？

5. 税种按征税对象的性质如何分类?
6. 简述亚当·斯密提出的税收原则。
7. 简述瓦格纳提出的税收原则。
8. 论述现代税收制度建立的原则。
9. 简述影响税制体系的主要因素。
10. 简述不同税制体系类型的优缺点。
11. 简述我国现行税制体系。
12. 如何理解税收公平与效率之间的关系?
13. 如何理解税制要素构成及其关系?
14. 如何理解我国的中央税、地方税与共享税?如何协调三者的关系?

第二章

增值税

学习目标

通过本章的学习，了解增值税的概念、分类与原理，掌握增值税的特点、作用，熟悉增值税的征税对象、纳税人与税率，掌握增值税一般纳税人应纳税额的计算、小规模纳税人应纳税额的计算和进口货物应纳税额的计算，了解增值税退（免）税、增值税的税收优惠，熟悉增值税的征收管理和增值税专用发票管理。

重点与难点

本章的重点主要有：增值税的征收范围、进项税额的确定、销项税额的确定、应纳税额的计算。本章的难点主要有：应纳税额的计算、出口退（免）税和增值税专用发票管理。

第一节　概述

一、增值税的概念

增值税是指在中华人民共和国境内发生销售货物，提供加工、修理修配劳务，有偿提供交通运输、建筑安装等服务，有偿转让无形资产、不动产或者金融商品等增值税应税交易的单位和个人，以及进口货物的单位和个人，以其取得的增值额为征税对象所征收的一种流转税。

作为增值税课税对象的增值额，是指生产经营单位在生产经营活动过程中新创造的那部分价值。

从理论上讲，增值额是指生产经营过程中新创造的价值额，即商品价值扣除物力投入成本后剩余的价值部分。按照马克思主义政治经济学，商品价值合计为C+

V+M，那么理论增值额相当于V+M部分。其中，C为不变资本（相当于物力投入），V为可变资本（相当于人力投入），M为剩余价值（相当于利润）。C之所以被称为“不变资本”，是因为它只能实现价值的转移，从原材料转移到产品中，或者从机器设备以折旧的形式转移到产品中。它既不能创造价值，也不能损耗价值，总体结果是保持了价值的守恒。作为商品生产过程中所消耗的生产资料转移价值，C包括外购原材料、燃料和动力、机器设备、包装物、低值易耗品等项目。V之所以被称为“可变资本”，是因为劳动能够创造价值，创造的价值部分为V+M，其中V被雇主分配给劳动者作为报酬，而剩余价值M被雇主据为己有，相当于利润。

当然，C只是理论上的扣除项目，各国在税法实践中对扣除项目的具体规定不同，增值额的具体内容也不尽相同，故而法定增值额与理论增值额并不是必然相等的关系。法定增值额可能大于理论增值额，也可能小于理论增值额。

二、增值税的类型

按照不同国家对外购固定资产处理方式的不同，增值税可划分为生产型增值税、收入型增值税、消费型增值税三种类型。2009年之前，我国实行的是生产型增值税；自2009年1月1日起，转型为消费型增值税。

（一）生产型增值税

生产型增值税的特点是，计算增值税时不允许扣除外购固定资产的价款。在这种情况下，法定增值额作为增值税的课税基础，除包括纳税人新创造的价值外，还包括当期计入成本的外购固定资产的价款部分，即法定增值额相当于纳税人当期工资、奖金、利润、利息、租金、股息等理论增值额与折旧额之和。从整个国民经济的角度来看，这一课税基础在统计口径上大致相当于国民生产总值，所以将这种类型的增值税称为生产型增值税。

实行生产型增值税，不允许扣除外购固定资产的已纳税金，意味着这种类型增值税的税基包含了外购固定资产的价款，这样就存在对固定资产价值重复征税的问题。因此，生产型增值税是一种不彻底的增值税，对资本有机构成高的行业的发展以及加快技术进步会产生不利影响。但是，由于这种类型增值税的法定增值额大于理论增值额，因而有利于扩大财政收入。

（二）收入型增值税

收入型增值税的特点是，在计算增值税时允许扣除纳税期内应计入产品价值的固定资产折旧费部分。作为这种类型增值税课税基础的法定增值额，大体相当于纳税人当期工资、奖金、利润、利息、租金、股息等各个增值项目之和。从整个国民经济的角度来看，这一课税基础相当于国民收入，故这种类型的增值税又被称为收入型增值税。

收入型增值税的法定增值额与理论增值额一致，在理论上它是一种标准的增值税，可以在固定资产的折旧期内逐步解决重复征税问题。然而，在实行这种类型的增值税时，一方面需要划分外购和自制固定资产，另一方面外购固定资产价款是以计提折旧的方式分期转入产品价值的，使得凭发票扣税的计算方法在操作上存在一定困难，从而影响了该种类型增值税的广泛应用。

（三）消费型增值税

消费型增值税的特点是，计算增值税时允许将纳税期内购入的全部固定资产的价款一次扣除。这种类型增值税的法定增值额为纳税人当期的销售收入总额扣除外购的全部生产资料（流动资产与固定资产）价款后的余额。从整个国民经济的角度来看，该种类型增值税相当于对生产资料不征税，其课税基础仅限于消费资料，因此被称为消费型增值税。

消费型增值税对于扩大固定资产投资具有较强的激励效应，固定资产的基本特点是价值量大，而且其价值通常要在较长的使用周期内以折旧的方式逐步转移到产品价值中去。实行消费型增值税，允许外购固定资产的已纳税金在当期一次性全部扣除，实际上具有提前补偿固定资产价值的性质，在客观上可以发挥鼓励投资、加速设备更新的作用。由于这种类型增值税的法定增值额小于理论增值额，因而从静态上看，它对组织财政收入有一定的不利影响。但从动态来看，消费型增值税更有利于促进投资，促进产业结构调整和技术升级换代，从而促进经济增长，进而对财政收入产生积极影响。

三、增值税的特点

自1954年增值税首先在法国落地实施之后，世界上绝大多数国家先后引入了增值税制度。增值税之所以能够得到如此广泛的推广应用，主要与其几个典型特点有关。概括地说，这种现代间接税在继承了传统间接税优点的同时，克服了传统间接税的缺点。一般而言，增值税主要具有以下四个方面的特点。

（一）征税范围广，税源充裕

所有商品、服务、无形资产、不动产的销售都需要缴纳增值税，可见增值税的征税范围非常广泛。以销售货物或提供服务、转让无形资产、不动产过程中实现的增值额为征税对象，增值税可以课征于社会经济活动的各个部门、领域、环节，自然具有充裕、稳定的税源。

（二）避免重复征税

传统流转税对征税环节的选择一般有两种：一是在商品流转的各个环节课税，即道道征税；二是只在商品流转的特定环节征税。相对于只在商品流转的特定环节征税而言，选择道道征税有利于广泛筹集财政收入，保证预算资金入库的均衡，但是，如果采取道道征税时以商品流转额全额为征税对象，就会产生重复征税的弊端。增值税由于只对货物销售或服务提供等环节中没有征过税的那部分增值额征税，而对转移到销售额中在以前环节已征过税的那部分不再征税，从而有效地解决了重复征税的问题。正因如此，人们将增值税称为一种对传统的流转税去弊存利的新型流转税。

（三）具有税收中性的特征

所谓税收中性，是指税收对经济行为包括企业生产决策、生产组织形式等不产生影响，由市场对资源配置发挥基础性、主导性作用。政府在建立税制时，以不干扰经营者的投资决策和消费者的消费选择为原则。由于增值税对增值额征税，且提倡税率统一，故而在消费和生产决策中只发挥收入效应而避免发挥替代效应，尽量不影响生产或者消费结构，不会导致生产资源配置和消费选择产生扭曲，从而使增值税具有了税收中性的特征。

（四）税负具有转嫁性，最终由消费者负担

增值税作为一种流转税，本来就具有税负转嫁的可能性。实际上，由于这种新型流转税在计算征收时实行税款抵扣制度，即对某项应税商品的每个流转环节逐一征税的同时，还在每个环节按税法规定对纳税人外购项目的已纳税金逐一进行抵扣。因此，对应税商品各个环节的经营者而言，作为增值税的纳税人，他们只是把从购买者那里收取的税款转交给政府，而经营者本身并未承担增值税税款。这样，随着交易活动在应税商品的各个流转环节逐次展开，应税商品的经营者在出售商品的同时，也为政府从购买者那里收取了该应税商品所承担的税款，当应税商品销售给最终消费者时，该商品在以前所有环节已缴纳的税款连同本环节的税款，便全部转嫁给了最终消费者。可见，增值税的税收负担具有完全的转嫁性，作为纳税人的生产经营者并非增值税的真正负担者，最终消费者实际上是增值税的最后归宿，因此增值税属于典型的间接税。

四、增值税的作用

（一）有利于专业化生产

增值税制度中由于只对各个环节上的增值部分征税，转移价值不征税，无论商品的流转环节如何变化，都不可能产生重复征税的问题，其结果是对专业化生产更为有利，这是现代生产力发展水平提高的重要标志。

（二）有利于保持财政收入的及时、稳定

一方面，增值税以增值额为征税对象，凡从事应税产品的生产、批发、零售和提供应税服务从而取得增值额的单位和个人，都要缴纳增值税，这就使得增值税具有充足的税源和众多的纳税人。同时，人类的生产经营活动总是不停地进行着，这就决定了增值税收入具有连续性、及时性。另一方面，从一项产品来看，由于其增值额不会因该产品生产方式的改变、经营环节的增减而变化，在增值税税率确定的条件下，增值税收入就不会受生产方式、经营环节变化的影响。

（三）有利于促进对外贸易的发展

世界各国为保护和促进本国经济的发展，在对外贸易上采取鼓励政策。在增值税制度下可以准确地计算出出口商品包含的国内税金，并以此为依据对出口商品实行彻底退税，从而有利于降低出口商品的成本与价格，增加商品的出口数量，从而促进对外贸易的发展。

（四）有利于防止税收流失

增值税实行凭专用发票扣税的征管制度，应税货物或服务的买卖双方便通过专用发票结成了一种相互制约的关系，并由此形成一种有机的税款抵扣链条。销售方销售货物时开具的增值税专用发票，既是销货方自己计算销项税的凭证，也是购货方据以扣税的凭证，只有通过专用发票才能把货物承担的税款从上一个经营环节传递到下一个经营环节，最后传递到最终消费者身上。在这个税款抵扣链条中，如果哪个环节少缴了税款，必然导致下一个环节扣税减少而多缴税款。买卖双方的这种利害关系，有助于防止或避免错计税款，也有利于税务机关对纳税人进行税务交叉稽查。

五、我国增值税制度的建立与发展

（一）我国增值税制度的建立

我国自1979年下半年开始引进增值税并在极少数地区试点，征税对象仅选择了机器机械和农业机具两个行业以及自行车、缝纫机、电风扇三种产品。1982年，财政部制定了《增值税暂行办法》，规定从1983年1月1日起在全国范围内对部分工业品统一征收增值税。此后，在1984年我国工商税制改革中，国务院正式颁布了《中华人民共和国增值税条例（草案）》，增值税征税对象扩大到机器机械、汽车、钢材等12种产品，这标志着我国增值税制度的正式确立。在随后几年，为了充分发挥增值税在平衡税负、促进公平竞争、组织财政收入和宏观调控中的作用，我国先后于1986年、1987年、1988年、1989年几次进一步扩大了增值税的征税范围。

（二）1994年的增值税制度改革

1993年12月13日，国务院发布了《中华人民共和国增值税暂行条例》，12月25日，财政部下发了《中华人民共和国增值税暂行条例实施细则》，二者自1994年1月1日起施行。1994年的增值税改革采用了国际上普遍采用的税款抵扣的办法，即根据销售商品和服务的销售额，按规定的税率计算出销项税额，然后扣除取得该商品和服务时所支付的增值税款（即进项税额），其差额就是增值部分应缴纳的税额，这种计算方法体现了按增值因素计税的原则。

（三）2009年的增值税制度改革

1994年进行增值税改革时我国确立了实行生产型增值税，这种增值税类型在稳定国家财政收入、抑制投资过热等方面起到了积极的作用。但是纵观世界上实行增值税的国家和地区，绝大多数采用消费型增值税；同时，生产型增值税中固定资产的进项税额不予扣除，重复征税问题极为突出。随着我国社会主义市场经济体制的逐步完善和经济全球化的纵深发展，推进增值税“转型”（从生产型增值税向消费型增值税转型）改革的必要性日益突出。自2004年7月1日起，在东北、中部等部分地区先后实行了增值税转型改革试点。2008年11月10日，国务院公布了修订的《中华人民共和国增值税暂行条例》，自2009年1月1日起施行。

（四）营业税改征增值税（简称“营改增”）

为了促进第三产业发展，从2012年1月1日起，在部分地区和行业开展深化增值税制度改革的试点，逐步将原有征收营业税的行业改为征收增值税。

2012年1月1日，“营改增”在上海市的“1+6”行业率先试点，其中“1”为铁路运输和邮政服务以外的交通运输业，“6”包括研发、信息技术、文化创意、物流辅助、有形动产租赁、鉴证咨询等部分现代服务业。

2012年9月1日至2012年12月1日，“营改增”试点由上海市分4批次扩大至北京、江苏、安徽、福建、广东、天津、浙江、湖北8个省市。

2013年8月1日，交通运输业和部分现代服务业“营改增”试点在全国范围内推开。同时，广播影视作品的制作、播映、发行等也开始纳入试点。

2014年1月1日，铁路运输和邮政服务业纳入“营改增”试点，至此，交通运输业已全部纳入“营改增”范围。

2014年6月1日，电信业在全国范围实施“营改增”试点。

2016年5月1日，金融、建筑、销售不动产、生活服务等剩余行业全部实施“营改增”。至此，增值税全面取代了营业税，营业税彻底退出了历史舞台。

第二节　纳税人

一、纳税人

增值税的纳税人，是指在中华人民共和国境内（以下简称境内）销售货物、劳务、服务、无形资产、不动产和金融商品等的单位和个人，以及进口货物的单位和个人。其中，单位是指企业、行政单位、事业单位、军事单位、社会团体及其他单位；个人是指个体工商户和自然人。

单位以承包、承租、挂靠方式经营的，承包人、承租人、挂靠人（以下统称承包人）以发包人、出租人、被挂靠人（以下统称发包人）名义对外经营并由发包人承担相关法律责任的，以该发包人为纳税人。否则，以承包人为纳税人。

二、扣缴义务人

中华人民共和国境外的单位或者个人在境内发生应税交易的，在境内未设有经营机构的，以其境内代理人为扣缴义务人，在境内没有代理人的，以购买方为扣缴义务人。

三、纳税人的划分

我国增值税实行税款抵扣制度，对纳税人的会计核算水平要求较高。由于我国增值税纳税人的数量繁多，会计核算水平参差不齐，大量的个体工商户和小微企业还不具备抵扣税款的条件。为简化征管、堵塞漏洞，我国将增值税纳税人按照会计核算是否健全与年销售额的标准，划分为一般纳税人和小规模纳税人。这两类纳税人在应纳税额的计算、适用税率（征收率）及管理办法上都有所不同。

会计核算健全，是指能够按照国家统一的会计制度规定设置账簿，根据合法、有效凭证进行核算。

年应税销售额是指纳税人在连续不超过12个月或4个季度的经营期内累计应征增值税销售额，包括纳税申报销售额、稽查查补销售额、纳税评估调整销售额。销售服务、无形资产或者不动产（以下简称“应税行为”）有扣除项目的纳税人，其应税行为年应税销售额按未扣除之前的销售额计算。纳税人偶然发生的销售无形资产、转让不动产的销售额，不计入应税行为年应税销售额。

（一）小规模纳税人

小规模纳税人是指年销售额在规定标准以下，并且会计核算不健全、不能按规定报送有关税务资料的增值税纳税人。小规模纳税人采用简易计税方法计算增值税应纳税额，不允许抵扣进项税额。

小规模纳税人的具体认定标准为年应税销售额为500万元及以下。

例如，某企业的年应税销售额为400万元，且会计核算不健全，则该企业应登记为小规模纳税人。

（二）一般纳税人

一般纳税人是指年应税销售额超过小规模纳税人标准的增值税纳税人。一般纳税人通常采用一般计税方法计算增值税应纳税额，允许抵扣进项税额。当然，在某些情况下，一般纳税人也存在按简易计税方法计算缴纳增值税的情形。

一般纳税人采取登记管理制度，纳税人应当向其机构所在地主管税务机关办理一般纳税人登记手续。

需要注意的是：

（1）年应税销售额未超过规定标准的纳税人，会计核算健全、能够提供准确税务资料的，可以向主管税务机关办理一般纳税人登记。

（2）年应税销售额超过规定标准的自然人，按小规模纳税人纳税，不得登记为一般纳税人。

（3）按照政策规定，选择按照小规模纳税人纳税的，不得登记为一般纳税人。

第三节　征税范围

一、征税范围的一般规定

增值税征税范围主要包括在境内发生应税交易和进口货物。所谓应税交易，是指销售货物、劳务、服务、无形资产和不动产。

（一）销售货物

“货物”是指有形动产，包括电力、热力和气体在内。销售货物是指在生产、批发、零售环节有偿转让货物的所有权。“有偿”不仅指从购买方取得货币，还包括取得货物或其他经济利益。

在境内销售货物是指货物的起运地或者所在地在境内。

（二）销售劳务

劳务是指纳税人提供的加工、修理修配劳务。加工，是指接收来料承做货物，加工后的货物所有权仍属于委托方的业务，即通常说的委托加工业务。委托加工业务是指委托方提供原料及主要材料，受托方按照委托方的要求制造货物并收取加工费的业务。如果受托方提供原料及主要材料加工或者受托方外购原材料及主要材料进行加工，则属于受托方自己销售货物而不是提供加工劳务。

【例2-1】甲企业为一家服装加工厂，2020年9月，接受乙工厂的委托加工一批工装，乙工厂提供布料，甲企业收取加工费10万元；2020年10月，接受丙影视公司的委托为其加工演出服，甲企业自行外购布料并收取加工费共计100万元。请问甲企业上述两笔业务是否属于“加工劳务”?

【答案解析】甲企业为乙工厂提供的加工工装业务符合“加工劳务”条件，属于“加工劳务”；为丙影视公司提供的加工演出服业务不符合“加工劳务”条件，属于甲企业自行销售演出服，按“销售货物”缴纳增值税。

修理修配，是指受托对损失和丧失功能的货物进行修复，使其恢复原状和功能的业务。

销售劳务是有偿提供的。单位或者个体工商户聘用的员工为本单位或者雇主提供加工、修理修配应税劳务不包括在内。

（三）销售服务

目前，纳税人销售服务具体包括以下7种情况：

1.交通运输服务

交通运输服务，是指利用运输工具将货物或者旅客送达目的地，使其空间位置得到转移的业务活动，包括陆路运输服务、水路运输服务、航空运输服务和管道运输服务等4种服务形式。

（1）陆路运输服务。所谓陆路运输服务，是指通过陆路（地上或者地下）运送货物或者旅客的运输业务活动，包括铁路运输服务和其他陆路运输服务。

铁路运输服务，是指通过铁路运送货物或者旅客的运输业务活动；其他陆路运输服务，是指除铁路运输以外的陆路运输业务活动，包括公路运输、缆车运输、索道运输、地铁运输、城市轻轨运输等。

（2）水路运输服务。所谓水路运输服务，是指通过江、河、湖、川等天然、人工水道或者海洋航道运送货物或者旅客的运输业务活动。

水路运输中的程租、期租业务，属于水路运输服务。程租业务，是指运输企业为租船人完成某一特定航次的运输任务并收取租赁费的业务；期租业务，是指运输企业将配有操作人员的船舶出租给他人使用一定期限，租期内听候承租方调遣，不论是否经营，均按天向承租方收取租赁费，发生的固定费用均由船东负担的业务。如果纳税人只出租船只，而不提供运输服务，则为光租业务，属于动产租赁，按照“租赁服务”缴纳增值税。需要注意的是，光租业务，是指运输企业将船舶在约定的时间内出租给他人使用，不配备操作人员，不承担运输过程中发生的各项费用，只收取固定租赁费的业务活动。

【例2-2】某船运公司从事水运服务，2019年10月8日至13日将一艘货轮出租给A企业，为A企业将货物从重庆运至宜昌，收取租金20万元；2019年11月1日至30日将一艘配有操作人员的货轮出租给B公司，无论是否使用，每天均固定收取1万元的租金；2019年12月单纯将两艘客轮租给C公司使用，租期2年，每月租金5万元。请问该船运公司上述三笔业务是否属于“交通运输服务”？

【答案解析】该船运公司将货轮租给A企业为水路运输中的“程租”业务，将货轮租给B公司为水路运输中的“期租”业务，两者均属于“交通运输服务”；将客轮租给C公司为水路运输中的“光租”业务，按“租赁服务”缴纳增值税。

【问题思考】如何区别水路运输的“程租”、“期租”和“光租”业务？

（3）航空运输服务。所谓航空运输服务，是指通过空中航线运送货物或者旅客的运输业务活动。

航空运输的湿租业务，属于航空运输服务。需要注意的是，湿租业务，是指航空运输企业将配备有机组人员的飞机出租给他人使用一定期限，租期内听候承租方调遣，不论是否经营，均按一定标准向承租方收取租赁费，发生的固定费用均由承租方承担的业务。

航空运输的干租业务，按照“租赁服务”缴纳增值税。需要注意的是，干租业务，是指航空运输企业将飞机在约定的时间内出租给他人使用，不配备机组人员，不承担运输过程中发生的各项费用，只收取固定租赁费的业务活动。

航天运输服务，按照航空运输服务缴纳增值税。航天运输服务，是指利用火箭等载体将卫星、空间探测器等空间飞行器发射到空间轨道的业务活动。

（4）管道运输服务。所谓管道运输服务，是指通过管道设施输送气体、液体、固体物质的运输业务活动。

无运输工具承运业务，按照交通运输服务缴纳增值税。无运输工具承运业务，是指经营者以承运人身份与托运人签订运输服务合同，收取运费并承担承运人责任，然后委托实际承运人完成运输服务的经营活动。

【例2-3】某企业2019年5月与其客户签订了一份运输合同，承诺负责将客户的货物从四川成都运送至重庆，收取运费5万元。由于该企业没有运输工具，因此委托某运输企业完成运输服务。请问该企业无运输工具承运业务应按照哪种服务缴纳增值税？

【答案解析】按照相关规定，该企业应按“交通运输服务”缴纳增值税。

2.邮政服务

邮政服务，是指中国邮政集团公司及其所属邮政企业提供邮件寄递、邮政汇兑和机要通信等邮政基本服务的业务活动，包括邮政普遍服务、邮政特殊服务和其他邮政服务。

（1）邮政普遍服务。邮政普遍服务，是指函件、包裹等邮件寄递，以及邮票发行、报刊发行和邮政汇兑等业务活动。

（2）邮政特殊服务。邮政特殊服务，是指义务兵平常信函、机要通信、盲人读物和革命烈士遗物的寄递等业务活动。

（3）其他邮政服务。其他邮政服务，是指邮册等邮品销售、邮政代理等业务活动。

3.电信服务

电信服务，是指利用有线、无线的电磁系统或者光电系统等各种通信网络资源，提供语音通话服务，传送、发射、接收或者应用图像、短信等电子数据和信息的业务活动，包括基础电信服务和增值电信服务。

（1）基础电信服务。基础电信服务，是指利用固网、移动网、卫星、互联网，提供语音通话服务的业务活动，以及出租或者出售带宽、波长等网络元素的业务活动。

（2）增值电信服务。增值电信服务，是指利用固网、移动网、卫星、互联网、有线电视网络，提供短信和彩信服务、电子数据和信息的传输及应用服务、互联网接入服务等业务活动。卫星电视信号落地转接服务，按照增值电信服务缴纳增值税。

4.建筑服务

建筑服务，是指各类建筑物、构筑物及其附属设施的建造、修缮、装饰，线路、管道、设备、设施等的安装以及其他工程作业的业务活动，包括工程服务、安装服务、修缮服务、装饰服务和其他建筑服务。

（1）工程服务。工程服务，是指新建、改建各种建筑物、构筑物的工程作业，包括与建筑物相连的各种设备或者支柱、操作平台的安装或者装设工程作业，以及各种窑炉和金属结构工程作业。

（2）安装服务。安装服务，是指生产设备、动力设备、起重设备、运输设备、传动设备、医疗实验设备以及其他各种设备、设施的装配、安置工程作业，包括与被安装设备相连的工作台、梯子、栏杆的装设工程作业，以及被安装设备的绝缘、防腐、保温、油漆等工程作业。

（3）修缮服务。修缮服务，是指对建筑物、构筑物进行修补、加固、养护、改善，使之恢复原来的使用价值或者延长其使用期限的工程作业。

（4）装饰服务。装饰服务，是指对建筑物、构筑物进行修饰装修，使之美观或者具有特定用途的工程作业。

（5）其他建筑服务。其他建筑服务，是指上列工程作业之外的各种工程作业服务，如拆除建筑物、平整土地、园林绿化、建筑物平移等工程作业。

5.金融服务

金融服务，是指经营金融保险的业务活动，包括贷款服务、直接收费金融服务、保险服务和金融商品转让。

（1）贷款服务。贷款，是指将资金贷与他人使用而取得利息收入的业务活动。各种占用、拆借资金取得的收入，包括金融商品持有期间（含到期）利息（保本收益、报酬、资金占用费、补偿金等）收入、信用卡透支利息收入、买入返售金融商品利息收入、融资融券取得的利息收入，以及融资性售后回租、押汇、罚息、票据贴现、转贷等业务取得的利息及利息性质的收入。

融资性售后回租，是指承租方以融资为目的，将资产出售给从事融资性售后回租业务的企业后，从事融资性售后回租业务的企业将该资产出租给承租方的业务活动。

（2）直接收费金融服务。直接收费金融服务，是指为货币资金融通及其他金融业务提供相关服务并且收取费用的业务活动，包括提供货币兑换、账户管理、电子银行、信用卡、信用证、财务担保、资产管理、信托管理、基金管理、金融交易场所（平台）管理、资金结算、资金清算、金融支付等服务。

（3）保险服务。保险服务，是指投保人根据合同约定，向保险人支付保险费，保险人对于合同约定的可能发生的事故因其发生所造成的财产损失承担赔偿保险金责任，或者当被保险人死亡、伤残、疾病或者达到合同约定的年龄、期限等条件时承担给付保险金责任的商业保险行为，包括人身保险服务和财产保险服务。

人身保险服务，是指以人的寿命和身体为保险标的的保险业务活动；财产保险服务，是指以财产及其有关利益为保险标的的保险业务活动。

（4）金融商品转让。金融商品转让，是指转让外汇、有价证券、非货物期货和其他金融商品所有权的业务活动。其他金融商品转让包括基金、信托、理财产品等各类资产管理产品和各种金融衍生品的转让。

6.现代服务

现代服务，是指围绕制造业、文化产业、现代物流产业等提供技术性、知识性服务的业务活动，包括研发和技术服务、信息技术服务、文化创意服务、物流辅助服务、租赁服务、鉴证咨询服务、广播影视服务、商务辅助服务和其他现代服务。

（1）研发和技术服务。研发和技术服务，包括研发服务、合同能源管理服务、工程勘察勘探服务、专业技术服务。

（2）信息技术服务。信息技术服务，是指利用计算机、通信网络等技术对信息进行生产、收集、处理、加工、存储、运输、检索和利用，并提供信息服务的业务活动，包括软件服务、电路设计及测试服务、信息系统服务、业务流程管理服务和信息系统增值服务。

（3）文化创意服务。文化创意服务，包括设计服务、知识产权服务、广告服务和会议展览服务。

（4）物流辅助服务。物流辅助服务，包括航空服务、港口码头服务、货运客运场站服务、打捞救助服务、装卸搬运服务、仓储服务和收派服务。

（5）租赁服务。租赁服务，包括融资租赁服务和经营租赁服务。需要注意的是，融资租赁服务与融资性售后回租不同，后者按照“金融服务”缴纳增值税。

（6）鉴证咨询服务。鉴证咨询服务，包括认证服务、鉴证服务和咨询服务。

（7）广播影视服务。广播影视服务，包括广播影视节目（作品）的制作服务、发行服务和播映（含放映）服务。

（8）商务辅助服务。商务辅助服务，包括企业管理服务、经纪代理服务、人力资源服务、安全保护服务。

（9）其他现代服务。其他现代服务，是指除上述8项服务以外的现代服务。

7.生活服务

生活服务，是指为满足城乡居民日常生活需求提供的各类服务活动，包括文化体育服务、教育医疗服务、旅游娱乐服务、餐饮住宿服务、居民日常服务和其他生活服务。

上述境内销售服务，是指销售方为境内的单位和个人，或者服务在境内消费。例如，境外某企业为境内某单位提供境内建筑服务，就属于在境内销售服务。租赁不动产的，所租赁的不动产在境内。

下列情形不属于在境内销售服务：（1）境外单位或个人向境内单位或个人销售完全在境外发生的服务不属于境内销售服务。（2）境外单位或者个人向境内单位或者个人出租完全在境外使用的有形动产也不属于境内销售服务。（3）财政部、国家税务总局规定的其他情形：为出境的函件、包裹在境外提供的邮政服务、收派服务；向境内单位或个人提供的工程施工地点在境外的建筑服务、工程监理服务；向境内单位或个人提供的工程、矿产资源在境外的工程勘察勘探服务；向境内单位或个人提供的会议展览地点在境外的会议展览服务。

（四）销售无形资产

销售无形资产是指有偿转让无形资产的所有权或者使用权。

无形资产，是指不具有实物形态，但能带来经济利益的资产，包括技术、商标、著作权、商誉、自然资源使用权和其他权益性无形资产。

技术，包括专利技术和非专利技术。自然资源使用权，包括土地使用权、海域使用权、探矿权、采矿权、取水权和其他自然资源使用权。

其他权益性无形资产，包括基础设施资产经营权、公共事业特许权、配额、经营权（包括特许经营权、连锁经营权、其他经营权）、经销权、分销权、代理权、会员权、席位权、网络游戏虚拟道具、域名、名称权、肖像权、冠名权、转会费等。

境内销售无形资产（自然资源使用权除外），是指销售方为境内单位和个人，或者无形资产在境内消费；境内销售自然资源使用权，是指自然资源使用权的所在地在境内。境外单位或者个人向境内单位或者个人销售完全在境外使用的无形资产不属于境内销售无形资产。

（五）销售不动产

销售不动产是指转让不动产所有权的业务活动。不动产，是指不能移动或者移动后会引起性质、形状改变的财产，包括建筑物、构筑物等。

境内销售不动产，是指不动产的所在地在境内。

（六）进口货物

进口货物是指申报进入我国海关境内的货物，其起运地在境外，而目的地在境内。货物同样是指包括热力、电力、气体在内的有形动产。

二、特殊规定

（一）视同销售

单位或个体工商户发生的下列行为，视同销售货物、服务、无形资产和不动产，征收增值税。

1.将货物交付其他单位或者个人代销；

2.销售代销货物；

3.设有两个以上机构并实行统一核算的纳税人，将货物从一个机构移送至其他机构用于销售的行为，但相关机构设在同一县（市）的除外；

4.将自产或委托加工的货物用于非应税项目；

5.将自产、委托加工的货物用于集体福利或个人消费；

6.将自产、委托加工或购进的货物作为投资，提供给其他单位或个体工商户；

7.将自产、委托加工或购进的货物分配给股东或投资者；

8.将自产、委托加工或购进的货物无偿赠送其他单位或者个人；

9.向其他单位或个人无偿提供服务、无偿赠送无形资产或不动产，但用于公益事业的除外；

10.国务院财政、税务主管部门规定的其他情形。

【例2-4】某电器生产企业，2019年2月除销售电器外，还发生下列5笔业务：（1）将自产电视机100台作为福利发给职工；（2）将外购的空调10台无偿赠送给客户；（3）为某商场无偿提供加工劳务；（4）将外购的电脑用于集体福利；（5）将办公楼一栋无偿用于公益事业。请问该企业发生的上述业务哪些需要缴纳增值税。

【答案解析】按照增值税相关规定，前3笔业务属于视同销售，应缴纳增值税；后2笔业务不属于视同销售。

【问题思考】为何要对视同销售行为征收增值税？

（二）混合销售

一项销售行为如果既涉及货物又涉及服务，为混合销售。从事货物的生产、批发或零售的单位或者个体工商户的混合销售，按照销售货物缴纳增值税；其他单位和个体工商户的混合销售，按照销售服务缴纳增值税。

上述从事货物的生产、批发或者零售的单位和个体工商户，包括以从事货物的生产、批发或者零售为主，并兼营销售服务的单位和个体工商户在内。

混合销售行为成立的行为标准有两点：一是其销售行为必须是一项；二是该销售行为必须既涉及货物销售又涉及应税行为。

我们在确定混合销售是否成立时，其行为标准中的上述两点必须同时存在，如果一项销售行为只涉及销售服务，不涉及货物，这种销售行为就不是混合销售行为；反之，如果涉及销售服务和货物的行为，不是存在于一项销售行为之中，这种行为也不是混合销售行为。

【例2-5】某饭店在提供餐饮服务的同时向消费者销售烟酒，假定餐饮服务收入为5 000元，销售烟酒收入为1 000元。请问对该饭店应如何征税？

【答案解析】该行为属于混合销售行为。饭店是从事餐饮服务为主而非销售货物为主的企业，其销售烟酒收入应按照餐饮服务一并征收增值税。

（三）特殊项目

除上述规定，还有一些特殊项目或行为是否属于增值税的征税范围还需加以界定：

1.航空运输企业已售票但未提供航空运输服务取得的逾期票证收入，按照航空运输服务征收增值税。

2.经批准允许从事二手车经销业务的纳税人，收购二手车时将其办理过户登记到自己名下，销售时再将该二手车过户登记到买家名下的行为，属于销售货物的行为，应按照现行规定征收增值税。

3.供电企业利用自身输变电设备对并入电网的企业自备电厂生产的电力产品进行电压调节，收取并网服务费，属于提供加工劳务，应当征收增值税。

4.关于罚没物品征免增值税问题：执法部门和单位查处的具备拍卖条件、不具备拍卖条件以及属于专营的财物，取得的收入如数上缴财政，不予征税。购入方再销售的照章纳税。

5.各燃油电厂从政府财政专户取得的发电补贴不属于价外费用，不征收增值税。

6.按照现行增值税政策，纳税人取得的中央财政补贴，不属于增值税应税收入，不征收增值税。

7.根据现行增值税有关规定，融资性售后回租业务中，承租方出售资产的行为，不属于增值税的征收范围，不征收增值税。

8.根据国家指令无偿提供的铁路运输服务、航空运输服务，属于2016年《营业税改征增值税试点实施办法》第十四条规定的用于公益事业的服务，不征收增值税。

9.药品生产企业销售自产创新药的销售额，为向购买方收取的全部价款和价外费用，其提供给患者后续免费使用的相同创新药，不属于增值税视同销售范围。

10.纳税人在资产重组过程中，通过合并、分立、出售、置换等方式，将全部或者部分实物资产以及与其相关联的债权、负债和劳动力一并转让给其他单位和个人，不属于增值税的征税范围，其中涉及的货物转让不征收增值税。

11.存款利息不征收增值税。

12.被保险人获得的保险赔付不征收增值税。

13.房地产主管部门或者其指定机构、公积金管理中心、开发企业以及物业管理单位代收的住宅专项维修资金，不征收增值税。

14.单用途商业预付卡（“单用途卡”）业务：

（1）售卡方（售卡）：销售单用途卡，或者接受单用途卡持卡人充值取得的预收资金，不缴纳增值税，可以开具普通发票，不得开具增值税专用发票。

（2）售卡方（收佣）：因发行或者销售单用途卡并办理相关资金收付结算业务取得的手续费、结算费、服务费、管理费等收入，应按照现行规定缴纳增值税，且不得向持卡人开具增值税发票。

（3）销售方（提供服务）：持卡人使用单用途卡购买货物或服务，销售方应按照现行规定缴纳增值税，且不得向持卡人开具增值税发票。

（4）销售方（结算）：在收到售卡方结算的销售款时，应向售卡方开具增值税普通发票，不得开具增值税专用发票。

15.支付机构预付卡（多用途卡）业务：

（1）支付机构：（售卡）销售多用途卡、接受多用途卡充值，不缴纳增值税，不得开具增值税专用发票。（收佣）支付机构因发行或者受理多用途卡并办理相关资金收付结算业务取得的手续费、结算费、服务费、管理费等收入，应按照现行规定缴纳增值税。

（2）特约商户：（提供服务）持卡人使用多用途卡，特约商户应按照现行规定缴纳增值税，且不得向持卡人开具增值税发票。（结算）特约商户收到支付机构结算的销售款时，应向支付机构开具增值税普通发票。

第四节　税率与征收率

由于计税方法的不同，增值税采用了税率和征收率。税率适用于一般纳税人的一般计税，按照2020年的增值税法规，主要分为13%、9%、6%和零税率。征收率适用于一般纳税人的简易计税和小规模纳税人的计税。

一、税率

（一）13%的税率

纳税人销售货物，加工、修理修配劳务，有形动产租赁服务或者进口货物，除以下第（二）项、第（三）项、第（四）项外，税率均为13%，该税率为增值税的基本税率。

（二）9%的税率

纳税人销售交通运输、邮政、基础电信、建筑、不动产租赁服务，销售不动产，转让土地使用权，销售或者进口下列货物，税率为9%。

1.粮食等农产品、食用植物油、食用盐。

2.自来水、暖气、冷气、热水、煤气、石油液化气、天然气、二甲醚、沼气、居民用煤炭制品。

3.图书、报纸、杂志、音像制品、电子出版物。

4.饲料、化肥、农药、农机、农膜。

5.国务院规定的其他货物。

（三）6%的税率

纳税人销售服务、无形资产，除上述适用13%和9%的税率外，按6%的税率计算征收增值税。

（四）零税率

纳税人出口货物，适用零税率，但国务院另有规定的除外。

境内单位和个人跨境销售国务院规定范围内的服务、无形资产，税率为零。例如，境内单位和个人提供国际运输服务适用零税率。

二、征收率

增值税征收率是指对特定的货物或者特定的纳税人发生应税销售行为在某一生产流通环节应纳税额与销售额的比率。

增值税征收率适用于两种情况：一是小规模纳税人，小规模纳税人适用的征收率为3%；二是一般纳税人发生应税销售行为按规定可以选择简易计税方法计税的，例如，一些特殊项目适用5%的征收率。

纳税人兼营销售货物、劳务、服务、无形资产或者不动产，适用不同税率或者征收率的，应当分别核算适用不同税率或者征收率的销售额；未分别核算的，从高适用税率。

【例2-6】某建筑企业为增值税一般纳税人。向甲企业销售建筑材料，取得销售收入10万元；为乙企业提供建筑服务，取得营业收入6万元。该建筑企业销售建材和提供安装工程业务是否属于兼营行为？如何确定适用税率？

【答案解析】该企业销售建筑材料和提供建筑服务分属于不同的经营活动，且适用不同的税率，两者相互独立、互不从属，所以属于兼营行为。销售建筑材料适用13%的税率，提供建筑服务适用9%的税率。

【问题思考】如何区别混合销售和兼营行为？

第五节　应纳税额的计算

一、一般计税方法应纳税额的计算

除适用简易计税方法的特定情形外，一般纳税人均采用一般计税方法。在我国，一般计税方法是间接计算法，即先按当期销售额和适用税率计算出销项税额，然后将当期准予抵扣的进项税额进行抵扣，从而间接计算出当期增值额部分的应纳税额。

一般计税方法可以作如下理论推导：

应纳增值税税额=增值额×税率

=（销售额-购进成本）×税率

=销售额×税率-购进成本×税率

=销项税额-进项税额

购进成本即购进货物或者服务、不动产等的成本。增值额在理论上等于销售额减去购进成本后的余额。我们将销售额乘以税率规定为销项税额，将购进成本乘以税率规定为进项税额，则应纳增值税税额应为销项税额减去（即“抵扣”）进项税额。本公式推导的前两行是理论上的计算方式，后两行则是实务中的计算方式，两者并不是完全等同的。此公式之所以能够由第二行推导到第三行，是因为假定税率是相等的，但现实中税率多种多样，故而从第三行倒推到第二行是不能成立的。国内税收实务中应纳税额的计算均按照“应纳增值税税额=销项税额-进项税额”的公式进行。

（一）销项税额的计算

销项税额是指纳税人发生应税销售行为时，按照销售额与规定的税率计算并向购买方收取的增值税税额。销项税额的计算公式为：

销项税额=销售额×税率

从销项税额的定义和公式中我们可以知道，它是由销售方在销售货物、劳务、服务、无形资产或不动产时，一并向购买方收取的税额。

销项税额的计算取决于销售额和适用税率两个因素。在适用税率既定的前提下，销项税额的大小主要取决于销售额的大小。

1.一般销售方式下的销售额

销售额，是指纳税人发生应税交易取得的与之相关的对价，包括全部货币或者非货币形式的经济利益，也就是纳税人取得的全部价款和价外费用，不包括按照一般计税方法计算的销项税额和按照简易计税方法计算的应纳税额。

特别需要强调的是，尽管销项税额也是销售方向购买方收取的，但是由于增值税采用价外计税方式，用不含增值税（以下简称不含税）价作为计税依据，因而销售额中不包括向购买方收取的销项税额。

价外费用，是指价外收取的各种性质的收费，但下列项目不包括在内：

（1）受托加工应征消费税的消费品所代收代缴的消费税。

（2）同时符合以下条件代为收取的政府性基金或者行政事业性收费：由国务院或者财政部批准设立的政府性基金；由国务院或者省级人民政府及其财政、价格主管部门批准设立的行政事业性收费；收取时开具省级以上财政部门印制的财政票据；所收款项全额上缴财政。

（3）以委托方名义开具发票代委托方收取的款项。

（4）销售货物的同时因代办保险等而向购买方收取的保险费，以及向购买方收取的代购买方缴纳的车辆购置税、车辆牌照费。

凡随同应税销售行为向购买方收取的价外费用，无论其会计制度如何核算，均应并入销售额计算应纳税额。

销售额以人民币计算。纳税人以人民币以外的货币结算销售额的，应当折合成人民币计算，折合率可以选择销售额发生的当天或者当月1日的人民币汇率中间价。纳税人应当在事先确定采用何种折合率，确定后12个月内不得变更。

【例2-7】某生产企业为增值税一般纳税人，适用13%的增值税税率。2020年6月份销售甲产品给某商场，开具增值税专用发票，取得不含税销售额80万元。另外，该企业取得销售甲产品的手续费5.65万元，并开具增值税普通发票。请计算该企业销售甲产品的销项税额。

【答案解析】生产企业向商场收取的手续费属于销售商品的价外费用，须折算成不含税销售额计入销售额。

销售甲产品的销项税额=［80+5.65÷（1+13%）］×13%=11.05（万元）

【问题思考】“价外费用”如何进行会计处理？

2.特殊销售方式下的销售额

在现实经济活动中，为了达到促销目的，纳税人销售货物的方式多种多样。不同销售方式下，销售者取得的销售额会有所不同。我国现行增值税法规对以下销售方式的计税销售额作了具体规定。

（1）折扣销售。

折扣销售（又称商业折扣）是指销货方在发生应税销售行为时，因购货方购货数量较大等原因而给予购货方的价格优惠。例如，每件商品10元，如购买50件以上可按规定价格折扣20%。这种折扣一般都是从销售价格中直接折算，即购买方所付的价款和销售方所收取的货款，都是按折扣以后的售价来计算的。

税法规定，如果价款和折扣额在同一张发票的“金额”栏上分别注明，可按折扣后的销售额征收增值税；未在同一张发票“金额”栏注明折扣额，而仅在发票的“备注”栏注明折扣额的，折扣额不得从销售额中减除；如果将折扣额另开发票，不论其在财务核算上如何处理，均不得从销售额中减除折扣额。

（2）销售折扣。

销售折扣（又称现金折扣）是指卖方为鼓励买方尽早付清货款而在协议中许诺在价格方面给予买方的一种折扣优惠。例如，5天以内付清货款，可按售价折扣5%；5天以上10天以内付清货款，可按售价折扣3%；10天以上付清货款，则不再给予折扣优惠。由于销售折扣是在销售货物之后发生的，属于企业融资行为，所以，折扣额不允许从销售额中扣除。

（3）销售折让。

销售折让是指货物卖出后买方发现品种、质量等有问题，但没有提出退货，而是要求卖方给予一定的价格折让。销售折让在实质上属于因货物质量、品种等不符合要求而导致原销售额的减少，所以，在这种情况下应以折让后的销售额为计税销售额。

【例2-8】甲企业为增值税一般纳税人。2020年5月，销售A商品10 000件，每件商品的不含税价格为20元，A商品适用的增值税税率为13%。由于是成批销售，甲企业给予购货方10%的商业折扣，折扣额与销售额在发票金额栏上已经注明。请计算甲企业销售该批货物的销项税额。

【答案解析】该笔业务属于折扣销售，由于销售额与折扣额在同一张发票金额栏上明确注明，因此，可以按照折扣后的销售额计算增值税销项税额。

销项税额=10 000×20×（1–10%）×13%=23 400（元）

（4）以旧换新。

以旧换新是指纳税人在销售自己的货物时，有偿收回旧货物的行为。根据增值税法律法规的规定，采取以旧换新方式销售货物的，应按新货物的同期销售价格确定销售额，不得扣减旧货物的收购价格。

考虑到金银首饰以旧换新业务的特殊情况，对金银首饰以旧换新业务，可以按销售方实际收取的不含增值税的全部价款征收增值税。

【例2-9】某超市为增值税一般纳税人。2020年5月份采取以旧换新方式销售电冰箱20台，每台旧冰箱作价325元，开出普通发票20张，收到货款50 000元。请计算该商场当月应该缴纳的增值税税额。

【答案解析】以旧换新方式销售货物，应把旧货物作价计入应税销售额。

应税销售额=（50 000+20×325）÷（1+13%）=50 000（元）

该商场当月应纳增值税税额=50 000×13%=6 500（元）

（5）还本销售。

还本销售是指纳税人在销售货物后，到约定的期限由卖方一次或分次将货款部分或全部退还给买方的一种销售方式。这种方式一般以融资或者市场推广为目的，是以货物换取资金的使用价值，到期还本不付息的方法。按照相关规定，采取还本销售方式销售货物的，其销售额就是销售货物的价格，不得从销售额中减除还本支出。

【例2-10】乙企业为增值税一般纳税人。2020年10月采用还本销售方式销售A产品100件，不含税售价为1 800元/件，5年后一次还本50%，A产品适用的增值税税率为13%。请计算乙企业的销项税额。

【答案解析】采取还本销售方式销售货物的，其计税销售额就是货物的销售价格，不得从销售额中减除还本支出。

乙企业的销项税额=1 800×100×13%=23 400（元）

（6）以物易物。

所谓以物易物是指买卖双方进行交易时，不是以货币进行结算，而是以同等价款的应税销售行为相互结算，实现应税销售行为购销的一种方式。尽管以物易物销售方式不直接涉及货币收支活动，但其实质仍是一种购销行为。因此，税法规定，采取以物易物的双方都应做购销处理，以各自发出的应税销售行为核算销售额并计算销项税额，以各自收到的货物、服务、无形资产、不动产按规定核算购进金额并计算进项税额。

【例2-11】某电机厂用15台电机与原材料供应商换取等值生产用原材料，双方均开具了增值税专用发票，不含税销售额均为23 100元，原材料已入库。请计算该电机厂该项业务应缴纳的增值税税额。

【答案解析】以物易物销售，双方均做购销处理，以各自发出的货物核算销售额并计算销项税额，以各自收到的货物核算购货额并计算进项税额。因此，

增值税销项税额=23 100×13%=3 003（元）

另外，读者请思考，电机厂该笔业务的进项税额是多少？该笔业务的应纳增值税税额是多少？

（7）包装物押金

包装物是指纳税人包装本单位货物的各种物品。纳税人销售货物时另收包装物押金，目的是促使购货方及早退回包装物以便周转使用。

根据规定，纳税人为销售货物而出租出借包装物收取的押金，单独记账核算的，时间在1年以内，又未过期的，不并入销售额征税，但对逾期未收回包装物不再退还的包装物押金，应按所包装货物的适用税率计算销项税额。其中，“逾期”是指超出合同约定时间或者1年。对收取1年以上的押金，无论是否退还均并入销售额（视为含税收入）征税。

纳税人销售除啤酒、黄酒外的其他酒类产品而收取的包装物押金，无论是否返还以及会计上如何核算，均应并入当期销售额征税。对销售啤酒、黄酒所收取的包装物押金，按上述一般押金的规定处理。

【例2-12】某白酒生产企业为增值税一般纳税人。2020年7月份销售白酒取得的收入为128.70万元（含增值税），并收取包装物押金2.34万元。请计算该企业的销项税额。

【答案解析】除黄酒、啤酒外的包装物押金收到时，就应计入销售额计征增值税。

该企业的销项税额=（128.70+2.34）÷（1+13%）×13%=15.08（万元）

3.视同销售情形下销售额的确定

纳税人发生视同销售行为而无销售额的，由主管税务机关按照下列顺序核定其销售额：

（1）按纳税人最近时期发生同类应税销售行为的平均价格确定；

（2）按其他纳税人最近时期发生同类应税销售行为的平均价格确定；

（3）按组成计税价格确定。

组成计税价格=成本×（1+成本利润率）

成本利润率由国家税务总局确定。

【例2-13】某家具生产企业为增值税一般纳税人。2019年12月，将自产的一批家具无偿赠送给客户，市场无同类产品的销售价格。已知，该批家具的生产成本为20万元，成本利润率为10%。请计算该企业的销项税额。

【答案解析】将自产的家具无偿赠送给他人，属于视同销售货物行为，应当缴纳增值税；由于该款家具没有市场售价，需要按照组成计税价格来确定销售额。

计税销售额=20×（1+10%）=22（万元）

销项税额=22×13%=2.86（万元）

如果对该货物还同时征收消费税，则其组成计税价格中应加计消费税，计算公式为：

组成计税价格=成本×（1+成本利润率）+消费税税额

或：

组成计税价格=成本×（1+成本利润率）÷（1-消费税税率）

或：

组成计税价格=［成本×（1+成本利润率）+从量消费税］÷（1-消费税税率）

上述包含消费税的公式会在第三章消费税中做详细讲解。

与视同销售情形类似，纳税人发生应税行为价格明显偏低或者偏高且不具有合理商业目的的，主管税务机关有权按照上述顺序确定其销售额。

不具有合理商业目的，是指以谋取税收利益为主要目的，通过人为安排，减少、免除、推迟缴纳增值税税款，或者增加退还增值税税款。

4.差额销售额的确定

（1）金融商品转让的销售额。

金融商品转让，按照卖出价扣除买入价后的余额为销售额。

转让金融商品出现的正负差，以盈亏相抵后的余额为销售额。若相抵后出现负差，可结转至下一纳税期与下期转让金融商品销售额相抵，但年末时仍出现负差的，不得转入下一个会计年度。

金融商品的买入价，可以选择按照加权平均法或者移动加权平均法进行核算，选择后36个月内不得变更。金融商品转让，不得开具增值税专用发票。

【例2-14】某金融企业为增值税一般纳税人。2018年第四季度转让股票卖出价为500万元（含增值税），该股票是2018年1月购入的，购入价为460万元（含增值税）。该企业2018年前三个季度转让金融商品亏损8.2万元（含增值税）。请计算该金融企业转让股票的销售额和销项税额。

【答案解析】销售额=500-460-8.2=31.8（万元）

销项税额=31.8÷（1+6%）×6%=1.8（万元）

（2）融资租赁和融资性售后回租的销售额。

经人民银行、银保监会或者商务部批准从事融资租赁业务的试点纳税人，提供融资租赁服务，以取得的全部价款和价外费用，扣除支付的借款利息（包括外汇借款和人民币借款利息）、发行债券利息和车辆购置税后的余额为销售额。

经人民银行、银保监会或者商务部批准从事融资租赁业务的试点纳税人，提供融资性售后回租服务，以取得的全部价款和价外费用（不含本金），扣除对外支付的借款利息（包括外汇借款和人民币借款利息）、发行债券利息后的余额作为销售额。

（3）客运场站服务的销售额。

客运场站服务，以其取得的全部价款和价外费用，扣除支付给承运方运费后的余额为销售额。

（4）旅游服务的销售额。

纳税人提供旅游服务，以取得的全部价款和价外费用，扣除向旅游服务购买方收取并支付给其他单位或者个人的住宿费、餐饮费、交通费、签证费、门票费和支付给其他接团旅游企业的旅游费用后的余额为销售额。

选择上述办法计算销售额的纳税人，向旅游服务购买方收取并支付的上述费用，不得开具增值税专用发票，可以开具普通发票。

（5）房地产企业销售房地产的销售额。

房地产开发企业中的一般纳税人销售其开发的房地产项目（选择简易计税方法的房地产老项目除外），以取得的全部价款和价外费用，扣除受让土地时向政府部门支付的土地价款后的余额为销售额。

（6）经纪代理服务的销售额。

经纪代理服务以取得的全部价款和价外费用，扣除向委托方收取并代为支付的政府性基金或者行政事业性收费后的余额为销售额。向委托方收取的政府性基金或者行政事业性收费，不得开具增值税专用发票。

（7）航空运输企业的销售额。

航空运输企业的销售额，不包括代收的机场建设费和代售其他航空运输企业客票而代收转付的价款。

上述（2）~（7）项从全部价款和价外费用中扣除的价款，应当取得符合法律、行政法规和国家税务总局规定的有效凭证。否则，不得扣除。

上述凭证是指：

（1）支付给境内单位或者个人的款项，以发票为合法有效凭证。

（2）支付给境外单位或者个人的款项，以该单位或者个人的签收单据为合法有效凭证，税务机关对签收单据有疑义的，可以要求其提供境外公证机构的确认证明。

（3）缴纳的税款，以完税凭证为合法有效凭证。

（4）扣除的政府性基金、行政事业性收费或者向政府支付的土地价款，以省级以上（含省级）财政部门监（印）制的财政票据为合法有效凭证。

（5）国家税务总局规定的其他凭证。

纳税人取得的上述凭证属于增值税扣税凭证的，其进项税额不得从销项税额中抵扣。

5.含税销售额的换算

一般纳税人发生应税销售行为采用销售额和销项税额合并定价的收取方法，这样，就会形成含税销售额。我国增值税是价外税，计税依据中不含增值税本身的金额。因此，一般纳税人发生应税交易取得的含税销售额在计算销项税额时，应将含税的销售额换算为不含税的销售额后再计算销项税额。

换算公式为：

不含税销售额=含税销售额÷（1+税率或者征收率）

【例2-15】某生产企业为增值税一般纳税人，适用13%的增值税税率。2020年1月销售产品一批，取得含税销售额22.6万元。请计算该企业的销项税额。

【答案解析】销项税额=22.6÷（1+13%）×13%=2.6（万元）

（二）进项税额的确定

进项税额是指纳税人购进货物、服务、无形资产、不动产时所支付或负担的增值税税额。它与销项税额相对应，销售方收取的销项税额就是购买方支付的进项税额。对于一般纳税人而言，销售时产生销项税额，购进时产生进项税额，销项税额抵扣进项税额后为其实际缴纳的增值税税额，因此，进项税额对纳税人的实际税负至关重要。

需要注意的是，按照配比原则，并不是所有的进项税额都可以从销项税额中抵扣，我国的增值税制度关于进项税额的抵扣有严格的规定，主要分为准予抵扣和不得抵扣两种情形。

1.准予从销项税额中抵扣的进项税额

（1）从销售方取得的增值税专用发票、机动车销售统一发票上注明的增值税税额。

（2）从海关取得的海关进口增值税专用缴款书上注明的增值税税额。

（3）购进农产品进项税额的确定。

①取得一般纳税人增值税专用发票或者海关进口增值税专用缴款书的，其注明的增值税税额为进项税额。

②从按照简易计税方法依照3%征收率计算缴纳增值税的小规模纳税人取得增值税专用发票的，以增值税专用发票上注明的金额和9%的扣除率计算进项税额；取得农产品销售发票或开具收购发票的，以农产品销售发票或收购发票上注明的农产品买价和9%的扣除率计算进项税额。其计算公式为（下同）：

进项税额=买价×扣除率

③纳税人购进用于生产销售或委托受托加工13%税率货物的农产品，按照10%的扣除率计算进项税额。

购买烟叶缴纳烟叶税的纳税人，计算进项税额时的买价包括缴纳的烟叶税，其计算公式为：

进项税额=（收购烟叶实际支付的价款+烟叶税应纳税额）×扣除率

④纳税人购进农产品既用于生产销售或委托受托加工13%税率货物又用于生产销售其他货物服务的，应当分别核算用于生产销售或委托受托加工13%税率货物和其他货物服务的农产品进项税额。未分别核算的，统一以增值税专用发票或海关进口增值税专用缴款书上注明的增值税税额为进项税额，或以农产品收购发票或销售发票上注明的农产品买价和9%的扣除率计算进项税额。

⑤农产品进项税额的核定。我国对部分行业农产品采用了核定法计算进项税额的抵扣，例如对液体乳、植物油等。

【例2-16】某食品厂为增值税一般纳税人。2020年6月购进免税农产品用于生产儿童零食商品，收购凭证上注明的收购价为20 000元。已知该商品适用的增值税税率为13%。请计算该食品厂准予抵扣的进项税额。

【答案解析】增值税一般纳税人外购免税农产品用于生产13%税率货物的，准予按照收购价格和10%的扣除率计算抵扣进项税额。

该食品厂准予抵扣的进项税额=20 000×10%=2 000（元）

（4）从境外单位或者个人购进服务、无形资产或者不动产，自税务机关或者扣缴义务人取得的解缴税款的完税凭证上注明的增值税税额。

（5）桥、闸通行费以通行费发票为抵扣凭证，计算抵扣增值税。

桥、闸通行费可抵扣进项税额=桥、闸通行费发票上注明的金额÷（1+5%）×5%

（6）购进国内旅客运输服务，其进项税额允许从销项税额中抵扣，纳税人未取得增值税专用发票的，暂按照以下规定确定进项税额：

①取得增值税电子普通发票的，为发票上注明的税额。

②取得注明旅客身份信息的航空运输电子客票行程单的，按照下列公式计算进项税额：

航空旅客运输进项税额=（票价+燃油附加费）÷（1+9%）×9%

③取得注明旅客身份信息的铁路车票的，按照下列公式计算进项税额：

铁路旅客运输进项税额=票面金额÷（1+9%）×9%

④取得注明旅客身份信息的公路、水路等其他客票的，按照下列公式计算进项税额：

公路、水路等其他旅客运输进项税额=票面金额÷（1+3%）×3%

【例2-17】某企业为增值税一般纳税人，2019年6月员工公务出差情况如下：董事长国内出差取得注明旅客信息的航空电子客票行程单上注明的票价为5 300元，机场建设费为50元，燃油附加费为150元；财务人员国内出差取得注明旅客身份的高铁车票上注明的票价为327元；技术人员出差取得未注明旅客身份信息的公路运输客票上注明的票面金额为500元；营销人员出差取得增值税专用发票上注明的增值税税额为200元、增值税普通电子发票上注明的增值税税额为103元。请计算该企业当月准予抵扣的进项税额。

【答案解析】按照购进国内旅客运输的相关规定，该企业当月准予抵扣的进项税额=（5 300+150）÷（1+9%）×9%+327÷（1+9%）×9%+200+103=780（元）。

（7）进项税额的加计抵减。为了鼓励生产、生活性服务业的发展，降低其实际税负，自2019年4月1日至2021年12月31日，允许生产、生活性服务业纳税人按照当期可抵扣进项税额加计抵减应纳税额，生产性服务业的加计抵减的比例为10%，生活性服务业的加计抵减比例为15%。

2.不得从销项税额中抵扣的进项税额

下列项目的进项税额不得从销项税额中抵扣：

（1）用于简易计税方法计税项目、免税项目、集体福利或者个人消费的购进货物、服务、无形资产、不动产对应的进项税额。其中涉及的固定资产、无形资产、不动产，仅指专用于上述项目的固定资产、无形资产（不包括其他权益性无形资产）、不动产。但是发生兼用于上述不允许抵扣项目情况的，该进项税额准予全部抵扣。

（2）非正常损失对应的进项税额。非正常损失，是指因管理不善造成货物被盗、丢失、霉烂变质，以及因违反法律法规造成货物或者不动产被依法没收、销毁、拆除的情形。这些非正常损失是由纳税人自身原因导致征税对象实体的灭失，为保证税负公平，其损失不应由国家承担，因而纳税人无权要求抵扣进项税额。

（3）购进的贷款服务、餐饮服务、居民日常服务和娱乐服务。

（4）财政部和国家税务总局规定的其他情形。

采用一般计税方法的纳税人，兼营简易计税方法计税项目、免征增值税项目而无法划分不得抵扣的进项税额，按照下列公式计算不得抵扣的进项税额：

$$\text{不得抵扣的进项税额}=\text{当期无法划分的全部进项税额}\times(\text{当期简易计税方法计税项目销售额}+\text{免征增值税项目销售额})\div\text{当期全部销售额}$$

（三）应纳税额的计算

一般纳税人在计算出销项税额和进项税额后就可以得出实际的应纳税额，其基本计算公式为：

应纳税额=当期销项税额-当期进项税额

为了正确运用这个公式，需要掌握以下几个重要的规定：

1.当期进项税额不足抵扣的规定

在计算应纳税额时，会出现当期销项税额小于当期进项税额不足抵扣的情况，根据税法的规定，当期进项税额不足抵扣的部分可以结转下期继续抵扣。

【例2-18】某商场为增值税一般纳税人。2020年4月外购货物80万元（不含税）并取得增值税专用发票，当月销售货物50万元（不含税）。购进及销售的货物均适用13%的税率。请计算该商场2020年4月应缴纳的增值税税额。

【答案解析】该商场当月进项税额=80×13%=10.4（万元）

该商场当月销项税额=50×13%=6.5（万元）

该商场应纳增值税税额=6.5-10.4=-3.9（万元）

当期销项税额小于当期进项税额不足抵扣时，不能抵扣的3.9万元可以结转下期继续抵扣，当月应纳税额为0元。

2.扣减发生期进项税额的规定

纳税人发生规定不允许抵扣而已经抵扣进项税额的行为，应将该项购进货物或应税服务的进项税额从当期发生的进项税额中扣减。

【例2-19】某企业为增值税一般纳税人。2020年2月发生下列两笔业务：（1）将一批已抵扣进项税额的A材料转变用途，用于集体福利，该批材料的账面成本为10 000元；（2）一批已抵扣进项税额的B材料因管理不善发生丢失，该批材料的账面成本为20 000元。上述材料适用的增值税税率为13%。请问上述情况在税务上应如何处理？

【答案解析】已抵扣进项税额后的外购货物改变用途、发生非正常损失，要做进项税额转出处理，扣减进项税额。

扣减进项税额=10 000×13%+20 000×13%=3 900（元）

二、简易计税应纳税额的计算

（一）计算公式

采用简易计税方法的一般纳税人和小规模纳税人发生应税交易，按照不含增值税的销售额和规定的征收率计算应纳税额，不能抵扣任何进项税额。其应纳税额的计算公式为：

应纳税额=销售额×征收率

这里需要注意的是：简易计税方式不得抵扣进项税额。

（二）含税销售额的换算

纳税人取得的销售额为含税销售额的，须将含税销售额换算为不含税销售额后再计算应纳税额。换算公式为：

不含税销售额=含税销售额÷（1+征收率或税率）

【例2-20】某企业为小规模纳税人。2020年6月销售货物一批取得含税销售额51.5万元，计算该企业应缴纳的增值税税额。

【答案解析】应纳增值税税额=51.5÷（1+3%）×3%=1.5（万元）

三、进口货物应纳税额的计算

进口货物的应纳税额，不管纳税人是一般纳税人还是小规模纳税人，均按进口货物的组成计税价格和规定的税率计算，并且不能抵扣任何进项税额。

如果进口货物同时缴纳消费税，其组成计税价格的计算公式为：

组成计税价格=关税完税价格+关税+消费税税额

如果进口货物不同时缴纳消费税，其组成计税价格的计算公式为：

组成计税价格=关税完税价格+关税

确定进口货物的组成计税价格后，按下式计算进口货物的应纳税额：

应纳税额=组成计税价格×适用税率

【例2-21】2020年5月，某企业（增值税一般纳税人）进口一批空调，海关审定的关税完税价格为500万元，关税税率为10%。计算该企业应缴纳的关税税额和增值税税额。

【答案解析】进口环节应纳关税税额=500×10%=50（万元）

进口环节应纳增值税税额=（500+50）×13%=71.5（万元）

第六节　出口退（免）税

出口货物、劳务和跨境应税行为退（免）税是指在国际贸易业务中，对我国报关出口的货物、劳务和跨境应税行为退还或免征其在国内各生产环节和流转环节按税法规定已缴纳的增值税。其目的是降低出口商品或服务的价格，提高其国际竞争力，促进国际贸易发展。

一、基本政策

我国目前的增值税出口退（免）税政策主要包括以下3种形式：

（一）退税政策——出口免税并退税

出口免税，是指对货物、劳务和跨境应税行为在出口环节为零税率，免征增值税；出口退税是指对货物、劳务和跨境应税行为在出口前承担的税收，按规定的退税率计算后予以退还。

（二）免税政策——出口免税但不退税

出口免税的含义，与上文相同。出口不退税，是指适用这个政策的出口货物、劳务和跨境应税行为因在前一道生产、销售环节或进口环节是免税的，因此，在出口时该货物、劳务和跨境应税行为的价格中不包含税，也就无须退税。

（三）征税政策——出口不免税也不退税

出口不免税，是指对国家限制或禁止出口的某些货物、劳务和跨境应税行为的出口环节视同在境内销售，照常征税；出口不退税，是指对这些货物、劳务和跨境应税行为出口不退还出口前所负担的税款。

二、出口货物、劳务和跨境应税行为增值税退（免）税政策

（一）适用增值税退（免）税政策的范围

1.出口企业出口货物

（1）出口企业，是指依法办理工商登记、税务登记、对外贸易经营者备案登记，自营或委托出口货物的单位或个体工商户，以及依法办理工商登记、税务登记但未办理对外贸易经营者备案登记，委托出口货物的生产企业。

（2）出口货物，是指向海关报关后实际离境并销售给境外单位或个人的货物，分为自营出口货物和委托出口货物两类。

2.视同出口货物

（1）出口企业对外援助、对外承包、境外投资的货物。

（2）出口企业经海关报关进入国家批准的出口加工区、保税物流园区、保税港区、综合保税区等特殊区域，并销售给特殊区域内单位或境外单位、个人的货物。

（3）免税品经营企业销售的货物，国家规定不允许经营和限制出口的货物、卷烟，超出免税品经营企业《企业法人营业执照》规定经营范围的货物除外。

（4）出口企业或其他单位销售给用于国际金融组织或外国政府贷款国际招标建设项目的中标机电产品，包括外国企业中标再分包给出口企业或其他单位的机电产品。

（5）出口企业或其他单位销售给国际运输企业用于国际运输工具上的货物，主要适用于销售给外轮、远洋国轮的货物以及国际航班上的航空食品。

（6）出口企业或其他单位销售给特殊区域内生产企业生产耗用且不向海关报关而输入特殊区域的水（包括蒸汽）、电力、燃气。

3.出口企业对外提供加工修理修配劳务

对外提供加工修理修配劳务，是指对进境复出口货物或从事国际运输的运输工

具进行的加工修理修配。

4.融资租赁货物

对融资租赁企业、金融租赁公司及其设立的项目子公司，以融资租赁方式租赁给境外承租人且租赁期限在5年（含）以上，并向海关报关后实际离境的货物，试行增值税、消费税出口退税政策。

（二）增值税退（免）税办法

1.免抵退税办法

（1）免抵退税的含义："免"，是指免征出口环节的增值税，即出口时的销项税额为零；"抵"，是指对出口货物所耗用的原材料等应予退还的进项税额，抵减内销货物的应纳税额；"退"，是指应予抵减的进项税额大于应纳税额的，对未抵减完的部分予以退税。

（2）免抵退税办法的适用范围：①生产企业出口自产货物和视同出口自产货物，以及在相关部门列名的生产企业出口非自产货物。②对外提供加工、修理修配劳务。③适用一般计税方法的零税率服务或者无形资产的出口。④外贸企业直接将服务或自行研发的无形资产出口。

2.免退税办法

（1）免退税的含义："免"，是指免征出口销售环节的增值税，即出口时不计算销项税额；"退"，是指对出口的服务、无形资产等的进项税额予以退还。

（2）免退税办法的适用范围：①不具有生产能力的出口企业（以下称"外贸企业"）或其他单位出口货物、劳务。②适用一般计税方法的外贸企业外购服务或者无形资产的出口。③外贸企业外购研发服务和设计服务的出口。

（三）增值税出口退税率

1.除财政部和国家税务总局根据国务院决定而明确的增值税出口退税率（以下称"退税率"）外，出口货物的退税率为其适用税率。

2.适用不同退税率的货物、劳务及跨境应税行为，应分开报关、核算并申报退（免）税，未分开报关、核算或划分不清的，从低适用退税率。

3.退税率的特殊规定：

（1）外贸企业购进按简易办法征税的出口货物、从小规模纳税人购进的出口货物，其退税率分别为简易办法实际执行的征收率、小规模纳税人征收率。上述出口货物取得增值税专用发票的，退税率按照增值税专用发票上的税率和出口货物退税率孰低的原则确定。

（2）出口企业委托加工修理修配货物，其加工修理修配费用的退税率，为出口货物的退税率。

（3）中标机电产品、出口企业向海关报关进入特殊区域销售给特殊区域内生产企业生产耗用的列名原材料、输入特殊区域的水电气，其退税率为适用税率。如果国家调整列名原材料的退税率，列名原材料应当自调整之日起按调整后的退税率执行。

（四）增值税退（免）税的计税依据

出口货物、劳务的增值税退（免）税计税依据，按出口货物、劳务的出口发票（外销发票）、其他普通发票确定或购进出口货物、劳务的增值税专用发票、海关进口增值税专用缴款书确定。

生产企业跨境应税行为退（免）税计税依据的具体规定见表2-1。

表2-1　**生产企业退（免）税计税依据**

出口企业	出口项目	退（免）税计税依据
生产企业	常规出口货物、劳务	全额计税：出口货物、劳务的实际离岸价（FOB）
	进料加工复出口货物	余额计税：出口货物的离岸价（FOB）扣除出口货物所耗用的海关保税进口料件的金额后确定
	国内购进免税原材料加工后出口的货物	余额计税：出口货物的离岸价（FOB）扣除出口货物所含的国内购进免税原材料的金额后确定

外贸企业等其他企业退（免）税计税依据的具体规定见表2-2。

表2-2　**其他企业退（免）税计税依据**

外贸企业	出口货物	购进出口货物的增值税专用发票上注明的金额或海关进口增值税专用缴款书上注明的完税价格
	出口加工、修理修配货物	加工、修理修配费用增值税专用发票上注明的金额
出口企业	出口进项税额未计算抵扣已使用过的设备	退（免）税计税依据=增值税专用发票上的金额或海关进口增值税专用缴款书上注明的完税价格×已使用过的设备固定资产净值÷已使用过的设备原值
免税品经营企业	销售货物	购进货物的增值税专用发票注明的金额或海关进口增值税专用缴款书上注明的完税价格
跨境应税行为	免抵退税办法	1.铁路运输、航空运输：取得的实际收入 2.其他提供零税率应税行为：取得的收入
	免退税办法	购进应税服务增值税专用发票上注明的金额或解缴税款的中华人民共和国税收缴款凭证上注明的金额

（五）增值税免抵退税和免退税的计算

1.生产企业出口货物、劳务、服务和无形资产免抵退税的计算

（1）免税：免征出口环节的增值税。

（2）剔税：计算不得免征和抵扣的税额。

剔税，是指从全部进项税额中剔除征、退税率之间的差额，调增出口产品的成本，因为我国增值税的征税率和退税率存在着不一致，中间差额部分不予退税，需

要调增出口产品的销售成本。其计算公式为：

$$\text{当期不得免征和抵扣税额（剔税额）}=\text{当期出口货物离岸价格}\times\text{外汇人民币折合率}\times(\text{出口货物适用税率}-\text{出口货物退税率})-\text{当期不得免征和抵扣税额抵减额}$$

$$\text{当期不得免征和抵扣税额抵减额}=\text{当期免税购进原材料价格}\times(\text{出口货物适用税率}-\text{出口货物退税率})$$

（3）抵税：计算当期应纳增值税税额。

当期应纳税额=当期销项税额-（当期进项税额-剔税额）

当期应纳税额>0时，不需要退税，但涉及免抵，可以概括为“先免税、再抵税、不退税、后交税”。

当期应纳税额<0时，进入下一步，比对大小后计算退税额。

（4）计算当期免抵退税额（理论退税额）。

当期免抵退税额=当期出口货物离岸价×外汇人民币折合率×出口货物退税率-免抵退税额抵减额

免抵退税额抵减额=免税购进原材料价格×出口货物退税率

（5）比较：确定应退税额（第三步绝对值与第四步相比，谁小按谁退）。

若：当期期末留抵税额≤当期免抵退税额

则：当期应退税额=当期期末留抵税额

若：当期期末留抵税额>当期免抵退税额

则：当期应退税额=当期免抵退税额

注意：（3）>（4）时，（3）-（4）=下期留抵税额。

（6）确定免抵税额。

若：应退税额=当期期末留抵税额

则：当期免抵税额=当期免抵退税额-当期应退税额

若：当期应退税额=当期免抵退税额

则：当期免抵税额=0

期末留抵结转下期继续抵扣税额=当期期末留抵税额-当期免抵退税额

因为：免抵退=免抵+退，所以：免抵=免抵退-退

【例2-22】某自营出口的生产企业为增值税一般纳税人，出口货物的适用税率为13%，增值税出口退税率为12%。2020年6月有关经营业务为：外购原材料一批，取得的增值税专用发票上注明的价款为400万元，税额为52万元并认证通过；上期末留抵税款5万元；本月内销货物的不含税销售额为100万元；本月出口货物的销售额折合人民币为200万元。请计算该企业当期的免抵退税额。

【答案解析】

当期免抵退税不得免征和抵扣税额（剔税额）=200×（13%-12%）=2（万元）

当期应纳税额=100×13%-（52-2）-5=-42（万元）

当期免抵退税额=200×12%=24（万元）

由于：当期期末留抵税额>当期免抵退税额，即42>24

因此：当期应退税额=24万元

当期免抵税额=24-24=0（万元）

期末退税后的留抵税额=42−24=18（万元）

【例2−23】承【例2−22】，假定该企业内销的不含税销售额为400万元，其他条件不变。请计算该企业当期的免抵退税额。

【答案解析】当期免抵退税不得免征和抵扣税额（剔税额）=200×（13%−12%）=2（万元）

当期应纳税额=400×13%−（52−2）−5=−3（万元）

当期免抵退税额=200×12%=24（万元）

由于：当期期末留抵税额<当期免抵退税额，即3<24

因此：当期应退税额=3万元

当期免抵税额=24−3=21（万元）

2.外贸企业出口货物、劳务、服务增值税免退税的计算

（1）外贸企业出口委托加工、修理修配货物以外的货物。

增值税应退税额=增值税退免税计税依据×退税率

【例2−24】某外贸企业2019年10月出口货物一批，取得的增值税专用发票上注明金额为100万元，税额为13万元。假设增值税出口退税率为12%，请计算该企业当期的应退增值税税额。

【答案解析】该企业当期应退增值税税额=100×12%=12（万元）

【问题思考】退税率小于适用税率，从而导致退税额小于进项税额的部分如何处理？如本例题中退税额为12万元，进项税额为13万元，则未退完的1万元进项税额如何处理？

（2）外贸企业出口委托加工、修理修配货物。

增值税应退税额=增值税退（免）税计税依据×退税率

【例2−25】某进出口公司2019年9月购进牛仔布委托加工成服装出口，取得的牛仔布增值税专用发票上注明的金额为20万元；服装加工费计税金额为2万元，受托方将原材料成本并入加工费并开具了增值税专用发票。假设退税率为13%，请计算该企业应退的增值税税额。

【答案解析】该企业应退增值税税额=（20+2）×13%=2.86（万元）

（3）外贸企业兼营零税率应税行为增值税免退税，依下列公式计算：

增值税应退税额=增值税免退税计税依据×退税率

3.融资租赁出口货物退税的计算

$$\text{增值税应退税额}=\frac{\text{购进融资租赁货物增值税专用发票上注明的金额}}{\text{（或海关专用缴款书注明的完税价格）}}\times\text{增值税退税率}$$

【例2−26】具有融资租赁资质的A公司于2020年7月从国内C生产企业购进一批1 200万元（不含税价）钢铁制桥梁租赁给天津海上石油天然气开采企业B企业，并签订了为期10年的租赁合同。假设钢铁制桥梁适用13%的退税率。当月A公司收到国内C生产企业开具的增值税专用发票并申报了退税。请计算A公司应退增值税税额。

【答案解析】A公司应退增值税税额=1 200×13%=156（万元）

第七节　税收优惠

一、法定免税项目

1.农业生产者销售的自产农产品。

农业是指种植业、养殖业、林业、牧业、水产业等。

2.避孕药品和用具。

3.古旧图书：向社会收购的古书和旧书。

4.直接用于科学研究、科学试验和教学的进口仪器、设备。

5.外国政府、国际组织无偿援助的进口物资和设备。

6.由残疾人组织直接进口供残疾人专用的物品。

7.销售的自己使用过的物品。自己使用过的物品，是指其他个人（自然人）自己使用过的物品。

二、"营改增"免税项目

（一）下列项目免征增值税

1.托儿所、幼儿园提供的保育和教育服务。

2.养老机构提供的养老服务。

3.残疾人福利机构提供的育养服务。

4.婚姻介绍服务。

5.殡葬服务。

6.残疾人本人为社会提供的服务。

7.医疗机构提供的医疗服务。

8.从事学历教育的学校提供的教育服务。

9.学生勤工俭学提供的服务。

10.农业机耕、排灌、病虫害防治、植物保护、农牧保险以及相关技术培训业务，家禽、牲畜、水生动物的配种和疾病防治。

11.纪念馆、博物馆、文化馆、文物保护单位管理机构、美术馆、展览馆、书画院、图书馆在自己的场所提供文化体育服务取得的第一道门票收入。

12.寺院、宫观、清真寺和教堂举办文化、宗教活动的门票收入。

13.行政单位之外的其他单位收取的符合条件的政府性基金和行政事业性收费。

14.个人转让著作权。

15.个人销售自建自用住房。

16.县级以上地方人民政府或自然资源行政主管部门出让、转让或收回自然资源使用权（不含土地使用权）。

17.纳税人提供的直接或者间接国际货物运输代理服务。

18.军队空余房产租赁收入。

19.为了配合国家住房制度改革，企业、行政事业单位按房改成本价、标准价出售住房取得的收入。

20.将土地使用权转让给农业生产者用于农业生产。

21.涉及家庭财产分割的个人无偿转让不动产、土地使用权。

22.土地所有者出让土地使用权和土地使用者将土地使用权归还给土地所有者。

23.保险公司开办的一年期以上人身保险产品取得的保费收入。

24.再保险服务。

25.纳税人提供技术转让、技术开发和与之相关的技术咨询、技术服务。

26.家政服务企业由员工制家政服务员提供家政服务取得的收入。

27.符合条件的合同能源管理服务。

28.福利彩票、体育彩票的发行收入。

29.下列利息收入：

（1）金融机构农户小额贷款；

（2）国家助学贷款；

（3）国债、地方政府债；

（4）人民银行对金融机构的贷款；

（5）住房公积金管理中心用住房公积金在指定的委托银行发放的个人住房贷款；

（6）外汇管理部门在从事国家外汇储备经营过程中，委托金融机构发放的外汇贷款；

（7）金融同业往来利息收入；

（8）统借统还业务中，企业集团或企业集团中的核心企业以及集团所属财务公司按不高于支付给金融机构的借款利率水平或者支付的债券票面利率水平，向企业集团或者集团内下属单位收取的利息。

30.下列金融商品转让收入：

（1）合格境外投资者（QFII）委托境内公司在我国从事证券买卖业务。

（2）我国香港市场投资者通过沪港通和深港通买卖上海证券交易所和深圳证券交易所上市A股；内地投资者（包括单位和个人）通过沪港通买卖我国香港联交所上市股票。

（3）对我国香港市场投资者通过基金互认买卖内地基金份额。

（4）证券投资基金（封闭式证券投资基金，开放式证券投资基金）管理人运用基金买卖股票、债券。

（5）个人从事金融商品转让业务。

31.对社保基金会、社保基金投资管理人在运用社保基金投资过程中，提供贷款服务取得的全部利息及利息性质的收入和金融商品转让收入，免征增值税。

32.境外教育机构与境内从事学历教育的学校开展中外合作办学，提供学历教育服务取得的收入免征增值税。

（二）增值税即征即退

1.软件产品的税务处理：

（1）增值税一般纳税人销售其自行开发生产的软件产品，按13%的税率征收增值税后，对实际税负超过3%的部分实行即征即退；

（2）增值税一般纳税人将进口软件产品进行本地化改造后对外销售，享受增值税即征即退政策。

本地化改造：对进口软件产品进行重新设计、改进、转换等，单纯对进口软件产品进行汉字化处理不包括在内。

2.一般纳税人提供管道运输服务，对其增值税实际税负超过3%的部分实行增值税即征即退政策。

3.经人民银行、银保监会或者商务部批准从事融资租赁业务的试点纳税人中的一般纳税人，提供有形动产融资租赁服务和有形动产融资性售后回租服务，对其增值税实际税负超过3%的部分实行增值税即征即退政策。

4.纳税人享受安置残疾人增值税即征即退优惠政策：

（1）纳税人：安置残疾人的单位和个体工商户；

（2）纳税人本期应退增值税税额=本期所含月份每月应退增值税税额之和

月应退增值税税额=纳税人本月安置残疾人员人数×本月月最低工资标准的4倍

三、其他征免税项目

1.资源综合利用产品和劳务的增值税政策：其退税比例有30%、50%、70%和100%四个档次。

2.免征蔬菜流通环节增值税。

（1）对从事蔬菜批发、零售的纳税人销售的蔬菜免征增值税。经挑选、清洗、切分、晾晒、包装、脱水、冷藏、冷冻等工序加工的蔬菜，属于蔬菜的范围。各种蔬菜罐头不属于蔬菜的范围。

（2）纳税人既销售蔬菜又销售其他增值税应税货物的，应分别核算蔬菜和其他增值税应税货物的销售额；未分别核算的，不得享受蔬菜增值税免税政策。

3.粕类产品征免增值税问题。

（1）豆粕属于征收增值税的饲料产品。

（2）除豆粕以外的其他粕类饲料产品，均免征增值税。

4.制种行业增值税政策。

制种企业在下列生产经营模式下生产、销售种子，属于农业生产者销售自产农业产品，免征增值税：

（1）制种企业利用自有土地或承租土地，雇用农户或雇工进行种子繁育，再经烘干、脱粒、风筛等深加工后销售种子。

（2）制种企业提供亲本种子委托农户繁育并从农户手中收回，再经烘干、脱粒、风筛等深加工后销售种子。

5.有机肥产品免征增值税。

6.债转股原企业免征增值税政策。

按债转股企业与金融资产管理公司签订的债转股协议，债转股原企业将货物资产作为投资提供给债转股新公司的，免征增值税。

7.研发机构采购设备增值税退税政策。

为了鼓励科学研究和技术开发，促进科技进步，经国务院批准，对符合规定的研发机构（包括内资研发机构和外资研发中心，以下简称“研发机构”）采购的国产设备，按规定实行全额退还增值税。

8.原对城镇公共供水用水户在基本水价（自来水价格）外征收水资源费的试点省份，在水资源费改税试点期间，按照不增加城镇公共供水企业负担的原则，城镇公共供水企业缴纳的水资源税所对应的水费收入，不计征增值税，按“不征税自来水”项目开具增值税普通发票。

9.纳税人采取转包、出租、互换、转让、入股等方式将承包地流转给农业生产者用于农业生产，免征增值税。

10.社会团体收取的会费，免征增值税。社会团体，是指依照国家有关法律法规设立或登记并取得“社会团体法人登记证书”的非营利法人。会费，是指社会团体在国家法律法规、政策许可的范围内，依照社团章程的规定，收取的个人会员、单位会员和团体会员的会费。社会团体开展经营服务性活动取得的其他收入，一律照章缴纳增值税。

11.其他个人，采取一次性收取租金形式出租不动产取得的租金收入，可在对应的租赁期内平均分摊，分摊后的月租金收入未超过10万元的，免征增值税。

四、增值税起征点

（一）增值税起征点的规定

《中华人民共和国增值税暂行条例》规定，纳税人销售额未达到国务院财政、税务主管部门规定的增值税起征点的，免征增值税；达到起征点的，依照本条例规定全额计算缴纳增值税。

增值税起征点仅适用于按照小规模纳税人纳税的个体工商户和其他个人。

个人发生应税行为的销售额未达到增值税起征点的，免征增值税；达到起征点的，全额计算缴纳增值税。

根据《财政部　税务总局关于实施小微企业普惠性税收减免政策的通知》（财税〔2019〕13号），对月销售额10万元（含本数）以下的增值税小规模纳税人，免征增值税。

（二）增值税起征点幅度规定

1.按期纳税的，为月销售额5 000~20 000元（含本数）。

2.按次纳税的，为每次（日）销售额300~500元（含本数）。

起征点的调整由财政部和国家税务总局规定。省、自治区、直辖市财政厅

（局）和税务局应当在规定的幅度内，根据实际情况确定本地区适用的起征点，并报财政部和国家税务总局备案。

五、其他规定

1.纳税人兼营免、减税项目的，应当分别核算；未分别核算销售额的，不得免、减税。

2.纳税人发生应税销售行为适用免税规定的，可以放弃免税。纳税人发生应税销售行为同时适用免税和零税率规定的，优先适用零税率。

纳税人放弃免税权应注意的问题：

（1）纳税人应以书面形式提交放弃免税权声明。

（2）纳税人提交书面声明，报主管税务机关备案，不需要审批。

（3）放弃免税后，36个月内不得再申请免税。

（4）要全面放弃免税权，不得有选择地放弃。纳税人一经放弃免税权，其生产销售的全部增值税应税销售行为均应按照适用税率征税，不得选择某一免税项目放弃免税权，也不得根据不同的销售对象选择部分应税销售行为放弃免税权。

3.纳税人在免税期内购进用于免税项目的货物、劳务和应税行为取得的增值税扣税凭证，一律不得抵扣。

4.安置残疾人单位既符合促进残疾人就业优惠政策条件，又符合其他优惠条件的，可同时享受多项优惠政策，但年度申请退还增值税总额不得超过本年度内应纳增值税总额。

5.纳税人既享受增值税即征即退、先征后退政策，又享受免抵退税政策的有关问题的处理：

（1）纳税人既有增值税即征即退、先征后退项目，也有出口等其他增值税应税项目的，即征即退、先征后退项目不参与出口项目免抵退税计算。纳税人应分别核算即征即退、先征后退项目和出口等其他应税项目，分别申请享受即征即退、先征后退和免抵退税政策。

（2）用于即征即退或者先征后退项目的进项税额无法划分的，按照下列公式计算：

$$\text{无法划分进项税额中用于即征即退或者先征后退项目的部分}=\text{当月无法划分的全部进项税额}\times\text{当月即征即退或者先征后退项目销售额}\div\text{当月全部销售额、营业额合计}$$

第八节　征收管理

一、纳税义务发生时间

（一）一般规定

1.纳税人发生应税销售行为，为收讫销售款项或者取得索取销售款项凭据的当天；先开具发票的，为开具发票的当天。

2.纳税人进口货物，其纳税义务发生时间为报关进口的当天。

3.增值税扣缴义务发生时间为纳税人增值税纳税义务发生的当天。

（二）具体规定

1.采取直接收款方式销售货物的，不论货物是否发出，均为收到销售款或者取得索取销售款凭据的当天。

2.采取托收承付和委托银行收款方式销售货物的，为发出货物并办妥托收手续的当天。

3.采取赊销和分期收款方式销售货物的，为书面合同约定的收款日期的当天，无书面合同的或者书面合同没有约定收款日期的，为货物发出的当天。

4.采取预收货款方式销售货物，为货物发出的当天，但生产销售生产工期超过12个月的大型机械设备、船舶、飞机等货物，为收到预收款或者书面合同约定的收款日期的当天。

5.委托其他纳税人代销货物，为收到代销单位的代销清单或者收到全部或者部分货款的当天。未收到代销清单及货款的，为发出代销货物满180天的当天。

6.销售应税劳务，为提供劳务同时收讫销售款或者取得索取销售款的凭据的当天。

7.纳税人发生除将货物交付其他单位或者个人代销和销售代销货物以外的视同销售货物行为，为货物移送的当天。

8.纳税人提供租赁服务采取预收款方式的，其纳税义务发生时间为收到预收款的当天。

9.纳税人从事金融商品转让的，为金融商品所有权转移的当天。

10.纳税人发生视同销售服务、无形资产或者不动产情形的，其纳税义务发生时间为服务、无形资产转让完成的当天或者不动产权属变更的当天。

二、纳税期限

以1个季度为纳税期的仅限于小规模纳税人、银行、财务公司、信托投资公司、信用社以及财政部和国家税务总局规定的其他纳税人。

按固定期限纳税的小规模纳税人可以选择以1个月或1个季度为纳税期限，一经选择，一个会计年度内不得变更。

以月（季）为纳税期的：期满之日起15日内申报纳税；以天（1日、3日、5日、10日、15日）为纳税期的：期满之日起5日内预缴，次月1日起15日内申报结清上月税款。

进口货物的：海关填发缴款书之日起15日内缴纳税款。

三、纳税地点

增值税的纳税地点具体见表2-3。

表2-3　**增值税纳税地点**

纳税人	纳税地点
（1）固定业户	①机构所在地主管税务机关 ②总机构和分支机构不在同一县（市）的，应当分别向各自所在地主管税务机关申报纳税
（2）非固定业户	在销售地、劳务发生地主管税务机关申报纳税，未申报纳税的，由其机构所在地或居住地的主管税务机关补征税款
（3）进口货物	报关地海关
（4）扣缴义务人	机构所在地或居住地主管税务机关

第九节　增值税发票的使用与管理

增值税一般纳税人销售货物、劳务、服务、转让无形资产、销售不动产等应税交易，应使用增值税发票管理新系统（以下简称“新系统”）开具增值税专用发票、增值税普通发票、机动车销售统一发票或者增值税电子普通发票。

一、增值税专用发票

（一）增值税专用发票的联次

专用发票由基本联次或者基本联次附加其他联次构成，基本联次为三联：记账联（核算销项）、发票联（核算进项）、抵扣联（抵扣进项）。

（二）增值税专用发票的开具要求

1.项目齐全，与实际交易相符；

2.字迹清楚，不得压线、错格；

3.发票联和抵扣联加盖财务专用章或者发票专用章；

4.按照增值税纳税义务的发生时间开具；

5.一般纳税人发生应税销售行为可以汇总开具专票；

6.税务机关为跨县（市、区）提供不动产经营租赁服务、建筑服务的小规模纳税人（不包括其他个人），代开增值税发票时，在发票备注栏中自动打印“YD”字样。

（三）增值税专用发票的开具范围

1.一般纳税人发生应税销售行为，应向购买方开具增值税专用发票，但下列情形不得开具专用发票：

（1）商业企业一般纳税人零售的烟、酒、食品、服装、鞋帽（不包括劳保专用部分）、化妆品等消费品。

（2）销售免税货物，另有规定的除外。

（3）应税销售行为的购买方为消费者个人的。

（4）发生应税销售行为适用免税规定的。

2.增值税小规模纳税人需要开具专用发票的，可向主管税务机关申请代开。

扩大小规模纳税人自行开具增值税专用发票试点范围。将小规模纳税人自行开具增值税专用发票试点范围由住宿业，鉴证咨询业，建筑业，工业，信息传输、软件和信息技术服务业，扩大至租赁和商务服务业，科学研究和技术服务业，居民服务、修理和其他服务业。上述8个行业小规模纳税人（以下称试点纳税人）发生增值税应税行为，需要开具增值税专用发票的，可以自愿使用增值税发票管理系统自行开具。

（四）增值税专用发票与不得抵扣进项税额的规定

有下列情形之一的，不得作为进项税额的抵扣凭证，具体见表2-4。

表2-4　**不得抵扣进项税额的增值税专用发票情形**

税务处理	适用的具体情形
不得作为增值税进项税额的抵扣凭证（税务处理：税务机关退还原件，购买方可要求销售方重新开具专用发票）	1.无法认证
	2.纳税人识别号认证不符
	3.专用发票代码、号码认证不符
暂不得作为增值税进项税额的抵扣凭证（税务处理：税务机关扣留原件，查明原因，分别情况进行处理）	1.重复认证
	2.密文有误
	3.认证不符
	4.列为失控专用发票

（五）增值税专用发票的管理

1.关于被盗、丢失增值税专用发票的处理

（1）对违反规定发生被盗、丢失专用发票的纳税人，按《中华人民共和国税收征收管理法》（以下简称《税收征收管理法》）和《中华人民共和国发票管理办法》的规定，处以1万元以下的罚款，可视具体情况，对丢失专用发票的纳税人，在一定期限内（最长不超过半年）停止领购专用发票、对纳税人申报遗失的专用发票，如发现非法代开、虚开问题的，该纳税人应承担偷税、骗税的连带责任。

（2）纳税人丢失专用发票后，必须按规定程序向当地主管税务机关、公安机关报失。

2.关于虚开、代开增值税专用发票的认定

（1）虚开、代开增值税专用发票的表现：为他人虚开、为自己虚开、让他人为自己虚开、介绍他人虚开。

（2）不属于对外虚开增值税专用发票的情形。同时符合以下情形的，不属于对外虚开增值税专用发票：

①纳税人向受票方销售了货物、劳务、服务、无形资产、不动产；

②纳税人向受票方收取了所销售货物、劳务、服务、无形资产、不动产的款项，或者取得了索取销售款项的凭据；

③纳税人按规定向受票方开具增值税专用发票相关内容，与所销售货物、劳务、服务、无形资产、不动产相符，且该专用发票是纳税人合法取得并以自己的名义开具的。

3.纳税人善意取得虚开的增值税专用发票的处理

（1）善意取得虚开的增值税专用发票，必须同时满足以下条件：①购货方与销售方存在真实交易，销售方使用的是其所在省（自治区、直辖市和计划单列市）的专用发票，专用发票注明的销售方名称、印章、货物数量、金额及税额等全部内容与实际相符；②没有证据表明购货方知道销售方提供的专用发票是以非法手段获得的。

（2）税务处理：对购货方不以偷税或者骗税论处。但不予抵扣进项税款或者不予出口退税；购货方已经抵扣的进项税款或者取得的出口退税，应依法追缴。

（3）补救措施：①如能重新取得合法、有效的专用发票，准许其抵扣进项税款；②如不能重新取得合法、有效的专用发票，不准其抵扣进项税款或追缴其已抵扣的进项税款，但不加收滞纳金。

4.特定情形

有下列情形之一的，无论购货方与销售方是否进行了实际的交易，专用发票所注明的数量、金额与实际交易是否相符，购货方向税务机关申请抵扣进项税额或者出口退税的，对其均应按偷税或者骗税处理：

（1）购货方从销售方取得第三方开具的专用发票；

（2）购货方从销货地以外的地区获得的专用发票；

（3）受票方利用他人虚开的专用发票，向税务机关申报抵扣税款进行偷税。

5.虚开增值税发票的处理

纳税人虚开增值税专用发票，未就其虚开金额申报并缴纳增值税的，应按照其虚开金额补缴增值税；已就其虚开金额申报并缴纳增值税的，不再按照其虚开金额补缴增值税。税务机关根据有关规定给予处罚。纳税人取得虚开的增值税专用发票，不得作为合法有效的扣税凭证抵扣其进项税额。

6.对走逃（失联）企业开具增值税专用发票的认定处理

（1）走逃（失联）企业存续经营期间发生下列情形之一的，所对应的属期开具的增值税专用发票列入异常扣税凭证范围：

①商贸企业购进、销售货物名称严重背离的。生产企业无实际生产加工能力且无委托加工，或生产能耗与销售情况严重不符，或购进货物并不能直接生产其销售的货物且无委托加工的。

②直接走逃失踪不纳税申报，或虽然申报但通过填列纳税申报表相关栏次，规避税务机关审核比对，进行虚假申报的。

（2）一般纳税人取得异常凭证，尚未申报抵扣或申报出口退税的，暂不允许抵扣或办理退税；已经申报抵扣的，一律先作进项税额转出；已经办理出口退税的，税务机关可按照异常凭证所涉及的退税额对该企业其他已审核通过的应退税款暂缓办理出口退税，无其他应退税款或应退税款小于涉及退税额的，可由出口企业提供差额部分的担保。经核实，符合现行增值税进项税额抵扣或出口退税相关规定的，企业可继续申报抵扣，或解除担保并继续办理出口退税。

（3）异常凭证由开具方主管税务机关推送至接受方所在地税务机关进行处理。

二、增值税普通发票

增值税普通发票内容与增值税专用发票完全一致。按发票联次分为两联票和五联票两种。基本联次为两联，第一联为记账联，销售方用作记账凭证。第二联为发票联，购货方用作记账凭证。在基本联次后添加了三联的附加联次，即五联票，供企业选择使用。

三、增值税电子普通发票

增值税电子普通发票的开票方和受票方需要纸质发票的，可以自行打印增值税电子普通发票的版式文件，其法律效力、基本用途、基本使用规定等与税务机关监制的增值税普通发票相同。

增值税电子普通发票的发票代码为12位，编码规则：第1位为0，第2~5位代表省、自治区、直辖市和计划单列市，第6~7位代表年度，第8~10位代表批次，第11~12位代表票种（11代表增值税电子普通发票）。发票号码为8位，按年度、分批次编制。

四、机动车销售统一发票

凡从事机动车零售业务的单位和个人，从2006年8月1日起，在销售机动车（不包括销售旧机动车）收取款项时，必须开具税务机关统一印制的新版机动车销售统一发票，并在发票联加盖财务专用章或发票专用章，抵扣联和报税联不得加盖印章。从2006年10月1日起，机动车销售统一发票注册登记联一律加盖开票单位印章。增值税税额和不含税价的计算公式为：

增值税税额=价税合计-不含税价

不含税价=价税合计÷（1+增值税税率或征收率）

五、“营改增”后纳税人发票的使用

根据《关于全面推开营业税改征增值税试点有关税收征收管理事项的公告》（国家税务总局公告2016年第23号）的规定：

1.增值税一般纳税人销售货物、劳务、服务、转让无形资产、销售不动产等，使用增值税发票管理新系统（以下简称“新系统”）开具增值税专用发票、增值税普通发票、机动车销售统一发票、增值税电子普通发票。

2.增值税小规模纳税人月销售额超过10万元的，使用增值税发票管理系统开具增值税专用发票、增值税普通发票、机动车销售统一发票、增值税电子普通发票。已经使用增值税发票管理系统的小规模纳税人，月销售额未超过10万元的，可以继续使用现有税控设备开具发票；已经自行开具增值税专用发票的，可以继续自行开具增值税专用发票，并就开具增值税专用发票的销售额计算缴纳增值税。自2019年1月1日起，小规模纳税人月销售额未超过10万元的，当期因开具增值税专用发票已经缴纳的税款，在增值税专用发票全部联次追回或者按规定开具红字专用发票后，可以向主管税务机关申请退还。

3.门票、过路（过桥）费发票、定额发票、客运发票和二手车销售统一发票继续使用。

4.采取汇总纳税的金融机构，省、自治区所辖地市以下分支机构可以使用地市级机构统一领取的增值税专用发票、增值税普通发票、增值税电子普通发票；直辖市、计划单列市所辖区县及以下分支机构可以使用直辖市、计划单列市机构统一领取的增值税专用发票、增值税普通发票、增值税电子普通发票。

5.税务机关使用新系统代开增值税专用发票和增值税普通发票。代开增值税专用发票使用六联票，代开增值税普通发票使用五联票。

【综合案例】某商贸企业为增值税一般纳税人，从事商品批发、零售以及进口业务，2019年6月发生如下业务：

（1）批发销售商品取得不含税销售额24万元，由于购货方提前偿还货款，按照合同规定，给予购货方2%的销售折扣，实际收到不含税货款23.52万元；采用买一赠一方式零售商品取得含税销售额73.45万元，赠品同类货物的零售价共计1.13万元；以旧换新销售金银首饰，实际取得含税销售额22.6万元，该批金银首饰新货的零售价格为33.9万元。

（2）从国外进口一台生产设备，海关审定的关税完税价格为18万元，关税税率为30%，缴纳税金后取得进口增值税专用缴款书。

（3）从国内采购商品，取得的增值税专用发票上注明的金额为45万元、增值税税额为5.85万元，购货过程中发生不含税运输费用4万元，取得一般纳税人开具的增值税专用发票。

（4）将市场不含税价格为35万元的劳保用品与甲企业（增值税一般纳税人）生产的A商品进行交换，A商品的市场不含税售价为38万元，该商贸企业用银行存款支付了补价，双方均开具了增值税专用发票。

（5）本月从农民手中购进一批免税农产品，开具的农产品收购发票注明买价为5万元，将其中的60%赠送给希望小学食堂，20%用于本企业职工食堂，20%对外销售，取得含税收入1.635万元。

（6）销售非农产品时收取购货方延期付款利息3.39万元，本月销售非酒类货物时收取包装物押金1.7万元，合同约定的期限为3个月。

（7）月末盘点时发现，上月购进的部分库存商品因管理不善丢失或霉烂，其中从一般纳税人处购进的商品丢失，成本为3.6万元；从农民手中购进的免税农产品发生霉烂，成本为0.91万元；均已抵扣了进项税额。从小规模纳税人处购进的商品丢失，成本为0.6万元（购进时，未取得税务机关代开的增值税专用发票）。

假定上述相关票据均在取得的当月通过认证并允许抵扣，除销售的农产品适用的增值税税率为9%外，其余销售货物或进口货物适用的增值税税率均为13%。

要求：根据上述资料，按序号回答下列问题。

（1）计算该企业当月应确认的销项税额；

（2）计算该企业当月进口环节应缴纳的关税以及增值税；

（3）计算该企业当月应转出的进项税额；

（4）计算该企业当月准予从销项税额中抵扣的进项税额；

（5）计算该企业当月应向税务机关缴纳的增值税。

【答案解析】

（1）该企业当月应确认的销项税额=［24+（73.45+1.13+22.6+3.39）÷（1+13%）+35］×13%+1.635÷（1+9%）×9%+1.635÷（1+9%）÷20%×60%×9%

=19.78（万元）

（2）该企业当月进口环节应缴纳的关税=18×30%=5.4（万元）

该企业当月进口环节应纳增值税=（18+5.4）×13%=3.042（万元）

（3）该企业当月应转出的进项税额=3.6×13%+0.91÷（1−9%）×9%=0.558（万元）

（4）该企业当月准予抵扣的进项税额=3.042+5.85+4×9%+38×13%+5×9%×（1−20%）−0.558

=13.994（万元）

（5）该企业当月应向税务机关缴纳的增值税=19.78−13.994=5.786（万元）

关键概念

增值税；进项税额；销项税额；进项税额转出；计税价格；一般纳税人；小规模纳税人；应税服务；视同销售；兼营；混合销售；出口退税；免抵退税；免退税；增值税专用发票；增值税普通发票

复习思考题

1.简述增值税的特点及作用。

2.简述增值税的征税范围。

3.如何理解视同销售？

4.简述增值税的纳税义务发生时间。

5.如何区分兼营和混合销售？

6.请思考什么样的企业容易出现期末留抵税额。

7.请思考一般纳税人在什么情况下适用简易计税方法。

8.如何理解纳税人具有合理商业目的？

9.如何理解“以票控税”？

10.请思考如何对电子商务、数字经济等课征增值税。

11.结合所学知识分析“营改增”是否促进了我国产业结构优化升级。

12.结合所学知识分析“营改增”后如何调整中央和地方间的财政关系。

第三章

消费税

学习目标

通过本章的学习，掌握消费税的概念、特征及作用，熟悉消费税的纳税人、征税对象、税目、税率、纳税环节以及征收管理制度，能够熟练进行应纳消费税税额的计算。

重点与难点

本章的重点主要有：消费税的征税范围、计税依据的确定、应纳税额的计算。本章的难点主要有：复合计税依据的确定、应纳税额的计算和出口退税的相关规定。

第一节　概述

一、消费税的概念

消费税是以特定消费品和特定消费行为为征税对象的一种税。它是世界各国普遍开征的一个税种。

按征税对象的大小，消费税可以分为一般消费税和特别消费税。一般消费税是对所有消费品和消费行为的流转额普遍征税；特别消费税是选择对某些特定的消费品和消费行为的流转额进行征税。世界各国大多实行特别消费税，一般只将非生活必需品、奢侈品、高档消费品和不可再生的稀缺性资源产品等纳入征税范围。

二、消费税的特征

(一) 征税范围具有选择性

我国现行消费税并不是对所有的消费品课征，而是选择若干类消费品加以课征，是典型的特别消费税。目前，我国的消费税共设置了15个税目，有的税目又进一步划分为若干子目。我国消费税的税目采用正列举方式，也就是说列举的课税，未列举的不课税。

（二）征收环节较为单一

目前，我国的消费税主要实行单一环节征收，除了卷烟在生产和批发两个环节征收外，其他应税消费品主要是在生产、委托加工、进口环节或者是零售环节一次性征收，而不是像增值税一样在流动的多个环节征收，即通常所说的一次课征制。这样不仅有利于加强税源控制，而且可以减少纳税人的数量，避免重复征税。

（三）实行价内税

我国的消费税属于价内税，即消费税税金包含在价格中。其主要原因是考虑到增值税是价外税，且消费税是增值税税基的一部分，为了避免征收过程中划分税基的麻烦和产生误解，使增值税与消费税同时使用一个销售额课税，也就是将包含消费税而不包含增值税的销售额作为计税依据，从而便于税款计算和征管。

（四）征收方法灵活

消费税依据消费品的不同状况课征，在计征方法上力求灵活多变，分别采用从价定率、从量定额和从价定率与从量定额复合征收三种方式。在实际征收过程中，根据不同应税消费品的具体情况，可以灵活选取三种方式中的一种。例如，对卷烟和白酒采用复合计税方式，而对价格差异小、规格品种单一的啤酒、成品油等采用从量计征方式。

（五）税负具有转嫁性

消费税是对特定消费品或消费行为征收的一种间接税。纳税人可以通过销售价格的调整，将税收负担最终转嫁给消费者。因此，在税收负担上，消费税具有转嫁性。

三、消费税的作用

（一）保证财政收入

消费税保证财政收入的作用与其征税对象的选择和税率高低有直接关系。一方面，应税消费品的消费量会随着经济发展、人们收入水平的提高而不断增加，且消费税的计税依据为销售额或销售量，与企业盈亏无关，使消费税的税源充足、稳定；另一方面，消费税的平均税率较高，也有利于保证国家的财政收入。

（二）有利于调节消费结构与产业结构

由于消费税征税对象的选择性和税负的差异性，且税负最终由消费者承担，消费税的设计会对人们的消费行为产生很大影响。由于生产的目的是消费，消费的水平与结构最终会影响产业结构。

（三）有利于促进社会公平分配

社会分配不公不仅体现在收入水平高低、财产多少上，还体现在消费水平和消费结构上。对奢侈品和高档消费品征收消费税，增加特定消费者的税收负担，可以体现高消费者多负税的政策精神，从而配合个人所得税、财产税等相关税种，缓解我国当前社会分配不公的矛盾。

第二节 纳税人、征税范围、税目与税率

一、纳税人

消费税的纳税人，是指在中华人民共和国境内生产、委托加工和进口应税消费品的单位和个人。

“单位”具体包括企业、行政单位、事业单位、军事单位、社会团体及其他单位。

“个人”是指个体工商户及其他个人。

消费税纳税人所指的单位和个人也包括外商投资企业、外国企业和外国公民。

“在中华人民共和国境内”是指生产、委托加工和进口属于应当缴纳消费税的消费品的起运地或者所在地在境内。

对委托加工的应税消费品，除受托方为个人外，由受托方在向委托方交货时代收代缴税款；对于进口的应税消费品，以进口人或其代理人为纳税人；自2009年5月1日起，在卷烟批发环节加征一道从价税，即在我国境内从事卷烟批发业务的单位和个人为消费税纳税人，但纳税人（卷烟批发商）之间销售的卷烟不缴纳消费税。

二、征税范围

消费税的征收范围主要是根据我国的经济发展状况、消费政策和产业政策、居民消费水平和消费结构，以及国家财政需要，并借鉴国外征收消费税的成功经验和国际通行做法确定的。

我国消费税的征收范围主要包括15大类：烟、酒、高档化妆品、贵重首饰及珠宝玉石、鞭炮焰火、成品油、摩托车、小汽车、高尔夫球及球具、高档手表、游艇、木制一次性筷子、实木地板、电池和涂料。

我国消费税的征收范围主要考虑以下几个方面的因素：一是过度消费对人体有害，如烟、酒等；二是奢侈品和非生活必需品，如贵重首饰等；三是高能耗和高档消费品，如小汽车等；四是不可再生资源及石油类消费品，如成品油等。

三、税目和税率

（一）税目

1.烟。凡是以烟叶为原料加工生产的产品，不论使用何种辅料，均属于本税目的征税对象。本税目包括卷烟（进口卷烟、白包卷烟、手工卷烟和未经国务院批准纳入计划的企业及个人生产的卷烟）、雪茄烟和烟丝。

卷烟又分甲类卷烟和乙类卷烟。甲类卷烟，是指每标准条（200支，下同）调拨价格在70元（不含增值税，下同）以上的卷烟；乙类卷烟，是指每标准条调拨价格不足70元的卷烟。

为了加强“寓禁于征”的效果，我国卷烟的批发环节也征收消费税。在境内从事卷烟批发业务的单位和个人，批发销售的所有牌号规格的卷烟，都要按其销售额（不含增值税）征收消费税。

2.酒。酒是指酒精度在1度以上的各种酒类饮料。其包括白酒、黄酒、啤酒和其他酒。

啤酒每吨出厂价（含包装物及包装物押金）在3 000元（含3 000元，不含增值税）以上的是甲类啤酒，每吨出厂价（含包装物及包装物押金）在3 000元（不含增值税）以下的是乙类啤酒。包装物押金不包括重复使用的塑料周转箱的押金。对饮食业、商业、娱乐业举办的啤酒屋（啤酒坊）利用啤酒生产设备生产的啤酒，应当征收消费税。果啤属于啤酒，按啤酒征收消费税。

葡萄酒消费税适用“酒”税目下设的“其他酒”子目。葡萄酒是指以葡萄为原料，经破碎（压榨）、发酵而成的酒精度在1度（含）以上的葡萄原酒和成品酒（不含以葡萄为原料的蒸馏酒）。

3.高档化妆品。本税目包括：高档美容、修饰类化妆品、高档护肤类化妆品和成套化妆品。

高档美容、修饰类化妆品、高档护肤类化妆品是指生产（进口）环节销售（完税）价格（不含增值税）在10元/毫升（克）或15元/片（张）及以上的美容、修饰类化妆品和护肤类化妆品。

美容、修饰类化妆品是指香水、香水精、香粉、口红、指甲油、胭脂、眉笔、唇笔、蓝眼油、眼睫毛以及成套化妆品。

舞台、戏剧、影视演员化妆用的上妆油、卸妆油、油彩，不属于本税目的征税范围。

4.贵重首饰及珠宝玉石。本税目包括：凡以金、银、白金、宝石、珍珠、钻石、翡翠、珊瑚、玛瑙等高贵稀有物质以及其他金属、人造宝石等制作的各种纯金银首饰和镶嵌首饰以及经采掘、打磨、加工的各种珠宝玉石。

5.鞭炮焰火。本税目包括：各种鞭炮、焰火。体育上用的发令纸、鞭炮药引线，不按本税目征收。

6.成品油。本税目包括：汽油、柴油、石脑油、溶剂油、航空煤油、润滑油、燃料油7个子目。

7.摩托车。本税目包括轻型摩托车和摩托车两种。对最大设计车速不超过50千米/小时、发动机气缸总工作容积不超过50毫升的三轮摩托车不征收消费税；对气缸容量250毫升（不含）以下的小排量摩托车不征收消费税。

8.小汽车。小汽车是指由动力驱动、具有4个或4个以上车轮的非轨道承载的车辆。本税目包括：（1）乘用车：含驾驶员座位在内最多不超过9个座位（含）、在设计和技术特性上用于载运乘客和货物的各类乘用车。（2）中轻型商用客车：含驾驶员座位在内的座位数在10～23座（含23座）、在设计和技术特性上用于载运乘客和货物的各类中轻型商用客车。（3）超豪华小汽车：每辆零售价格130万元（不含增值税）及以上的乘用车和中轻型商用客车。

9.高尔夫球及球具。本税目包括：高尔夫球、高尔夫球杆、高尔夫球包（袋）。高尔夫球杆的杆头、杆身和握把属于本税目的征税范围。

10.高档手表。本税目是指销售价格（不含增值税）每只在10 000元（含）以上的各类手表。

11.游艇。本税目是指艇身长度大于8米（含）小于90米（含），内置发动机，可以在水上移动，一般为私人或团体购置，主要用于水上运动和休闲娱乐等非营利活动的各类机动艇。

12.木制一次性筷子。本税目是指各种规格的木制一次性筷子。未经打磨、倒角的木制一次性筷子也属于本税目征税范围。

13.实木地板。本税目包括：各类规格的实木地板、实木指接地板、实木复合地板及用于装饰墙壁、天棚的侧端面为榫、槽的实木装饰板。未经涂饰的素板属于本税目征税范围。

14.电池。本税目包括：原电池、蓄电池、燃料电池、太阳能电池和其他电池。对无汞原电池、金属氰化物镍蓄电池（又称“氢镍蓄电池”或“镍氢蓄电池”）、锂原电池、锂离子蓄电池、太阳能电池、燃料电池、全钒液流电池免征消费税。

15.涂料。涂料是指涂于物体表面，能形成具有保护、装饰或特殊性能的固态涂膜的一类液体或固体材料的总称。对施工状态下挥发性有机物含量低于420克/升（含）的涂料免征消费税。

（二）税率

我国消费税采用比例税率和定额税率两种形式。消费税的税率主要根据课税对象的具体情况而定，对供求关系基本平衡、价格差异不大、计量单位规范的应税消费品，选用定额税率；对供求矛盾突出、价格差异大、计量单位不规范的应税消费品，选用比例税率；对卷烟和白酒，同时实行定额税率和比例税率两种税率形式。消费税税目税率表见表3-1。

表3-1 **消费税税目税率表**

税目	税率		
	生产（进口）环节	批发环节	零售环节
一、烟			
1.卷烟			
（1）甲类卷烟	56%加0.003元/支	11%加0.005元/支	
（2）乙类卷烟	36%加0.003元/支		
2.雪茄烟	36%		
3.烟丝	30%		

续表

税目	税率		
	生产（进口）环节	批发环节	零售环节
二、酒			
1.白酒（粮食白酒和薯类白酒）	20%加0.5元/500克（500毫升）		
2.黄酒	240元/吨		
3.啤酒			
（1）甲类啤酒	250元/吨		
（2）乙类啤酒	220元/吨		
4.其他酒	10%		
三、高档化妆品	15%		
四、贵重首饰及珠宝玉石			
1.金银首饰、铂金首饰、钻石和钻石饰品			5%
2.其他贵重首饰及珠宝玉石	10%		
五、鞭炮烟火	15%		
六、成品油			
1.汽油	1.52元/升		
2.柴油	1.2元/升		
3.航空煤油	1.2元/升		
4.石脑油	1.52元/升		
5.溶剂油	1.52元/升		
6.润滑油	1.52元/升		
7.燃料油	1.2元/升		
七、摩托车			
1.气缸容量250毫升	3%		
2.气缸容量250毫升（不含）以上	10%		
八、小汽车			
1.乘用车			

续表

税目	税率		
	生产（进口）环节	批发环节	零售环节
（1）气缸容量1.0升（含）以下	1%		
（2）气缸容量1.0～1.5升（含）	3%		
（3）气缸容量1.5～2.0升（含）	5%		
（4）气缸容量2.0～2.5升（含）	9%		
（5）气缸容量2.5～3.0升（含）	12%		
（6）气缸容量3.0～4.0升（含）	25%		
（7）气缸容量4.0升以上	40%		
2.中轻型商用客车	5%		
3.超豪华小汽车	按照子目1和子目2征收		10%
九、高尔夫球及球具	10%		
十、高档手表	20%		
十一、游艇	10%		
十二、木制一次性筷子	5%		
十三、实木地板	5%		
十四、电池	4%		
十五、涂料	4%		

四、征收环节

从对应税消费品征税的具体环节来看，为了方便征收管理、加强税源控制，我国消费税采取了以在应税消费品生产经营的起始环节征税为主的办法，具体包括：

（一）生产销售环节

纳税人生产的应税消费品，于纳税人销售时纳税。消费税实行单一环节征收（卷烟除外），生产销售环节征收以后，在流通环节无须再缴纳消费税。生产应税消费品除了直接对外销售应征收消费税外，纳税人将生产的应税消费品换取生产资料、消费资料、投资入股、偿还债务，以及用于继续生产应税消费品以外的其他方面也都应缴纳消费税。

（二）委托加工环节

委托加工应税消费品，于加工完毕提货环节由受托方（个体经营者除外）

代收代缴消费税。由受托方提供原材料或其他情形的一律不能视同加工应税消费品。委托加工的应税消费品收回后，再继续用于生产应税消费品销售的，其加工环节缴纳的消费税款可以扣除。

（三）进口环节

单位和个人进口应税消费品，应该于报关进口时在海关申报缴纳消费税。

（四）批发环节

卷烟批发环节征收11%的从价税，并按0.005元/支加征从量税。纳税人兼营卷烟批发和零售业务的，应当分别核算批发和零售环节的销售额、销售数量；未分别核算批发和零售环节销售额、销售数量的，按照全部销售额、销售数量计征批发环节消费税。纳税人销售给纳税人以外的单位和个人的卷烟，于销售时纳税。纳税人之间销售的卷烟不缴纳消费税。卷烟批发企业的机构所在地，总机构与分支机构不在同一地区的，由总机构申报纳税。卷烟消费税在生产和批发两个环节征收后，批发企业在计算纳税时不得扣除已含的生产环节的消费税税款。需要注意的是，卷烟仅指甲类卷烟和乙类卷烟，不包括雪茄烟和烟丝。

（五）零售环节

零售环节仅限于金银首饰、钻石及其饰品和超豪华小汽车等。金银首饰仅限于金基、银基合金首饰以及金、银和金基、银基合金的镶嵌首饰，进口环节暂不征收。但不包括镀金（银）、包金（银）首饰，以及镀金（银）、包金（银）的镶嵌首饰（即非金银首饰）。

对既销售金银首饰，又销售非金银首饰的生产、经营单位，应将两类饰品划分清楚，分别核算销售额。凡划分不清楚或不能分别核算，在生产环节销售的，一律从高适用税率征收消费税；在零售环节销售的，一律按金银首饰征收消费税。金银首饰与其他产品组成成套消费品销售的，应按销售额全额征收消费税。

金银首饰连同包装物销售的，无论包装物是否单独计价，也无论会计上如何核算，均应并入金银首饰的销售额，计征消费税。

带料加工的金银首饰，应按受托方销售同类金银首饰的销售价格确定计税依据，征收消费税。没有同类金银首饰销售价格的，按照组成计税价格计算消费税。

纳税人采用以旧换新（含翻新改制）方式销售金银首饰的，应按实际收取的不含增值税的全部价款确定计税依据，征收消费税。

【例3-1】2020年3月，某饰品公司采用以旧换新方式销售金戒指一枚，商品标价2 000元，旧戒指折价1 000元。请计算计征消费税的销售额。

【答案解析】销售额=（2 000－1 000）÷（1+13%）=884.96（元）

为引导合理消费，促进节能减排，2016年“小汽车”税目下增设了“超豪华小汽车”子税目。征税范围为每辆零售价格130万元（不含增值税）及以上的乘用车和中轻型商用客车，即乘用车和中轻型商用客车子税目中的超豪华小汽车。对于超豪华小汽车，在生产（进口）环节按现行税率征收消费税的基础上，在零售环节加征消费税，税率为10%。

第三节 应纳税额的计算

一、消费税应纳税额的计算方法

消费税应纳税额的计算主要有从价计征、从量计征和从价从量复合计征三种方法。

（一）从价定率计税方法

1.计算公式

实行从价定率方法计征消费税的消费品，其应纳税额的计算公式为：

应纳税额=销售额×比例税率

2.销售额的确定

销售额，是指纳税人销售应税消费品取得的与之相关的对价，包括全部货币或者非货币形式的经济利益，也就是纳税人销售应税消费品向购买方收取的全部价款和价外费用。一般来说，销售是指有偿转让应税消费品的所有权；有偿是指从购买方取得货币、货物或者其他经济利益；价外费用是指价外向购买方收取的手续费、补贴、基金、集资费、返还利润、奖励费、违约金、滞纳金、延期付款利息、赔偿金、代收款项、代垫款项、包装费、包装物租金、储备费、优质费、运输装卸费以及其他各种性质的价外收费。但下列项目不包括在内：

（1）同时符合下列条件的代垫费用：①承运部门的运输费用发票开具给购买方的；②纳税人将该项发票转交给购买方的。

（2）同时符合下列条件代为收取的政府性基金或者行政事业性收费：①由国务院或者财政部批准设立的政府性基金；②由国务院或者省级人民政府及其财政、价格主管部门批准设立的行政事业性收费；③收取时开具省级以上财政部门印制的财政票据；④所收款项全额上缴财政。

其他价外费用，无论是否属于纳税人的收入，均应并入销售额计算征税。一般来说，除了另有说明外，价外费用一般是含有增值税税款的。

3.含税销售额的换算

应税消费品的销售额，不包括应向购货方收取的增值税税款。因此，计算消费税的价格中如含有增值税税款，应换算为不含增值税的销售额。其换算公式为：

销售额=含税销售额÷（1+税率或征收率）

如果消费税的纳税人是增值税一般纳税人，应适用13%的增值税税率；如果消费税的纳税人是增值税小规模纳税人，应适用3%的征收率。

【例 3-2】某小汽车制造厂为增值税一般纳税人，2020年该厂销售其生产的排气量为2.0的小汽车100辆，总价款（含增值税）为2 260万元，小汽车适用的消费税税率为5%。请计算该厂应缴纳的消费税税额。

【答案解析】销售额=2 260÷（1+13%）=2 000（万元）

应纳消费税税额=2 000×5%=100（万元）

4.包装物及包装物押金的税务处理

实行从价定率办法计算应纳税额的应税消费品连同包装物销售的，无论包装物是否单独计价，也不论在会计上如何核算，均应并入应税消费品的销售额中征收消费税。如果包装物不作价随同商品销售，而是收取押金，则此项押金不应并入应税消费品的销售额中征税。但对逾期未收回的包装物不再退还的或者已收取12个月以上的押金，应并入应税消费品的销售额中，按照应税消费品的适用税率征收消费税。对黄酒、啤酒之外的其他酒类产品生产企业销售酒类产品而收取的包装物押金，无论押金是否返还及会计上如何核算，均应并入酒类产品销售额中征收消费税。

对于既作价随同应税消费品销售，又另外收取押金的包装物的押金，凡纳税人在规定的期限内没有退还的，均应并入应税消费品的销售额中，按照应税消费品的适用税率缴纳消费税。

【例 3-3】某运动器材有限责任公司为增值税一般纳税人，2020年5月销售高尔夫球杆1 000根，不含税单价600元/根，每根另收取包装费56.5元，包装费单独开具普通发票，高尔夫球杆开具增值税专用发票，款项已收到。计算当月该公司销售高尔夫球杆应纳消费税税额（已知高尔夫球及球具适用的消费税税率为10%）。

【答案解析】高尔夫球及球具实行从价定率办法计算应纳消费税，连同包装物销售的，包装费应并入销售额中征收消费税。

销售额=1 000×600+1 000×56.5÷（1+13%）=650 000（元）

应纳消费税税额=650 000×10%=65 000（元）

5.计税价格的核定

纳税人应税消费品的计税价格明显偏低并无正当理由的，由主管税务机关核定其计税价格。

应税消费品计税价格的核定权限规定如下：

（1）卷烟、白酒和小汽车的计税价格由国家税务总局核定，送财政部备案。

（2）其他应税消费品的计税价格由省、自治区和直辖市税务局核定。

（3）进口的应税消费品的计税价格由海关核定。

纳税人销售的应税消费品，以人民币以外的货币结算销售额的，其销售额的人民币折合率可以选择销售额发生的当天或者当月1日的人民币汇率中间价。纳税人应事先确定采用何种折合率，确定后1年内不得变更。

纳税人通过非独立核算门市部销售的自产应税消费品的，应按照门市部的对外销售额计征消费税。

（二）从量定额计税方法

1.计算公式

实行从量定额方法计征消费税的消费品，其应纳税额的计算公式为：

应纳税额=销售数量×定额税率

2.销售数量的确定

销售数量是指纳税人生产、加工或者进口应税消费品的数量。其具体规定为：

（1）生产销售应税消费品的，为应税消费品的销售数量。

（2）自产自用应税消费品的，为应税消费品的移送使用数量。

（3）委托加工应税消费品的，为纳税人收回的应税消费品数量。

（4）进口应税消费品的，为海关核定的应税消费品进口征税数量。

【例3-4】甲啤酒厂为增值税一般纳税人，向乙厂销售10吨甲类啤酒，开具增值税专用发票，每吨不含税售价3 800元，货款已收。计算此项业务中甲厂应缴纳的消费税税额。（甲类啤酒消费税的税率为250元/吨）

【答案解析】应纳消费税税额=10×250=2 500（元）

（三）从价定率和从量定额复合计税方法

所谓从价定率和从量定额复合计征，是指对应税消费品既征收从价税，也征收从量税，其应纳税额为从价税和从量税之和。其计算公式为：

应纳税额=销售额×比例税率+销售数量×定额税率

在现行消费税的征税对象中，只有卷烟、白酒采用复合计税的方法。

【例3-5】某白酒生产企业2019年9月份生产统一规格的礼品白酒6 000瓶，每瓶1斤，成本价220元/瓶，以不含税售价360元/瓶销售出去，款项已收到。已知白酒从价消费税税率为20%，从量消费税税率为0.5元/斤。请计算该白酒生产企业当月应缴纳的消费税税额。

【答案解析】白酒采用复合计税方法，应纳税额=销售额×比例税率+销售数量×定额税率。

应纳消费税税额=6 000×360×20%+6 000×0.5=435 000（元）

二、应纳税额的计算

（一）直接销售应税消费品应纳税额的计算

1.从价定率计税

【例3-6】某地板生产厂家是增值税一般纳税人。2020年7月该企业销售一批实木地板，开具增值税专用发票，取得不含增值税销售额1 000万元，增值税税额130万元；当月，另销售一批实木地板，开具增值税普通发票，取得含增值税销售额226万元。已知实木地板适用的消费税税率为5%。计算该企业2020年7月份应缴纳的消费税税额。

【答案解析】消费税的计税依据为不含增值税的销售额，如果是含税销售额，在计算消费税时应首先将其换算为不含税销售额。

应税消费品销售额=1 000+226÷（1+13%）=1 200（万元）

应纳消费税税额=1 200×5%=60（万元）

2.从量定额计税

【例3-7】某黄酒厂2020年1月份销售1 000吨黄酒，每吨成本5 000元，成本利润率8%，已知每吨黄酒的消费税税额为240元。请计算该酒厂2020年1月份应缴纳的消费税税额。

【答案解析】黄酒实行从量定额征收消费税。

应纳消费税税额=1 000×240=240 000（元）

3.从价定率和从量定额复合计税

在现行消费税的征税对象中，只有卷烟和白酒采用复合计税方法。

【例3-8】某卷烟厂为增值税一般纳税人，2020年2月向某商场销售甲类卷烟10箱（每箱有卷烟250条，每条200支卷烟，共50 000支卷烟）。已知每条卷烟的不含税出厂价为100元，甲类卷烟适用的消费税税率为56%，从量税税率为0.003元/支。请计算2020年2月该卷烟厂向商场销售卷烟应缴纳的消费税。

【答案解析】卷烟属于复合计税的应税消费品。

应纳消费税税额=100×250×10×56%+50 000×10×0.003=141 500（元）

（二）自产自用应税消费品应纳税额的计算

在纳税人生产销售应税消费品的过程中，有一种特殊的形式，即自产自用。所谓自产自用，是指纳税人生产应税消费品后，不是用于直接对外销售，而是用于自己连续生产应税消费品或其他方面。

1.用于连续生产应税消费品

纳税人自产自用的应税消费品，用于连续生产应税消费品的，不纳税。所谓纳税人自产自用的应税消费品，是指作为生产最终应税消费品的直接材料并构成最终产品实体的应税消费品。例如，卷烟企业生产用于连续生产卷烟的烟丝，无须缴纳消费税，只对生产的卷烟征收消费税。但是，如果生产出的烟丝是直接销售的，则烟丝还是要缴纳消费税。税法规定对自产自用的应税消费品，用于连续生产应税消费品的不征税，体现了税不重征且计税简便的原则。

2.用于其他方面

“用于其他方面”，是指纳税人将自产自用的应税消费品，用于生产非应税消费品，在建工程，管理部门、非生产机构，以及用于馈赠、赞助、集资、广告、样品、职工福利、奖励等方面。

“用于生产非应税消费品”，是指把自产的应税消费品用于生产15类应税消费品以外的产品。例如，原油加工厂用生产出的应税消费品汽油调和制成溶剂汽油，该溶剂汽油就属于非应税消费品。

“用于在建工程”，是指把自产的应税消费品用于本单位的各项建设工程。例如，石化工厂把自己生产的柴油用于本厂建设工程的车辆、设备使用。

“用于管理部门、非生产机构”，是指把自产的应税消费品用于与本单位有隶属关系的管理部门或非生产机构。例如，汽车制造厂把生产的小汽车提供给本单位管理部门使用。

“用于馈赠、赞助、集资、广告、样品、职工福利、奖励”，是指把自产的应税消费品无偿赠送给他人或以资金的形式投资于外单位或作为商品广告、经销样品或以福利、奖励的形式发给职工。例如，啤酒厂将自产的啤酒赠送给合作单位等。

总之，企业自产的应税消费品虽然没有用于销售或连续生产应税消费品，但只要是用于税法所规定的范围，都要视同销售，依法缴纳消费税。

【例3-9】某酒厂2018年12月份生产白酒40吨，成本150万元，将其中20吨直接对外销售，取得不含税收入80万元；另将2吨白酒发放给职工作为春节福利。请计算该酒厂应缴纳的消费税。

【答案解析】白酒用于发放职工福利的，应在移送环节缴纳消费税，并按纳税人生产的同类白酒的销售价格计算纳税。

应纳消费税税额=80÷20×（20+2）×20%+（20+2）×2 000×0.5÷10 000=19.8（万元）

纳税人自产自用的应税消费品，凡用于其他方面，应当纳税的，按照纳税人生产的同类消费品的销售价格计算纳税。同类消费品的销售价格是指纳税人当月销售的同类消费品的销售价格，如果当月同类消费品各期销售价格高低不同，应按销售数量加权平均计算。需要注意的是，纳税人用于换取生产资料和消费资料、投资入股和抵偿债务等方面的应税消费品，应当以同类消费品的最高销售价格为依据确定销售额。没有同类消费品销售价格的，则按照组成计税价格计算纳税。

实行从价定率方法计算纳税的组成计税价格计算公式为：

组成计税价格=（成本+利润）÷（1-比例税率）

或：

组成计税价格=［成本×（1+成本利润率）］÷（1-比例税率）

如实行复合计税办法，组成计税价格的计算公式为：

组成计税价格=（成本+利润+自用数量×定额税率）÷（1-比例税率）

或：

组成计税价格=［成本×（1+成本利润率）+自用数量×定额税率］÷（1-比例税率）

公式中的“成本”，是指应税消费品的生产成本。

公式中的“利润”，是指根据应税消费品的全国平均成本利润率计算的利润。应税消费品的全国平均成本利润率由国家税务总局确定，具体见表3-2。

表3-2 **应税消费品平均成本利润率**

应税消费品	全国平均成本利润率（%）	应税消费品	全国平均成本利润率（%）
1.甲类卷烟	10	11.摩托车	6
2.乙类卷烟	5	12.高尔夫球及球具	10
3.雪茄烟	5	13.高档手表	20
4.烟丝	5	14.游艇	10
5.粮食白酒	10	15.木制一次性筷子	5
6.薯类白酒	5	16.实木地板	5
7.其他酒	5	17.乘用车	8
8.高档化妆品	5	18.中轻型商用客车	5
9.鞭炮焰火	5	19.电池	4
10.贵重首饰及珠宝玉石	6	20.涂料	4

【例3-10】某酒厂将自产的白酒2吨发放给职工作为福利，无同类白酒的销售价格，其成本为4 000元/吨，成本利润率为5%。已知白酒的消费税从价税率为20%，从量税额为0.5元/500克，请计算该酒厂发放给职工的2吨白酒应缴纳的消费税税额。

【答案解析】纳税人自产自用的应税消费品用于其他方面，应当纳税又无销售价格的，按照组成计税价格计算纳税。

消费税从量税=2×2 000×0.5=2 000（元）

组成计税价格=［4 000×（1+5%）×2+2 000］÷（1−20%）=13 000（元）

应纳消费税税额=2 000+13 000×20%=4 600（元）

纳税人兼营不同税率的应税消费品，应当分别核算不同税率应税消费品的销售额、销售数量；未分别核算销售额、销售数量，或者将不同税率的应税消费品组成成套消费品销售的，从高适用税率。

（三）委托加工应税消费品应纳税额的计算

1.委托加工应税消费品的确定

委托加工的应税消费品是指由委托方提供原材料和主要材料，受托方只收取加工费和代垫部分辅助材料加工的应税消费品。除此之外都不能称作委托加工。由受托方提供原材料，或受托方先将原材料卖给委托方然后再接受加工，以及由受托方以委托方名义购进原材料生产的应税消费品，不论纳税人在财务上是否作销售处理，都不得作为委托加工应税消费品，而应视为受托方销售自制应税消费品，消费税的纳税人为受托方。

2.代收代缴税款的规定

为了避免税款流失，对委托加工的应税消费品的应纳消费税，采取了源泉控制的管理办法，即由受托方（受托方为个人的除外）在向委托方交货时代收代缴消费税。纳税人委托个人加工应税消费品的，一律由委托方收回后在委托方所在地缴纳消费税。

对于受托方没有按规定代收代缴税款的，委托方必须补缴税款，受托方则不再重复补税，但要按《税收征收管理法》的规定，处以应代收代缴税款50%以上3倍以下的罚款。

委托方将收回的应税消费品以不高于受托方的计税价格出售的，为直接出售，不再缴纳消费税；委托方以高于受托方的计税价格出售的，不属于直接出售，需按照规定申报缴纳消费税，在计税时准予扣除受托方已代收代缴的消费税。委托方收回后若用于连续生产应税消费品的，已纳的消费税款准予按规定抵扣。

3.受托方代收代缴消费税的计算

委托加工的应税消费品，按照受托方同类消费品的销售价格计算纳税；没有同类消费品销售价格的，按照组成计税价格计算纳税。

实行从价定率办法计算纳税的组成计税价格计算公式：

组成计税价格=（材料成本+加工费）÷（1-比例税率）

实行复合计税办法计算纳税的组成计税价格计算公式：

组成计税价格=（材料成本+加工费+委托加工数量×定额税率）÷（1-比例税率）

上述“材料成本”是指委托方所提供加工材料的实际成本。委托加工应税消费品的纳税人，必须在委托加工合同上如实注明（或以其他方式提供）材料成本。如果加工合同上未如实注明材料成本，受托方所在地主管税务机关有权核定其材料成本。委托方提供的“材料成本”，不包括可以抵扣的增值税，但是包含采购材料的运输费（不包括可以抵扣的增值税）、采购过程中的其他杂费和入库前整理挑选费用等。

“加工费”是指受托方加工应税消费品向委托方所收取的全部费用（包括代垫辅助材料的实际成本），但不包括随加工费收取的销项税额，这样组成的价格才是不含增值税但含消费税的价格。

【例3-11】某卷烟厂为增值税一般纳税人，2020年4月购进已税烟丝500万元（不含增值税），委托A企业加工甲类卷烟400箱（250条/箱，200支/条），A企业按每箱0.2万元收取加工费（不含增值税），当月全部加工完成后交由卷烟厂收回。卷烟厂以5万元/箱的价格将全部400箱卷烟销售出去。已知甲类卷烟的从价税税率为56%，从量税税额为0.003元/支，请计算A企业应代收代缴的消费税和卷烟厂销售卷烟应缴纳的消费税。

【答案解析】委托加工的应税消费品，按照受托方同类消费品的销售价格计算纳税；没有同类消费品销售价格的，按照组成计税价格计算纳税。

卷烟实行从价从量复合计税，其组成计税价格的计算公式为：

组成计税价格=（材料成本+加工费+委托加工数量×定额税率）÷（1-比例税率）

组成计税价格=（500+400×0.2+400×50 000×0.003÷10 000）÷（1-56%）=1 331.82（万元）

A企业应代收代缴的消费税税额=1 331.82×56%+400×50 000×0.003÷10 000=751.82（万元）

委托方以高于受托方的计税价格出售的，需申报缴纳消费税，在计税时准予扣除受托方已代收代缴的消费税。

卷烟厂应纳消费税税额=5×400×56%+400×50 000×0.003÷10 000-751.82=374.18（万元）

（四）进口应税消费品应纳税额的计算

进口的应税消费品，于报关进口时由海关代征进口环节的消费税。由进口人或其代理人向报关地海关申报纳税，自海关填发海关进口消费税专用缴款书之日起15日内缴纳税款。

纳税人进口应税消费品，按照组成计税价格和规定的税率计算应纳税额。其计算方法如下：

1.从价定率计征应纳税额的计算

组成计税价格=（关税完税价格+关税）÷（1-消费税比例税率）

应纳税额=组成计税价格×消费税比例税率

公式中的“关税完税价格”是指海关核定的关税计税价格。

2.从量定额计征应纳税额的计算

应纳税额=进口数量×消费税定额税率

3.实行从价定率和从量定额复合计税办法的应纳税额的计算

组成计税价格=（关税完税价格+关税+进口数量×消费税定额税率）÷（1-消费税比例税率）

应纳税额=应税消费品进口数量×消费税定额税率+组成计税价格×消费税比例税率

进口的应税消费品的消费税由海关代征。除国务院另有规定外，均不得给予减免税。

【例3-12】某外贸公司进口一批小汽车，支付给国外的买价1 000万元、包装费40万元，支付到达我国海关以前的装卸费、运输费20万元，保险费10万元。已知关税税率为30%，消费税税率为9%，请计算该外贸公司进口小汽车环节应缴纳的消费税。

【答案解析】关税完税价格=1 000+40+20+10=1 070（万元）

消费税组成计税价格=1 070×（1+30%）÷（1-9%）=1 528.57（万元）

进口环节应纳消费税税额=1 528.57×9%=137.57（万元）

（五）已纳消费税扣除的计算

为避免重复征税，现行消费税法规定，以外购应税消费品和委托加工收回的应税消费品继续生产应税消费品销售的，可以将外购应税消费品和委托加工收回应税消费品已纳消费税扣除。

1.外购应税消费品已纳税额的扣除

由于某些应税消费品是用外购已缴纳消费税的应税消费品连续生产出来的，在对这些连续生产出来的应税消费品计算征税时，税法规定应按当期生产领用数量计算准予扣除外购的应税消费品已纳的消费税税款。其扣除范围包括：

(1) 用外购已税烟丝为原料生产的卷烟。

(2) 用外购已税鞭炮、焰火为原料生产的鞭炮、焰火。

(3) 用外购已税高档化妆品为原料生产的高档化妆品。

(4) 用外购已税实木地板为原料生产的实木地板。

(5) 用外购已税珠宝玉石为原料生产的贵重首饰及珠宝玉石。

(6) 用外购已税杆头、杆身和握把为原料生产的高尔夫球杆。

(7) 用外购已税木制一次性筷子为原料生产的木制一次性筷子。

(8) 用外购已税汽油、柴油、石脑油、燃料油、润滑油为原料生产的应税成品油。

上述当期准予扣除外购应税消费品已纳消费税税款的计算公式为：

$$\text{当期准予扣除的外购应税消费品已纳税款}=\text{当期准予扣除的外购应税消费品（当期生产领用数量）买价}\times\text{外购应税消费品适用税率}$$

$$\text{当期准予扣除的外购应税消费品（当期生产领用数量）买价}=\text{期初库存的外购应税消费品买价}+\text{当期购进的应税消费品买价}-\text{期末库存的外购应税消费品买价}$$

“外购应税消费品买价”，是指购货发票上注明的销售额，不包括增值税税额。

“当期准予扣除的外购应税消费品（当期生产领用数量）买价”的计算目的是算出生产领用量，计算方法用的是类似会计“实地盘存制”的倒轧的方法。

需要说明的是，纳税人用外购的已税珠宝玉石生产的改在零售环节征收消费税的金银首饰（镶嵌首饰），在计税时一律不得扣除外购珠宝玉石的已纳税款。

允许扣除已纳税款的应税消费品只限于从工业企业购进的应税消费品和进口环节已缴纳消费税的应税消费品，对从境内商业企业购进应税消费品的已纳税款一律不得扣除。

2.委托加工收回的应税消费品已纳税额的扣除

委托加工的应税消费品，委托方在提取货物时已由受托方代收代缴了消费税，因此，委托方收回货物后直接销售的不再缴纳消费税，但如果连续生产应税消费品的，其已纳税款准予按照规定从连续生产的应税消费品应纳消费税税额中扣除。

当期准予扣除委托加工收回的应税消费品已纳消费税税款的计算公式为：

$$\text{当期准予扣除的委托加工应税消费品已纳税款}=\text{期初库存委托加工应税消费品已纳税款}+\text{当期收回的委托加工应税消费品已纳税款}-\text{期末库存委托加工应税消费品已纳税款}$$

扣除范围包括：

(1) 用委托加工收回的已税烟丝为原料生产的卷烟。

(2) 用委托加工收回的已税高档化妆品为原料生产的高档化妆品。

(3) 用委托加工收回的已税珠宝玉石为原料生产的贵重首饰及珠宝玉石。

(4) 用委托加工收回的已税鞭炮、焰火为原料生产的鞭炮、焰火。

(5) 用委托加工收回的已税杆头、杆身和握把为原料生产的高尔夫球杆。

（6）用委托加工收回的已税木制一次性筷子为原料生产的木制一次性筷子。

（7）用委托加工收回的已税实木地板为原料生产的实木地板。

（8）用委托加工收回的已税汽油、柴油、石脑油、燃料油、润滑油为原料生产的应税成品油。

【例3-13】甲实木地板厂为增值税一般纳税人，2020年6月向农业生产者收购木材20吨，收购凭证上注明支付收购货款90万元；木材验收入库后，甲厂又委托乙厂将木材加工成未漆饰地板，取得乙厂开具的增值税专用发票，注明支付加工费14万元，增值税1.82万元。7月份甲厂收回素板时，乙厂代收代缴了甲厂的消费税。同月，甲厂将委托加工收回的素板全部用于连续生产漆饰实木地板，并全部销售出去，取得不含税销售额450万元。已知实木地板适用的消费税税率为5%。请计算：（1）乙厂代收代缴的消费税；（2）甲厂销售漆饰实木地板应缴纳的消费税。

【答案解析】因为乙厂没有同类素板的销售价格，所以只能按照组成计税价格计税。在计算组成计税价格时，收购木材的90万元价款中应扣除10%的进项税额，剩余的部分计入采购成本中。

组成计税价格=［90×（1−10%）+14］÷（1−5%）=100（万元）

乙厂代收代缴的消费税税额=100×5%=5（万元）

甲厂应纳消费税税额=450×5%−5=17.5（万元）

第四节　征收管理

一、纳税义务发生时间

纳税人生产的应税消费品于销售时纳税，进口消费品应于应税消费品报关进口环节纳税，金银首饰、钻石及钻石饰品在零售环节纳税。消费税纳税义务发生时间，以货款结算方式或行为发生时间分别确定。

纳税人采取赊销和分期收款结算方式的，为书面合同约定的收款日期的当天，书面合同没有约定收款日期或者无书面合同的，为发出应税消费品的当天。

采取预收货款结算方式的，为发出应税消费品的当天。

采取托收承付和委托银行收款方式的，为发出应税消费品并办妥托收手续的当天。

采取其他结算方式的，为收讫销售款或者取得索取销售款凭据的当天。

纳税人自产自用应税消费品的，为移送使用的当天。

纳税人委托加工应税消费品的，为纳税人提货的当天。

纳税人进口应税消费品的，为报关进口的当天。

二、纳税期限

消费税的纳税期限分别为1日、3日、5日、10日、15日、1个月或者1个季度。[1]纳税人的具体纳税期限，由主管税务机关根据纳税人应纳税额的大小分别核定；不能按照固定期限纳税的，可以按次纳税。

纳税人以1个月或以1个季度为一期纳税的，自期满之日起15日内申报纳税；以1日、3日、5日、10日或者15日为一期纳税的，自期满之日起5日内预缴税款，于次月1日起至15日内申报纳税并结清上月应纳税款。

纳税人进口应税消费品，应当自海关填发海关进口消费税专用缴款书之日起15日内缴纳税款。

三、纳税地点

纳税人销售的应税消费品，以及自产自用的应税消费品，除国务院另有规定外，应当向纳税人机构所在地或者居住地的主管税务机关申报纳税。

委托加工的应税消费品，除委托个人加工外，由受托方向所在地主管税务机关申报缴纳消费税税款。委托个人加工的应税消费品，由委托方向其机构所在地或者居住地主管税务机关申报纳税。

进口的应税消费品，由进口人或者其代理人向报关地海关申报纳税。

纳税人到外县（市）销售或者委托外县（市）代销自产应税消费品的，于应税消费品销售后，向机构所在地或者居住地主管税务机关申报纳税。

纳税人的总机构与分支机构不在同一县（市）的，应当分别向各自机构所在地的主管税务机关申报纳税；经财政部、国家税务总局或者其授权的财政、税务机关批准，可以由总机构汇总向总机构所在地的主管税务机关申报纳税。

【综合案例】

甲卷烟厂为增值税一般纳税人，生产A、B两种卷烟，A种卷烟不含税调拨价每标准条73元，最高不含税售价每标准条78元；B种卷烟不含税调拨价每标准条58元，最高不含税售价每标准条62元。

2020年3月甲卷烟厂发生以下经济业务：

（1）月初库存外购应税烟丝金额为0，当月从乙卷烟厂购入一批已税烟丝，取得防伪税控系统开具的增值税专用发票，注明价款50万元、增值税税额6.5万元，已经验收入库。

（2）领用购入烟丝的50%，生产A种卷烟200箱（250条/箱，200支/条），全部销售给某商场，不含税销售价格为每条73元，当月结清款项。

（3）领用购入烟丝的40%，生产B种卷烟200箱，作为股本与丙公司合资成立一家烟草零售经销商丙公司。

（4）将成本为30 000元的烟叶委托给丁工厂加工一种新型低焦油卷烟3箱（属于甲类卷烟），丁工厂按每箱0.2万元收取加工费（不含税），当月加工完成后全部交给甲卷烟厂，丁工厂代扣代缴消费税。甲卷烟厂将这3箱新型卷烟销售给某商场，售价3.2万元/箱。

---

①《中华人民共和国消费税法（征求意见稿）》中已将1日、3日和5日去掉，并增加了半年的纳税期限。

根据上述资料回答下列问题：

（1）计算该卷烟厂销售A种卷烟应缴纳的消费税。

（2）计算该卷烟厂向丙公司投资应缴纳的消费税。

（3）计算丁工厂应代收代缴的消费税和甲卷烟厂销售新型卷烟应缴纳的消费税。

（4）计算甲卷烟厂当月应纳消费税税额。

解析：

（1）从乙卷烟厂购入的烟丝可以按生产领用量抵扣已纳的消费税。

销售A种卷烟应纳消费税税额=73×250×200×56%+200×150−500 000×50%×30%=1 999 000（元）

（2）用于投资的应税消费品，应当将纳税人同类消费品的最高售价作为计税依据。

应纳消费税税额=62×250×200×36%+200×150−500 000×40%×30%=1 086 000（元）

（3）组成计税价格 =（30 000+0.2×10 000×3+150×3）÷（1−56%）=82 841（元）

丁工厂应代收代缴消费税税额=82 841×56%+150×3=46 841（元）

甲卷烟厂销售时应纳消费税税额=3.2×10 000×3×56%+150×3−46 841=7 369（元）

（4）甲卷烟厂当月应纳消费税税额=1 999 000+1 086 000+7 369=3 092 369（元）

关键概念

消费税；委托加工；组成计税价格；应税消费品；代收代缴。

复习思考题

1.消费税有哪些基本特征？

2.我国现行消费税具体对哪些项目征税？

3.消费税有哪些作用？

4.消费税应纳税额的计算方法有哪几种？分别适用于哪些应税消费品？

5.对自产自用应税消费品应如何征税？

6.对委托加工应税消费品应如何征税？

7.委托加工收回的应税消费品已纳税额准许扣除的范围包括哪些？

【分析题】

我国自开征卷烟的消费税以来，先后多次调整了卷烟的消费税税率，并增加了批发环节消费税的征收，改革的一个重要目的是“寓禁于征”，也就是通过增加卷烟的消费税来提高卷烟的价格，从而达到“控烟”的目的。

请采用所学的经济学原理分析卷烟消费税“控烟”的作用机理，并通过日常生活的观察，来分析卷烟消费税是否起到了“控烟”的效果。

第四章

关税与船舶吨税

学习目标

通过本章的学习，理解关税的概念、特点、作用及种类，掌握关税的纳税人、征税对象、税率形式及完税价格的确定，能够熟练进行应纳关税税额的计算，了解关税优惠政策和征收管理，了解船舶吨税的税法规定。

重点与难点

本章的重点主要有：关税的纳税人、征税对象、完税价格的确定和应纳税额的计算。本章的难点主要有：关税的种类、关税完税价格的确定。

第一节　概述

一、关税的概念

关税是指一国海关根据该国法律的规定，对进出其关境的货物、物品课征的一种税收。

所谓关境，是《海关法》可以全面实施的领域。一般情况下，一国的关境与国境是一致的，包括国家全部的领土、领空和领海，但两者并不完全相同。当某一国家在国境内设立了自由港、自由贸易区等时，这些区域就进出口关税而言处在关境之外，此时，该国的关境小于国境。当存在关税同盟时，几个国家组成一个共同的关境，实施统一的关税法令和海关进出口税则，成员国之间的物品和商品进出国境时免征关税，而只在来自和运往非成员国的物品和商品进出同盟国的共同关境时，才对其征收关税，这些国家的关境大于国境。在我国，香港回归后，仍然保持贸易自由港的地位，属于我国主权管辖下的一个独立关境，因此，中国的国境大于关境。而在欧盟等关税同盟中，关境则是大于国境的。

在我国，海关对不属于跨境电子商务零售进口的个人行李和邮递物品的进口关税、进口环节增值税和消费税合并征收，即行李和邮递物品进口税，简称行邮税。

二、关税的特点

（一）单一环节的价外税

关税的完税价格中不包括关税，即在征收关税时，以实际成交价格为计税依据，关税不包括在内。在海关代为征收增值税和消费税时，其计税依据包括关税在内。

（二）征收的对象是进出境的货物和物品

关税是对进出境的货物和物品征收的一种税，在境外流通的货物，不征收关税。

（三）对进出口贸易影响较大

对货物征收关税，必然会提高纳税人的经营成本，进而对商品出入境后的销售利润产生影响。关税税种的设置、税率的调整和征收方法的改变等，都会影响进出口贸易。

三、关税的作用

（一）维护国家主权和经济利益

对进出口货物征收关税，表面上看似乎仅与对外贸易相联系，实际上，一国采取的关税政策直接关系国与国之间的主权和经济利益。历史发展到今天，关税已成为各国政府维护本国政治、经济权益乃至进行国际经济斗争的一种重要武器。

（二）保护和促进本国工农业生产的发展

一个国家采取什么样的关税政策，是由该国的经济发展水平、产业结构状况、国际贸易收支状况以及参与国际经济竞争的能力等多种因素决定的。国际上许多发展经济学家认为，自由贸易政策不适合发展中国家，这些国家为了顺利地发展民族经济、实现工业化，必须实行保护关税政策。我国作为发展中国家，一直十分重视利用关税保护本国的“幼稚工业”，促进替代进口工业的发展。关税在保护和促进本国工农业生产的发展方面发挥了重要作用。

（三）调节国民经济和对外贸易

关税是国家的重要经济杠杆，通过税率的高低和关税的减免，可以影响进出口规模，调节国民经济活动。例如，调节出口产品和出口产品生产企业的利润水平，有意识地引导各类产品的生产；调节进出口商品数量和结构，可促进国内市场商品的供需平衡，保护国内市场的物价稳定。

（四）筹集国家财政收入

对世界上大多数国家尤其是发达国家的税制结构进行分析，可以发现关税收入在整个财政收入中的比重不大，并呈下降趋势。但是，对于一些发展中国家，尤其是那些国内工业不发达、工商税源有限、国民经济主要依赖于某种或某几种初级资源产品的出口，以及国内许多消费品主要依赖于进口的国家，征收进出口关税仍然是其取得财政收入的重要渠道之一。我国关税收入是财政收入的重要组成部分，中华人民共和国成立以来，关税为经济建设提供了可观的财政资金。

四、关税的分类

（一）按货物的流向不同，关税可分为进口关税、出口关税和过境关税

进口关税是指对国外转入本国的货物和物品所征收的一种关税。

出口关税是指对从本国输往外国的货物和物品于出境时征收的一种关税。

过境关税是指对进入本国港口停留再转运他国的货物征收的一种关税。

（二）按征收目的的不同，关税可分为保护性关税和财政性关税

保护性关税是指以保护本国经济发展为首要目的而征收的关税。它主要体现在进口关税方面，一般设置较高的税率。

财政性关税是指以增加财政收入为主要目的而征收的关税。

（三）按对出口国的差别待遇不同，关税可分为加重关税和优惠关税

加重关税是指对从某些输出国、生产国进口的货物，因某种原因（如歧视、报复、保护和经济方面的需要等），在征收一般进口关税之外又加征的一种临时进口附加税。其主要有反倾销关税、反补贴关税、报复性关税等。

反倾销关税是指针对倾销产品征收的进口附加税。

反补贴关税是指进口国对直接或间接接受出口津贴或补贴的外国货物在进口到本国时所征收的一种进口附加税。

报复性关税是指一国在认为本国出口商品受到不公正的歧视性待遇时，对实施该歧视性待遇的国家向本国出口的商品征收的歧视性关税。

优惠关税是指对来自某些特定的受惠国的货物采用比普通税率低的优惠税率征收的关税。其主要有互惠关税、特惠关税、普惠制关税和最惠国待遇关税。

互惠关税是指两国间相互给予对方比其他国家优惠的税率的一种协定关税，其目的在于发展双方之间的贸易关系。

特惠关税是指有特殊关系的国家，单方面或相互间协定采用特别低的关税税率甚至免税的一种关税，其优惠程度高于互惠关税。

普惠制关税是指在国际贸易中发达国家给予发展中国家出口的货物普遍的、非歧视的、非互惠的一种关税制度。

最惠国待遇关税是指缔约国一方将现在和将来给予任何第三国的关税优惠待遇，无条件地给予其他各成员方。

（四）按计税标准不同，关税可分为从价关税、从量关税、复合关税和滑动关税

从价关税是指以货物的价格为计税依据而计算征收的关税。

从量关税是指以货物的重量、长度、容量、面积等计量单位为计税依据而计算

征收的关税。

复合关税是指对同一种进口货物同时使用从价和从量计征的一种关税。

滑动关税又称滑准税，是指关税税率随进口货物价格由高到低而由低到高设置计征关税的方法。进口货物价格越高，其进口关税税率越低；进口货物价格越低，其进口关税税率越高。

第二节　纳税人、征税范围和税率

一、关税的纳税人

关税的纳税人包括以下三种：进口货物的收货人、出口货物的发货人、进出境物品的所有人。其中，进出口货物的收、发货人是依法取得对外贸易经营权，并进口或者出口货物的企业或其他社会团体；进出境物品的所有人包括该物品的所有人和推定为所有人的人。

通常情况下，对于携带进境的物品，推定其携带人为所有人；对于分离运输的行李，推定相应的进出境旅客为所有人；对于以邮寄方式进境的物品，推定其收件人为所有人；对于以邮寄或其他运输方式出境的物品，推定其寄件人或托运人为所有人。

二、关税的征税范围

关税的征税对象是准许进出境的货物和物品。货物是指贸易性商品；物品是指入境旅客随身携带的行李物品、个人邮递物品、各种运输工具上的服务人员携带进口的自用物品和馈赠物品以及以其他方式进境的个人物品。

三、关税的税率

（一）进口关税税率

1.税率设置

我国进口税设有最惠国税率、协定税率、特惠税率、普通税率，其适用范围分别为：

最惠国税率适用于原产于与我国共同适用最惠国待遇条款的WTO成员国或地区的进口货物，或原产于与我国签订有相互给予最惠国待遇条款的双边贸易协定的国家或地区的进口货物，以及原产于我国境内的进口货物。

协定税率适用于原产于我国参加的含有关税优惠条款的区域性贸易协定有关缔约方的进口货物。

特惠税率适用于原产于与我国签订有特殊优惠关税协定的国家或地区的进口货物。

普通税率适用于原产于上述国家或地区以外的其他国家或地区的进口货物。

四种税率由高至低为：普通税率、最惠国税率、协定税率、特惠税率。适用最惠国税率、协定税率、特惠税率的国家或者地区名单，由国务院关税税则委员会决定，报国务院批准后执行。

2.税率的类别

我国对进口商品主要实行从价税，即以进口货物的完税价格为计征依据，以应征税额占货物完税价格的百分比为税率。从1997年7月1日起，我国对部分产品实行从量税、复合税和滑准税。

从量税的特点是税额计算简便，通关手续快捷，不受商品价格的影响，能抑制质次价廉商品或故意隐瞒价格商品的进口。目前，我国对原油和部分鸡产品、啤酒、胶卷进口分别以重量、容积、面积计征从量税。

复合税既能发挥从量税抑制低价商品进口的特点，又能发挥从价税税负合理、稳定的特点。目前，我国对录像机、放像机、摄像机、数字照相机和摄录一体机实行复合税。

滑准税是关税税率随进口商品的价格由高到低而由低到高设置的计征关税的一种方法，进口商品的价格越高，其进口关税税率越低，反之亦然。滑准税的主要特点是可保持滑准税商品国内市场价格的相对稳定，尽可能减轻国际市场价格波动的影响。目前，我国对新闻纸实行滑准税。

3.暂定税率与关税配额税率

国家对部分进口原材料、零部件、农药原药和中间体、乐器及生产设备、燃油等700多项进口商品实行暂定税率。暂定税率优先适用于优惠税率和最惠国税率，按普通税率征税的进口货物不适用暂定税率。同时，对部分进口农产品和化肥产品实行关税配额，即一定数量内的上述进口商品适用税率较低的配额内税率，超出该数量的进口商品适用税率较高的配额外税率。目前，我国对小麦、玉米等7种农产品和尿素等3种化肥产品实行关税配额管理。

（二）出口关税税率

我国出口税则为一栏税率，即出口税率。国家仅对少数资源性产品及易于竞相杀价、盲目进口、需要规范出口秩序的半制成品征收出口关税。现行税则对300余种商品计征出口关税，主要是鳗鱼苗、部分有色金属矿砂等。

（三）税率的运用

进出口货物应依照税则规定的归类原则归入合适的税号，并按照适用的税率征税。其中：

（1）进出口货物应按照纳税义务人申报进口或者出口之日实施的税率征税。

（2）进口货物到达前，经海关核准先行申报的，应按照装载此货物的运输工具申报进境之日实施的税率征税。

（3）进出口货物的补税和退税，适用于该进出口货物原申报进口或者出口之日所实施的税率。

（四）原产地的规定

我国进口税则税率的适用根据货物的原产地确定，对产自不同国家或地区的进口货物，适用不同的关税税率。我国原产地规定采用了两种国际上通用的原产地标准，即“全部产地生产标准”和“实质性加工标准”。

1.全部产地生产标准

全部产地生产标准是指进口货物完全在一个国家内生产或制造，生产或制造国就是该货物的原产国。完全在一个国家内生产或制造的进口货物包括：在该国领土或领海内开采的矿产品；在该国领土上收获或采集的植物产品；在该国领土上出生或由该国饲养的活动物及从其所得产品；在该国领土上狩猎或捕捞所得的产品；在该国的船只上卸下的海洋捕捞物，以及由该国船只在海上取得的其他产品；在该国加工船上加工前一项所列物品所得的产品；在该国收集的只适用于作再加工制造的废碎料和废旧物品；在该国完全使用以上几项所列产品加工成的制成品。

2.实质性加工标准

实质性加工标准是指经过两个或两个以上国家加工、制造的进口货物，将最后一个对货物进行经济上可以视为实质性加工的国家作为有关货物的原产国。该标准是适用于确定有两个或两个以上国家参与生产的产品的原产国的标准。“实质性加工”是指产品加工后，在进出口税则中四位数税号一级的税则归类已经有了改变，或者加工增值部分所占新产品总值的比例已超过30%及以上的。

3.其他

对于机器、仪器、器材或车辆所用零件、部件、配件、备件及工具，如与主件同时进口且数量合理，其原产地按主件的原产地确定；分别进口的，则按各自的原产地确定。

第三节 应纳税额的计算

一、关税完税价格

我国关税是以进出口货物的完税价格为计税依据来计算应纳税额的，因此，要计算纳税人应缴纳的关税税额，首先必须确定进出口货物的完税价格。《海关法》规定，进出口货物的完税价格由海关以该货物的成交价格为基础审查确定。成交价格无法确定时，完税价格由海关依法估定。自我国加入世贸组织后，我国海关全面实施WTO《海关估价协议》，遵循客观、公平、统一的估价原则，并依据自2014年2月1日起实施的《中华人民共和国海关审定进出口货物完税价格办法》（以下简称《完税价格办法》），审定进出口货物的完税价格。①

（一）一般进口货物的完税价格

1.以成交价格为基础的完税价格

进口货物以海关审定的成交价格为基础的到岸价格（CIF）为完税价格。一般而言，C指货物的货价；I指保险费，包含在出口国和进口途中的保险费；F指运费

① 海关总署令第213号（《中华人民共和国海关审定进出口货物完税价格办法》）。

和其他费用，包含在出口国和进口途中的运费和其他费用。计算进口货物关税的完税价格，C、I、F缺一不可。

进口货物的成交价格指买方为购买该货物，并按《完税价格办法》有关规定调整后的实付或应付价格。

下列费用或者价值未包括在进口货物的实付或者应付价格中，应当计入完税价格：

（1）买方负担的下列费用：

①除购货佣金以外的佣金和经纪费。

②与该货物视为一体的容器费用。

③包装材料费用和包装劳务费用。

（2）与进口货物的生产和向中华人民共和国境内销售有关的，由买方以免费或者以低于成本的方式提供，并且可以按适当比例分摊的下列货物或者服务的价值：

①进口货物包含的材料、部件、零件和类似货物。

②在生产进口货物过程中使用的工具、模具和类似货物。

③在生产进口货物过程中消耗的材料。

④在境外进行的为生产进口货物所需的工程设计、技术研发、工艺及制图等相关服务。

（3）买方需向卖方或者有关方直接或者间接支付的特许权使用费，但是符合下列情形之一的除外：

①特许权使用费与该货物无关。

②特许权使用费的支付不构成该货物向中华人民共和国境内销售的条件。

进口货物的价款中单独列明的下列税收、费用，不计入该货物的完税价格：

（1）厂房、机械或者设备等货物进口后发生的建设、安装、装配、维修或者技术援助费用，但是保修费用除外。

（2）进口货物运抵中华人民共和国境内输入地点起卸后发生的运输及相关费用、保险费。

（3）进口关税、进口环节海关代征税及其他国内税。

（4）为在境内复制进口货物而支付的费用。

（5）境内外技术培训及境外考察费用。

【例4-1】某进出口公司从美国进口一批化工原料，共500吨，货物以境外口岸离岸价格成交，单价折合人民币为20 000元/吨，买方承担包装费每吨500元人民币，另向中介支付佣金每吨1 000元人民币，向自己的采购代理人支付购货佣金5 000元人民币。已知该批货物运抵中国境内输入地点起卸前的运输费、保险费和其他劳务费用为每吨2 000元人民币，进口后另发生运输费和装卸费用300元人民币。请计算该批化工原料的关税完税价格。

【答案解析】进口该批化工原料的关税完税价格＝（20 000+500+1 000+2 000）×500÷10 000=1 175（万元）

进口货物完税价格中的运输及相关费用、保险费采用如下计算方法：

（1）进口货物的运输及相关费用，应当按照由买方实际支付或应当支付的费用计算，如果进口货物的运输及相关费用无法确定，海关应按该货物进口同期的正常运输成本审查确定。

（2）运输工具作为进口货物，利用自身动力进境的，海关在审查确定完税价格时，不再另行计入运输及相关费用。

（3）进口货物的保险费，应按实际支付的费用计算。如果进口货物的保险费无法确定或未实际发生，海关应当按照“货价加运费”的3‰计算保险费。

保险费=（货价+运费）×3‰

（4）邮运进口的货物，应当以邮费作为运输及相关费用、保险费。

【例4-2】某公司进口一批货物，海关审定的货价折合人民币6 000万元，运抵境内输入地点起卸前的运费折合人民币30万元，保险费未知。请计算该批货物的关税完税价格。

【答案解析】按照有关规定，进口货物的保险费无法确定或未实际发生时，按“货价加运费”两者总额的3‰计算。

关税完税价格=（6 000+30）×（1+3‰）=6 048.09（万元）

2.进口货物海关估价方法

进口货物的成交价格不符合《完税价格办法》相关规定的，或者成交价格不能确定的，海关经了解有关情况，并与纳税人进行价格磋商后，依次按照下列方法审查确定该货物的完税价格：①相同货物成交价格估价方法；②类似货物成交价格估价方法；③倒扣价格估价方法；④计算价格估价方法；⑤其他合理方法。纳税人向海关提供有关资料后，可以提出申请，经海关同意后，选择倒扣价格估价方法和计算价格估价方法的适用次序。

（1）相同货物成交价格估价方法，是海关以与进口货物同时或大约同时向中国境内销售的相同货物的成交价格为基础，审查确定进口货物完税价格的估价方法。

（2）类似货物成交价格估价方法，是海关以与进口货物同时或大约同时向中国境内销售的类似货物的成交价格为基础，审查确定进口货物完税价格的估价方法。

（3）倒扣价格估价方法，是海关以进口货物、相同或类似进口货物在境内的销售价格为基础，扣除在境内发生的相关费用后，审查确定进口货物完税价格的估价方法。

按照倒扣价格估价方法审查确定进口货物的完税价格时，应当扣除下列各项：①同等级或同种类货物在境内第一销售环节销售时，通常的利润和一般费用（包括直接费用和间接费用）以及通常支付的佣金；②进口货物运抵境内输入地点起卸后的运输及相关费用、保险费；③进口关税、进口环节海关代征税及其他国内税。

（4）计算价格估价方法，是海关以相关项目的价值或费用总和为基础，审查确定进口货物完税价格的估价方法。其中，相关项目包括：①生产该货物所使用的料件成本和加工费用；②向境内销售同等级或同种类货物通常的利润和一般费用（包括直接费用和间接费用)；③该货物运抵境内输入地点起卸前的运输及相关费用、保险费。

(5) 其他合理方法，是当海关不能根据成交价格估价方法、相同货物成交价格估价方法、类似货物成交价格估价方法、倒扣价格估价方法和计算价格估价方法确定进口货物的完税价格时，根据客观、公平、统一的原则，以客观量化的数据资料为基础确定进口货物完税价格的估价方法。

(二) 特殊进口货物的完税价格

1.加工贸易进口料件及其制成品

加工贸易进口料件及其制成品需征税或内销补税的，海关按照一般进口货物的完税价格规定，审定完税价格。

2.保税区、出口加工区货物

从保税区或出口加工区销往区外、从保税仓库出库内销的进口货物（加工贸易进口料件及其制成品除外)，以海关审定的价格作为完税价格。

3.运往境外修理的货物

运往境外修理的机械器具、运输工具或其他货物，出境时已向海关报明，并在海关规定期限内复运进境的，应当以海关审定的境外修理费和料件费，以及该货物复运进境的运输及相关费用、保险费估定完税价格。

4.暂时进境货物

对于经海关批准暂时进境的货物，应当按照一般进口货物估价办法的规定，估定完税价格。

5.运往境外加工的货物

运往境外加工的货物，出境时已向海关报明，并在海关规定期限内复运进境的，应当以海关审定的境外加工费和料件费，以及该货物复运进境的运输及相关费用、保险费为基础审查确定完税价格。

6.以其他方式进口的货物

以货易货贸易、寄售、捐赠、赠送等其他方式进口的货物，应当按照一般进口货物估价办法的规定，估定完税价格。

(三) 出口货物的完税价格

1.以成交价格为基础的完税价格

出口货物的完税价格，由海关以该货物向境外销售的成交价格为基础审查确定，并应包括该货物运至中华人民共和国境内输出地点装载前的运输及相关费用、保险费。出口货物的成交价格是指该货物出口时卖方为出口该货物应当向买方直接和间接收取的价款总额，出口关税不计入完税价格。其计算公式为：

完税价格=离岸价格÷（1+出口关税税率）

在计算出口货物的完税价格时，需遵循下列规定：

(1) 出口货物的离岸价格应以该项货物运离关境前的最后一个口岸的离岸价格为实际离岸价格。如果该货物从内地起运，则从内地口岸至最后出境口岸所支付的国内段运输费用应予以扣除。

（2）出口货物的成交价格中含有支付给国外的佣金，如与货物的离岸价格分列，应予以扣除；未单独列明的，则不予以扣除。

（3）出口货物的成交价格如为境外口岸的到岸价格或货价加运费价格，应先扣除运费、保险费后，再按规定公式计算完税价格。

（4）如出口货物在离岸价格以外，买方还另行支付货物包装费，应将其计入完税价格中。

【例4-3】我国某公司2020年3月从国内甲港口出口一批货物到国外，货物成交价格为200万元（不含出口关税）。其中，包括货物运抵甲港口装载前的运输费10万元、单独列明支付给境外的佣金20万元。甲港口到国外目的地港口之间的运输保险费为20万元。请计算该公司出口该批货物的关税完税价格。

【答案解析】关税完税价格=200-20=180（万元）

2.出口货物海关估价方法

出口货物的成交价格不能确定时，海关经了解有关情况，并与纳税人进行价格磋商后，依次使用下列方法估定完税价格：

（1）同时或大约同时向同一国家或地区出口的相同货物的成交价格。

（2）同时或大约同时向同一国家或地区出口的类似货物的成交价格。

（3）根据境内生产相同或类似货物的成本、利润和一般费用（包括直接费用和间接费用），以及境内发生的运输及相关费用、保险费计算所得的价格。

（4）按照合理方法估定的价格。

二、应纳税额的计算

（一）从价税应纳税额的计算

关税应纳税额=进（出）口应税货物数量×单位完税价格×适用税率

（二）从量税应纳税额的计算

关税应纳税额=进（出）口应税货物数量×单位税额

（三）复合税应纳税额的计算

关税应纳税额=进（出）口应税货物数量×单位税额+进（出）口应税货物数量×单位完税价格×适用税率

（四）滑准税应纳税额的计算

关税应纳税额=进（出）口应税货物数量×单位完税价格×滑准税税率

【例4-4】某进出口公司为增值税一般纳税人，2020年5月从国外进口一批机器设备共10台，每台货价15万元人民币，其中包括运抵我国黄骅港起卸前的包装、运输、保险和其他劳务费用共计8万元。另外，销售商单独向该进出口公司收取设备包装材料费10万元。假设该类设备进口关税税率为40%，境内运费已经取得合法的货物运输企业的发票。请计算该公司应交纳的关税。

【答案解析】进口设备到岸价格=10×15+10=160（万元）

应纳进口关税税额=160×40%=64（万元）

【例4-5】上海某进出口公司从美国进口货物一批，货物以离岸价格成交，成交价折合人民币为1 410万元（包括单独计价并经海关审查属实的向境外采购代理人支付的购货佣金10万元，但不包括为使用该货物而向境外支付的软件费50万元、向卖方支付的佣金15万元），另支付货物运抵我国上海港的运费、保险费等35万元。假设该货物适用关税税率为20%、增值税税率为13%、消费税税率为10%。请分别计算该公司进口环节应纳关税、消费税和增值税。

【答案解析】进口货物完税价格=离岸价+软件费+向卖方支付的佣金-购货佣金+运保费

=1 410+50+15-10+35=1 500（万元）

进口环节关税=1 500×20%=300（万元）

组成计税价格=（1 500+300）÷（1-10%）=2 000（万元）

进口环节海关代征消费税=2 000×10%=200（万元）

进口环节海关代征增值税=2 000×13%=260（万元）

第四节　税收优惠与征收管理

一、税收优惠

关税税收减免是贯彻国家关税政策的一项重要措施，具有很强的政策性，是对某些纳税人和征税对象给予鼓励和照顾的一种特殊调节手段。关税减免分为法定减免、特定减免和临时减免。

（一）法定减免

法定减免是依照关税基本法规的规定，对明确列出的征税对象给予的免税。下列货物、物品予以减免关税：

（1）关税税额在人民币50元以下的一票货物，免征关税。

（2）无商业价值的广告品和货样，免征关税。

（3）外国政府、国际组织无偿赠送的物资，免征关税。

（4）进出境运输工具转载的途中必需的燃料、物料和饮食用品，免征关税。

（5）为境外厂商加工、装配成品和为制造外销产品而进口的原材料、辅料、零部件、部件、配套件和包装物料，海关按照实际加工出口的成品数量免征进口关税；或者对进口料、件先征进口关税，再按照实际加工出口的成品数量予以退税。

（6）经海关核准暂时进境或者暂时出境，并在6个月内复运出境或者复运进境的货样、展览品、施工机械、工程车辆、工程船舶、供安装设备时使用的仪器和工具、电视或电影摄制器械、盛装货物的容器以及剧团服装道具，在货物发货人向海关缴纳相当于税款的保证金或提供担保后，可予以暂时免税。

（7）法律规定的减征或者免征关税的其他货物。因故退换的中国出口货物（因故退还的境外进口货物），经海关审查属实，可予免征进（出）口关税，但已征收的进（出）口关税不予退还。

（二）特定减免

特定减免也称政策性减免。在法定减免之外，国家按照国际通行规则和我国实际情况，制定发布的有关进出口货物减免关税的政策，称为特定或政策性减免。特定减免的货物包括：科教用品；残疾人专用品；扶贫、慈善性捐赠物资；加工贸易产品；边境贸易进口物资；保税区进出口货物；出口加工区进出口货物以及进口设备等。

（三）临时减免

临时减免是指法定减免和特定减免以外的其他减免，是国务院根据某个单位、某类商品、某个时期的特殊情况，按照《海关法》的规定给予的特别的临时性的减免优惠，一般是"一案一批"，专文下达。

二、征收管理

（一）关税的缴纳

进口货物的纳税人应当自运输工具申报进境之日起14日内，出口货物的纳税人除海关特准以外，应当在货物运抵海关监管区后装货的24小时以前，向货物的进出境地海关申报。进出口货物转关运输的，按照海关总署的规定执行。进口货物到达前，纳税人经海关核准可以先行申报。纳税人应自海关填发税款缴款书之日起15日内，向指定银行缴纳税款。

关税纳税义务人因特殊情况不能按期缴纳税款的，经海关总署批准，可以延期缴纳税款，但是最长不得超过6个月。

（二）关税的强制执行

纳税义务人未在关税缴纳期限内缴纳税款，即构成关税滞纳。为保证海关征收关税决定的有效执行和国家财政收入的及时入库，《海关法》给予海关对滞纳关税的纳税人强制执行的权利。强制措施主要包括两类：

1.征收关税滞纳金

关税滞纳金自关税缴纳期限届满的次日起，至纳税义务人缴纳关税之日止，按照滞纳税款数额万分之五的比例按日征收，周末和法定节假日不得扣除。关税滞纳金的计算公式为：

关税滞纳金金额=滞纳关税税额×滞纳金征收比例×滞纳天数

【例4-6】某公司进口一批货物，海关于2020年3月1日填发税款缴款书，但公司迟至3月27日才缴纳500万元的关税。请计算海关应征收的关税滞纳金。

【答案解析】关税滞纳12天，则：

海关应征收关税滞纳金金额=500×12×0.5‰=3（万元）

2.强制征收

如果纳税义务人自海关填发缴款书之日起3个月仍未缴纳税款，经海关关长批准，海关可以采取强制扣缴、变价抵缴等强制措施。强制扣缴是指海关从纳税义务人在开户银行或者其他金融机构的存款中直接扣缴税款；变价抵缴是指海关将应税货物依法变卖，以变卖所得抵缴税款。

第五节　船舶吨税

一、船舶吨税概述

船舶吨税是海关代表国家交通管理部门在设关口岸对进出中国国境的船舶征收的用于航道设施建设的一种使用税。

课征船舶吨税的原因主要是外国船舶在本国港口行驶，使用了港口设施和助航设备，如灯塔、航标等，故应支付一定的费用。因此，有的国家也称船舶吨税为“灯塔税”。

早在清政府时期，我国就开始课征船舶吨税，时称“梁头税”，它是根据船只的长、宽和梁头的高度相乘的容积计征税费。中华人民共和国成立后，1951年1月1日，我国开始实施《海关代征吨税办法》。此后，历经数次调整后，2012年1月1日，我国开始实施《中华人民共和国船舶吨税暂行条例》，进一步规范了船舶吨税的征管。2017年12月27日，十二届全国人大常委会第三十一次会议表决通过了《中华人民共和国船舶吨税法》，自2018年7月1日起施行。

二、征税范围与税率

（一）征税范围

自中华人民共和国境外港口进入境内港口的船舶（以下称应税船舶），应当缴纳船舶吨税（以下简称吨税）。

（二）税率

船舶吨税属于典型的定额税率，目前我国主要设置优惠税率和普通税率两种税率。其中，中华人民共和国籍的应税船舶，船籍国（地区）与中华人民共和国签订含有相互给予船舶税费最惠国待遇条款的条约或者协定的应税船舶，适用优惠税率。其他应税船舶，则适用普通税率。具体税目税率见表4-1。

表4-1　**吨税税目税率表**

<table>
<tr><th rowspan="3">税　目
（按船舶净吨位划分）</th><th colspan="6">税率（元/净吨）</th><th>备　注</th></tr>
<tr><th colspan="3">普通税率
（按执照期限划分）</th><th colspan="3">优惠税率
（按执照期限划分）</th><td rowspan="7">1. 拖船按发动机功率 0.67 净吨/千瓦折合
2. 无法提供净吨位证明的按 0.05 净吨/千瓦折合
3. 拖船和非机动驳船按相同净吨位船舶税率的50%计税</td></tr>
<tr><th>1年</th><th>90日</th><th>30日</th><th>1年</th><th>90日</th><th>30日</th></tr>
<tr><td>不超过2 000净吨</td><td>12.6</td><td>4.2</td><td>2.1</td><td>9</td><td>3</td><td>1.5</td></tr>
<tr><td>超过2 000净吨不超过10 000净吨</td><td>24</td><td>8</td><td>4</td><td>17.4</td><td>5.8</td><td>2.9</td></tr>
<tr><td>超过10 000净吨不超过50 000净吨</td><td>27.6</td><td>9.2</td><td>4.6</td><td>19.8</td><td>6.6</td><td>3.3</td></tr>
<tr><td>超过50 000净吨</td><td>31.8</td><td>10.6</td><td>5.3</td><td>22.8</td><td>7.6</td><td>8.8</td></tr>
</table>

三、应纳税额的计算

船舶吨税按照船舶净吨位和吨税执照期限征收。应税船舶负责人在每次申报纳税时，可以按照“吨税税目税率表”选择申领一种期限的吨税执照。应纳税额按照船舶净吨位乘以适用税率计算。净吨位，是指由船籍国（地区）政府授权签发的船舶吨位证明书上标明的净吨位。其计算公式为：

应纳税额=船舶净吨位×定额税率

【例4-7】某公司有净吨位为10 000吨的货轮“亚历山大”号，停靠在我国天津新港装卸货物，纳税人自行选择30天期缴纳吨税，船籍国与我国签订有船舶税费优惠条款。请计算应缴纳的吨税。

【答案解析】根据“吨税税目税率表”，净吨位10 000净吨的轮船30天期的优惠税率为2.9元/净吨。

船舶吨税应纳税额=10 000×2.9=29 000（元）

四、税收优惠

我国目前主要针对下列船舶免征吨税：

（1）应纳税额在人民币50元以下的船舶。

（2）自境外以购买、受赠、继承等方式取得船舶所有权的初次进口到港的空载船舶。

（3）吨税执照期满后24小时内不上下客货的船舶。

（4）非机动船舶（不包括非机动驳船）。

（5）捕捞、养殖渔船。

（6）避难、防疫隔离、修理、终止运营或者拆解，并不上下客货的船舶。

（7）军队、武装警察部队专用或者征用的船舶。

（8）警用船舶。

（9）依照法律规定应当予以免税的外国驻华使领馆、国际组织驻华代表机构及其有关人员的船舶。

（10）国务院规定的其他船舶。

五、征收管理

船舶吨税由海关负责征收。海关征收船舶吨税应制发缴款凭证。

船舶吨税的纳税义务发生时间为应税船舶进入港口的当日。

应税船舶在吨税执照期满后尚未离开港口的，应当申领新的吨税执照，自上一次执照期满的次日起续缴船舶吨税。

应税船舶负责人应当自海关填发船舶吨税缴款凭证之日起15日内向指定银行缴清税款。未按期缴清税款的，自滞纳税款之日起，按日加收滞纳税款0.5‰的滞纳金。

关键概念

关税；行邮税；反倾销关税；反补贴关税；滑准税；全部产地生产标准；实质

性加工标准；关税完税价格；倒扣价格估价方法；计算价格估价方法；船舶吨税。

复习思考题

1.什么是关税？关税有哪些特点？关税有什么作用？

2.关税的计征方式有哪些？

3.如何计算一般进口货物的完税价格？

4.关税的强制执行措施有哪些？

5.如何计算船舶吨税？

【分析题】

2018年7月11日，美国贸易代表办公室发布了一份对从中国进口的2 000亿美元商品增加10%关税的清单。8月2日，美国针对此次清单中的产品，提议加征关税的税率从10%增加至25%。9月18日，美国政府宣布实施对2 000亿美元中国商品加征关税的措施，自9月24日起加征关税税率为10%，自2019年1月1日起加征关税税率将提高至25%。2018年12月，G20峰会后，美国政府对2 000亿美元中国商品加征关税税率仍维持在10%。

2018年7月19日，美国皮尤研究中心发布的一项民调显示，更多的美国人认为美国对贸易伙伴加征关税于自身不利。该民调显示，49%的美国人认为对贸易伙伴加征关税不利于美国；相比之下，40%的美国人认为此举有利于美国；另有11%的美国人不知道美国将会受到何种影响。

请结合以上资料，分析美国特朗普政府加征关税政策可能带来的经济影响。

第五章

企业所得税

学习目标

通过本章的学习，理解企业所得税的概念、制度演变和特点，把握企业所得税税收制度的构成要素，包括纳税人、征税对象、税率等，掌握企业所得税应纳税所得额和应纳税额的计算方法，熟悉企业所得税的税收优惠与征收管理。

重点与难点

本章的重点主要有：企业所得税的纳税人、征税对象、应纳税所得额的确定、应纳税额的计算；本章的难点主要有：应纳税所得额的确定、境外所得税收抵免、汇算清缴。

第一节　概述

一、企业所得税的概念

企业所得税，是以企业在一定期间内的纯所得额或者总所得额为征税对象，按照量能课税的原则，对纳税人征收的一种直接税。我国的企业所得税是对在中华人民共和国境内的企业和其他取得收入的组织，就其生产经营所得和其他所得征收的一种税。企业所得税在不同国家有不同称谓，如在日本称为法人所得税，在美国称为公司所得税，但其基本制度是一致的，都是针对具有法人性质的企业或者其他组织在一定期间的应税所得征收的。

二、我国企业所得税的制度演变

中华人民共和国成立以后，我国企业所得税制度经历了几次改革，并逐步完善。在1949年首届全国税务会议上，通过了统一全国税收政策的基本方案，其中包括对企业所得和个人所得征税的办法。1950年，政务院发布了《全国税政实施要则》，规定全国设置14个税种，其中涉及对企业所得征收的主要是工商业税（所得税部分）。

1958年和1973年的两次税制改革对税制进行了简化，工商业税（所得税部分）主要对集体企业征收，国营企业只征一道工商税，不征所得税。

1980年9月，第五届全国人民代表大会第三次会议通过了《中华人民共和国中外合资经营企业所得税法》（以下简称《中外合资经营企业所得税法》），开始对中外合资经营企业征收企业所得税。1981年12月，第五届全国人民代表大会第五次会议通过了《中华人民共和国外国企业所得税法》（以下简称《外国企业所得税法》），开始对外国企业征收企业所得税。

1984年9月，国务院发布了《中华人民共和国国营企业所得税条例（草案）》（以下简称《国营企业所得税条例》），开始对国营企业征收企业所得税。1985年4月，国务院发布了《中华人民共和国集体企业所得税暂行条例》（以下简称《集体企业所得税暂行条例》），开始对集体企业征收企业所得税。1988年6月，国务院发布了《中华人民共和国私营企业所得税暂行条例》（以下简称《私营企业所得税暂行条例》），开始对私营企业征收企业所得税。这一系列的法规使得内外资企业以及不同所有制企业实行有差别的所得税制度，造成了税负上的差异，阻碍了市场经济的健康发展。

1991年4月，第七届全国人民代表大会第四次会议通过了《中华人民共和国外商投资企业和外国企业所得税法》，同时废止了《中外合资经营企业所得税法》和《外国企业所得税法》，实现了外资企业所得税的统一。

1993年11月，国务院第12次常务会议通过了《中华人民共和国企业所得税暂行条例》，同时废止了《国营企业所得税条例》、《集体企业所得税暂行条例》和《私营企业所得税暂行条例》三个条例，实现了内资企业所得税的统一。

2007年3月，第十届全国人民代表大会第五次会议通过了《中华人民共和国企业所得税法》（以下简称《企业所得税法》），实现了内外资企业所得税的统一，统一后的企业所得税于2008年1月1日起实施。2007年11月，国务院第197次常务会议通过了《中华人民共和国企业所得税法实施条例》（以下简称《企业所得税法实施条例》）。

2017年2月，第十二届全国人民代表大会常务委员会第二十六次会议通过《关于修改〈中华人民共和国企业所得税法〉的决定》，对企业所得税法进行了修正。

2018年12月，第十三届全国人民代表大会常务委员会第七次会议对《中华人民共和国企业所得税法》进行了修改。

三、我国企业所得税的特点

在全球化的背景下，企业所得税作为对法人的净所得征收的一种直接税，在制度设计和政策制定上面临着税基侵蚀和利润转移、税制竞争的挑战，同时又需要满足消除重复征税、鼓励投资和创业等需要，要求在借鉴国际惯例的同时考虑我国企业在境内外经营的实际情况，以促进结构优化和经济发展。我国企业所得税与其他税种相比，具有以下几个方面的特点：

（一）规范划分居民纳税人和非居民纳税人

在纳税主体上，《企业所得税法》对纳税人的身份认定，引入了“居民企业”和“非居民企业”的概念，具体采用企业登记地标准和企业实际管理机构所在地标准。其中，居民企业是指依法在中国境内成立，或者依照外国（地区）法律成立但实际管理机构在中国境内的企业；非居民企业是指依照外国（地区）法律成立且实际管理机构不在中国境内，但在中国境内设立机构、场所的，或者在中国境内未设立机构、场所，但有于中国境内所得的企业。居民企业承担全面纳税义务，就其于境内外的全部所得纳税；非居民企业则区分为在境内设立机构、场所和未设立机构、场所两种类型，二者虽都承担有限纳税义务，但前者除就于境内的所得纳税外，还需要对发生于境外但与其所设机构、场所有实际联系的所得纳税，而后者只就于境内的所得纳税。这意味着在企业所得税的管辖权上，我国实行了和个人所得税一样的双重管辖权标准，强调地域管辖权与居民管辖权的结合，从而更好地维护国家税收利益。

（二）以企业的纯所得为征税对象

企业所得税的征税对象是总收入扣除成本费用后的纯所得额。纯所得额的大小决定着税源的多少，总收入相同的纳税人，所得额不一定相同，缴纳的所得税也不一定相同。企业所得税是以企业的纯所得为征税对象的，但企业的纯所得并不是我国企业所得税应纳税额计算的直接依据。实际上，企业的很多支出都有扣除标准，超过扣除标准的支出是不能扣除的。另外，还有一些所得是不征税的或者免税的，因此，企业所得税的计税依据与企业的纯所得并不完全一致。

（三）规范企业所得税优惠政策事项

不断规范企业所得税优惠政策事项，积极落实国务院简政放权、放管结合、优化服务要求。《企业所得税法》规定的优惠事项以及国务院和民族自治地方根据《企业所得税法》授权制定的企业所得税优惠事项，具体包括免税收入、减计收入、加计扣除、加速折旧、所得减免、抵扣应纳税所得额、减低税率、税额抵免等。企业享受优惠事项采取“自行判别、申报享受、相关资料留存备查”的办理方式。企业应当根据经营情况以及相关税收规定自行判断是否符合优惠事项规定的条件，符合条件的可以按照《企业所得税优惠事项管理目录》列示的时间自行计算减免税额，并通过填报企业所得税纳税申报表享受税收优惠，同时需要按照规定归集和留存相关资料备查。企业享受优惠事项后，税务机关将适时开展后续管理。

（四）原则上以年度为计税期限

企业所得税原则上是以一个纳税年度为计算应纳税额的期限，实行按年计算、分月或分季预缴、年终汇算清缴的征收办法。企业在一个纳税年度中间开业，或者终止经营活动，使该纳税年度的实际经营期不足12个月的，应当以其实际经营期为一个纳税年度。企业依法清算时，应当以清算期间作为一个纳税年度。

第二节　纳税人、征税对象和税率

一、纳税人

企业所得税的纳税人是指在中国境内的企业和其他取得收入的组织（以下统称企业）。《企业所得税法》第一条规定，除个人独资企业、合伙企业不适用《企业所得税法》外，凡在我国境内，企业和其他取得收入的组织为企业所得税纳税人，依照本法的规定缴纳企业所得税。企业所得税的纳税人分为居民企业和非居民企业。

（一）居民企业

居民企业，是指依法在中国境内成立，或者依照外国（地区）法律成立但实际管理机构在中国境内的企业。其中，依法在中国境内成立的企业，包括依照中国法律、行政法规在中国境内成立的企业、事业单位、社会团体以及其他取得收入的组织。依照外国（地区）法律成立的企业，包括依照外国（地区）法律成立的企业和其他取得收入的组织。实际管理机构，是指对企业的生产经营、人员、账务、财产等实施实质性全面管理和控制的机构。

（二）非居民企业

非居民企业，是指依照外国（地区）法律成立且实际管理机构不在中国境内，但在中国境内设立机构、场所的，或者在中国境内未设立机构、场所，但有来源于中国境内所得的企业。

机构、场所，是指在中国境内从事生产经营活动的机构、场所，包括：

1.管理机构、营业机构、办事机构；

2.工厂、农场、开采自然资源的场所；

3.提供劳务的场所；

4.从事建筑、安装、装配、修理、勘探等工程作业的场所；

5.其他从事生产经营活动的机构、场所。

非居民企业委托营业代理人在中国境内从事生产经营活动的，包括委托单位或者个人经常代其签订合同，或者储存、交付货物等，该营业代理人视为非居民企业在中国境内设立的机构、场所。

专栏5-1

中国移动是企业所得税的居民企业吗？

很多人都在使用中国移动的服务，中国移动用户数量已经超过7亿，但真正了解中国移动身份的人并不多。根据我国《企业所得税法》的相关规定，中国移动是依法在中国境内成立的居民企业吗？

中国移动不是在中国境内成立的居民企业。2000年4月20日，国务院国有资产监督管理委员会成立了中国移动通信集团公司，注册资本3 000亿元人民币，属于国务院国资委下属的中央企业。

中国移动通信集团公司在香港成立了中国移动（香港）集团有限公司，中国移动（香港）集团有限公司又在香港成立了中国移动有限公司。中国移动有限公司已经在香港和纽约上市。给我们提供服务的就是这家中国移动有限公司，它是在中国境外（即香港）成立的境外公司。由于其实际管理机构在中国北京，因此，在香港成立的中国移动有限公司也是中国居民企业。

二、征税对象

企业所得税的征税对象是纳税人每一纳税年度取得的生产、经营所得和其他所得。其中，生产、经营所得，是指从事制造业、采掘业、交通运输业、建筑安装业、农业、林业、畜牧业、渔业、水利业、商品流通业、金融业、保险业、邮电通信业、服务业，以及国务院财政、税务部门确认的其他营利事业取得的所得；还包括卫生、物资、供销、城市公用和其他行业的企业，以及一些社团组织、事业单位开展多种经营和有偿服务活动取得的经营所得。其他所得，是指股息、利息、租金、转让各类资产、特许权使用费以及营业外收益等所得。

（一）居民企业的征税对象

居民企业应当就其来源于中国境内、境外的所得缴纳企业所得税。所得包括销售货物所得、提供劳务所得、转让财产所得、股息红利等权益性投资所得、利息所得、租金所得、特许权使用费所得、接受捐赠所得和其他所得。

（二）非居民企业的征税对象

非居民企业在中国境内设立机构、场所的，应当就其所设机构、场所取得的来源于中国境内的所得，以及发生在中国境外但与其所设机构、场所有实际联系的所得，缴纳企业所得税。非居民企业在中国境内未设立机构、场所的，或者虽设立机构、场所但取得的所得与其所设机构、场所没有实际联系的，应当就其来源于中国境内的所得缴纳企业所得税。

上述所称实际联系，是指非居民企业在中国境内设立的机构、场所拥有据以取得所得的股权、债权，以及拥有、管理、控制据以取得所得的财产等。

（三）所得来源的确定

来源于中国境内、境外的所得，按照以下原则确定：

1.销售货物所得，按照交易活动发生地确定；

2.提供劳务所得，按照劳务发生地确定；

3.转让财产所得，不动产转让所得按照不动产所在地确定，动产转让所得按照转让动产的企业或者机构、场所所在地确定，权益性投资资产转让所得按照被投资企业所在地确定；

4.股息、红利等权益性投资所得，按照分配所得的企业所在地确定；

5.利息所得、租金所得、特许权使用费所得，按照负担、支付所得的企业或者机构、场所所在地确定，或者按照负担、支付所得的个人的住所地确定；

6.其他所得，由国务院财政、税务主管部门确定。

三、税率

企业所得税实行比例税率，具体包括基本税率和优惠税率两类。

（一）基本税率

除法律和法规另有规定以外，企业所得税的税率为25%，适用于居民企业和在中国境内设立机构、场所且所得与其所设机构、场所有实际联系的非居民企业。

（二）优惠税率

对符合条件的小微企业，减按20%的税率征收企业所得税。

对国家需要重点扶持的高新技术企业，减按15%的税率征收企业所得税。

对经认定的技术先进型服务企业，减按15%的税率征收企业所得税。

非居民企业在中国境内未设立机构、场所的，或者虽设立机构、场所但取得的所得与其所设机构、场所没有实际联系的，其来源于中国境内的所得，在实际征税时适用10%的税率。

专栏5-2

企业所得税优惠　扶持小微企业发展

根据《中华人民共和国企业所得税法》及其实施条例、《财政部 税务总局关于实施小微企业普惠性税收减免政策的通知》（财税〔2019〕13号）等的规定，自2019年1月1日至2021年12月31日，对小型微利企业年应纳税所得额不超过100万元的部分，减按25%计入应纳税所得额，按20%的税率缴纳企业所得税；对年应纳税所得额超过100万元但不超过300万元的部分，减按50%计入应纳税所得额，按20%的税率缴纳企业所得税。小型微利企业无论按查账征收方式或核定征收方式缴纳企业所得税，均可享受上述优惠政策。上述所称小型微利企业是指从事国家非限制和禁止行业，且同时符合年度应纳税所得额不超过300万元、从业人数不超过300人、资产总额不超过5 000万元等三个条件的企业。

第三节　计税依据的确定

企业每一纳税年度的收入总额，减除不征税收入、免税收入、各项扣除以及允许弥补的以前年度亏损后的余额，为应纳税所得额。其计算公式为：

应纳税所得额=收入总额-不征税收入-免税收入-各项扣除-允许弥补的以前年度亏损

企业应纳税所得额的确定，以权责发生制为原则，属于当期的收入和费用，不论款项是否收付，均作为当期的收入和费用；不属于当期的收入和费用，即使款项已经在当期收付，均不作为当期的收入和费用。

一、收入总额的确认

企业的收入总额包括以货币形式和非货币形式从各种来源取得的收入，具体包括：销售货物收入；提供劳务收入；转让财产收入；股息、红利等权益性投资收益；利息收入；租金收入；特许权使用费收入；接受捐赠收入；其他收入。

企业取得收入的货币形式，包括现金、存款、应收账款、应收票据、准备持有至到期的债券投资以及债务的豁免等。企业取得收入的非货币形式，包括固定资产、生物资产、无形资产、股权投资、存货、不准备持有至到期的债券投资、劳务以及有关权益等。企业以非货币形式取得的收入，应当按照公允价值确定收入额。公允价值，是指按照市场价格确定的价值。

（一）销售货物收入

销售货物收入，是指企业销售商品、产品、原材料、包装物、低值易耗品以及其他存货取得的收入。企业销售收入的确认，必须遵循权责发生制原则和实质重于形式原则。

企业销售商品同时满足下列条件的，应确认收入的实现：

1.商品销售合同已经签订，企业已将与商品所有权相关的主要风险和报酬转移给购货方；

2.企业对已售出的商品既没有保留通常与所有权相联系的继续管理权，也没有实施有效控制；

3.收入的金额能够可靠地计量；

4.已发生或将发生的销售方的成本能够可靠地核算。

符合收入确认条件，采取下列商品销售方式的，应按以下规定确认收入实现时间：

1.销售商品采用托收承付方式的，在办妥托收手续时确认收入；

2.销售商品采取预收款方式的，在发出商品时确认收入；

3.销售商品需要安装和检验的，在购买方接受商品以及安装和检验完毕时确认收入，如果安装程序比较简单，可在发出商品时确认收入；

4.销售商品采用支付手续费方式委托代销的，在收到代销清单时确认收入。

采用售后回购方式销售商品的，销售的商品按售价确认收入，回购的商品作为购进商品处理。有证据表明不符合销售收入确认条件的，如以销售商品方式进行融资，收到的款项应确认为负债，回购价格大于原售价的，差额应在回购期间确认为利息费用。

销售商品以旧换新的，销售商品应当按照销售商品收入确认条件确认收入，回收的商品作为购进商品处理。企业为促进商品销售而在商品价格上给予的价格扣除属于商业折扣，商品销售涉及商业折扣的，应当按照扣除商业折扣后的金额确定销售商品收入金额。债权人为鼓励债务人在规定的期限内付款而向债务人提供的债务扣除属于现金折扣，销售商品涉及现金折扣的，应当按扣除现金折扣前的金额确定销售商品收入金额，现金折扣在实际发生时作为财务费用扣除。

企业因售出商品的质量不合格等原因而在售价上给予的减让属于销售折让；企业因售出商品质量、品种不符合要求等原因而发生的退货属于销售退回。企业已经确认销售收入的售出商品发生销售折让和销售退回，应当在发生当期冲减当期销售商品收入。企业以买一赠一等方式组合销售本企业商品的，不属于捐赠，应将总的销售金额按各项商品的公允价值的比例来分摊确认各项的销售收入。

（二）提供劳务收入

提供劳务收入，是指企业从事建筑安装、修理修配、交通运输、仓储租赁、金融保险、邮电通信、咨询经纪、文化体育、科学研究、技术服务、教育培训、餐饮住宿、中介代理、卫生保健、社区服务、旅游、娱乐、加工以及其他劳务服务活动取得的收入。

企业在各个纳税期末，提供劳务交易的结果能够可靠估计的，应采用完工进度（完工百分比）法确认提供劳务收入。提供劳务交易的结果能够可靠估计，是指同时满足下列条件：

1.收入的金额能够可靠地计量；

2.交易的完工进度能够可靠地确定；

3.交易中已发生和将发生的成本能够可靠地核算。

企业提供劳务完工进度的确定，可选用下列方法：

1.已完工作的测量；

2.已提供劳务占劳务总量的比例；

3.发生成本占总成本的比例。

企业应按照从接受劳务方已收或应收的合同或协议价款确定劳务收入总额，根据纳税期末提供劳务收入总额乘以完工进度扣除以前纳税年度累计已确认提供劳务收入后的金额，确认为当期劳务收入；同时，按照提供劳务估计总成本乘以完工进度扣除以前纳税期间累计已确认劳务成本后的金额，结转为当期劳务成本。

下列提供劳务满足收入确认条件的，应按规定确认收入：

1.安装费，应根据安装完工进度确认收入，安装工作是商品销售附带条件的，安装费在确认商品销售实现时确认收入。

2.宣传媒介的收费，应在相关的广告或商业行为出现于公众面前时确认收入，广告的制作费，应根据制作广告的完工进度确认收入。

3.软件费，为特定客户开发软件的收费，应根据开发的完工进度确认收入。

4.服务费，包含在商品售价内可区分的服务费，在提供服务的期间分期确认收入。

5.艺术表演、招待宴会和其他特殊活动的收费，在相关活动发生时确认收入，收费涉及几项活动的，预收的款项应合理分配给每项活动，分别确认收入。

6.会员费，申请入会或加入会员，只允许取得会籍，所有其他服务或商品都要另行收费的，在取得该会员费时确认收入；申请入会或加入会员后，会员在会员期内不再付费就可得到各种服务或商品，或者以低于非会员的价格销售商品或提供服务的，该会员费应在整个受益期内分期确认收入。

7.特许权费，属于提供设备和其他有形资产的特许权费，在交付资产或转移资产所有权时确认收入；属于提供初始及后续服务的特许权费，在提供服务时确认收入。

8.劳务费，长期为客户提供重复的劳务收取的劳务费，在相关劳务活动发生时确认收入。

（三）转让财产收入

转让财产收入，是指企业转让固定资产、生物资产、无形资产、股权、债权等财产取得的收入。

企业转让股权收入，应于转让协议生效且完成股权变更手续时，确认收入的实现。转让股权收入扣除为取得该股权所发生的成本后，为股权转让所得。企业在计算股权转让所得时，不得扣除被投资企业未分配利润等股东留存收益中按该项股权所可能分配的金额。

企业发生下列情形的处置资产，除将资产转移至境外以外，由于资产所有权属在形式和实质上均不发生改变，可作为内部处置资产，不视同销售确认收入，相关资产的计税基础延续计算：

1.将资产用于生产、制造、加工另一产品；

2.改变资产形状、结构或性能；

3.改变资产用途（如自建商品房转为自用或经营）；

4.将资产在总机构及其分支机构之间转移；

5.上述两种或两种以上情形的混合；

6.其他不改变资产所有权属的用途。

企业将资产移送他人的下列情形，因资产所有权属已发生改变而不属于内部处置资产，应按规定视同销售确定收入：

1.用于市场推广或销售；

2.用于交际应酬；

3.用于职工奖励或福利；

4.用于股息分配；

5.用于对外捐赠；

6.其他改变资产所有权属的用途。

企业发生上述情形时，属于企业自制的资产，应按企业同类资产同期对外销售价格确定销售收入；属于外购的资产，可按购入时的价格确定销售收入。

（四）股息、红利等权益性投资收益

股息、红利等权益性投资收益，是指企业因权益性投资从被投资方取得的收入。

股息、红利等权益性投资收益，除国务院财政、税务主管部门另有规定外，按照被投资方作出利润分配决定的日期确认收入的实现。企业权益性投资取得股息、红利等收入，应以被投资企业股东会或股东大会作出利润分配或转股决定的日期，确定收入的实现。被投资企业将股权（票）溢价所形成的资本公积转为股本的，不作为投资方企业的股息、红利收入，投资方企业也不得增加该项长期投资的计税基础。

（五）利息收入

利息收入，是指企业将资金提供给他人使用但不构成权益性投资，或者因他人占用本企业资金取得的收入，包括存款利息、贷款利息、债券利息、欠款利息等收入。利息收入，按照合同约定的债务人应付利息的日期确认收入的实现。

（六）租金收入

租金收入，是指企业提供固定资产、包装物或者其他有形资产的使用权取得的收入。租金收入，按照合同约定的承租人应付租金的日期确认收入的实现。

企业提供固定资产、包装物或者其他有形资产的使用权取得的租金收入，应按交易合同或协议规定的承租人应付租金的日期确认收入的实现。其中，如果交易合同或协议中规定租赁期限跨年度，且租金提前一次性支付的，根据收入与费用配比原则，出租人可对上述已确认的收入，在租赁期内，分期均匀计入相关年度收入。

（七）特许权使用费收入

特许权使用费收入，是指企业提供专利权、非专利技术、商标权、著作权以及其他特许权的使用权取得的收入。特许权使用费收入，按照合同约定的特许权使用人应付特许权使用费的日期确认收入的实现。

（八）接受捐赠收入

接受捐赠收入，是指企业接受的来自其他企业、组织或者个人无偿给予的货币性资产、非货币性资产。接受捐赠收入，按照实际收到捐赠资产的日期确认收入的实现。

（九）其他收入

其他收入，是指企业取得的除上述八类收入外的其他收入，包括企业资产溢余收入、逾期未退包装物押金收入、确实无法偿付的应付款项、已作坏账损失处理后又收回的应收款项、债务重组收入、补贴收入、违约金收入、汇兑收益等。企业发生债务重组，应在债务重组合同或协议生效时确认收入的实现。

二、不征税收入

不征税收入是指不纳入征税范围的收入。企业收入总额中的下列四类收入为不征税收入：

（一）财政拨款

财政拨款是指各级人民政府对纳入预算管理的事业单位、社会团体等组织拨付的财政资金，但国务院和国务院财政、税务主管部门另有规定的除外。

（二）行政事业性收费与政府性基金

行政事业性收费是指依照法律法规等有关规定，按照国务院规定程序批准，在实施社会公共管理，以及在向公民、法人或者其他组织提供特定公共服务过程中，向特定对象收取并纳入财政管理的费用。政府性基金是指企业依照法律、行政法规等有关规定，代政府收取的具有专项用途的财政资金。

企业按照规定缴纳的、由国务院或财政部批准设立的政府性基金以及由国务院和省、自治区、直辖市人民政府及其财政、价格主管部门批准设立的行政事业性收费，准予在计算应纳税所得额时扣除。企业缴纳的不符合上述审批管理权限设立的基金、收费，不得在计算应纳税所得额时扣除。企业收取的各种基金、收费，应计入企业当年收入总额。对企业依照法律法规及国务院有关规定收取并上缴财政的政府性基金和行政事业性收费，准予作为不征税收入，于上缴财政的当年在计算应纳税所得额时从收入总额中减除；未上缴财政的部分，不得从收入总额中减除。

（三）其他不征税收入

国务院规定的其他不征税收入是指企业取得的，由国务院财政、税务主管部门规定专项用途并经国务院批准的财政性资金。财政性资金，是指企业取得的来源于政府及其有关部门的财政补助、补贴、贷款贴息，以及其他各类财政专项资金，包括直接减免的增值税和即征即退、先征后退、先征后返的各种税收，但不包括企业按规定取得的出口退税款。

三、免税收入

免税收入，是指企业应纳税所得额免予征收企业所得税的收入。按照《企业所得税法》的规定，企业的免税收入具体包括：

（一）国债利息收入

国债利息收入是指企业持有国务院财政部门发行的国债取得的利息收入。

（二）居民企业之间的股息、红利等权益性投资收益

居民企业之间的股息、红利等权益性投资收益是指居民企业直接投资于其他居民企业取得的投资收益。该权益性投资收益在接受投资的居民企业已经依法缴纳企业所得税，所以投资的居民企业取得时就不再缴纳企业所得税，以免重复征税。

在中国境内设立机构、场所的非居民企业从居民企业取得与该机构、场所有实际联系的股息、红利等权益性投资收益，居民企业已经就此部分权益性投资收益缴纳过企业所得税，在中国境内设立机构、场所的非居民企业在取得时就不再缴纳企业所得税，以避免重复征税。

其中，上述股息、红利等权益性投资收益，不包括连续持有居民企业公开发行并上市流通的股票不足12个月取得的投资收益。

（三）非营利组织的收入

符合条件的非营利组织，是指同时符合下列条件的组织：(1) 依法履行非营利组织登记手续；(2) 从事公益性或者非营利性活动；(3) 取得的收入除用于与该组织有关的、合理的支出外，全部用于登记核定或者章程规定的公益性或者非营利性事业；(4) 财产及其孳息不用于分配；(5) 按照登记核定或者章程规定，该组织注销后的剩余财产用于公益性或者非营利性目的，或者由登记管理机关转赠给与该组织性质、宗旨相同的组织，并向社会公告；(6) 投入人对投入该组织的财产不保留或者享有任何财产权利；(7) 工作人员工资福利开支控制在规定的比例内，不变相分配该组织的财产。符合条件的非营利组织的收入，不包括非营利组织从事营利性活动取得的收入，但国务院财政、税务主管部门另有规定的除外。

四、允许扣除的项目

（一）扣除项目的原则

企业实际发生的与取得收入有关的、合理的支出，准予在计算应纳税所得额时扣除。有关的支出，是指与取得收入直接相关的支出。合理的支出，是指符合生产经营活动常规，应当计入当期损益或者有关资产成本的必要和正常的支出。企业申报扣除的项目要真实、合法，一般应当遵循以下原则：

1.权责发生制原则。权责发生制原则是指企业费用应在发生的所属期扣除，而不是在实际支付时确认扣除。

2.配比原则。配比原则是指企业发生的费用应当与收入配比扣除。除特殊规定外，企业发生的费用不得提前或滞后申报扣除。

3.相关性原则。相关性原则是指企业可扣除的费用从性质和根源上必须与取得应税收入直接相关。与取得应税收入无关的支出在税前不得扣除，如担保支出。

4.确定性原则。确定性原则是指企业可扣除的费用不论何时支付，其金额必须是确定的。

5.合理性原则。合理性原则是指符合生产经营活动常规，应当计入当期损益或者有关资产成本的必要和正常支出。

（二）扣除项目的范围

企业实际发生的与取得收入有关的、合理的支出，包括成本、费用、税金、损失和其他支出，准予在计算应纳税所得额时扣除。

1.成本。成本，是指企业在生产经营活动中发生的销售成本、销货成本、业务支出以及其他耗费。

2.费用。费用，是指企业在生产经营活动中发生的销售费用、管理费用和财务费用，已经计入成本的有关费用除外。

3.税金。税金，是指企业发生的除企业所得税和允许抵扣的增值税以外的各项税金及其附加。

4.损失。损失，是指企业在生产经营活动中发生的固定资产和存货的盘亏、毁损、报废损失，转让财产损失，呆账损失，坏账损失，自然灾害等不可抗力因素造成的损失以及其他损失。

企业发生的损失，减除责任人赔偿和保险赔款后的余额，依照国务院财政、税务主管部门的规定扣除。企业已经作为损失处理的资产，在以后纳税年度又全部收回或者部分收回时，应当计入当期收入。

5.其他支出。其他支出，是指除成本、费用、税金、损失外，企业在生产经营活动中发生的与生产经营活动有关的、合理的支出。

在计算应纳税所得额时需要注意：（1）企业发生的支出应当区分收益性支出和资本性支出。收益性支出在发生当期直接扣除；资本性支出应当分期扣除或者计入有关资产成本，不得在发生当期直接扣除。（2）企业的不征税收入用于支出所形成的费用或者财产，不得扣除或者计算对应的折旧、摊销扣除。（3）除《企业所得税法》及其实施条例另有规定外，企业实际发生的成本、费用、税金、损失和其他支出，不得重复扣除。

（三）主要的扣除项目及其标准

1.工资薪金支出

企业发生的合理的工资薪金支出，准予据实扣除。工资薪金，是指企业每一纳税年度支付给在本企业任职或者受雇的员工的所有现金形式或者非现金形式的劳动报酬，包括基本工资、奖金、津贴、补贴、年终加薪、加班工资，以及与员工任职或者受雇有关的其他支出。

合理工资薪金，是指企业按照股东大会、董事会、薪酬委员会或相关管理机构制定的工资薪金制度规定实际发放给员工的工资薪金。税务机关在对工资薪金进行合理性确认时，可按以下原则掌握：（1）企业制定了较为规范的员工工资薪金制度；（2）企业所制定的工资薪金制度符合行业及地区水平；（3）企业在一定时期所发放的工资薪金是相对固定的，工资薪金的调整是有序进行的；（4）企业对实际发放的工资薪金，已依法履行了代扣代缴个人所得税义务；（5）有关工资薪金的安排，不以减少或逃避税款为目的。

属于国有性质的企业，其工资、薪金，不得超过政府有关部门给予的限定数额；超过部分，不得计入企业工资薪金总额，也不得在计算企业应纳税所得额时扣除。

企业因雇用季节工、临时工、实习生、返聘离退休人员以及接受外部劳务派遣用工所实际发生的费用，应区分为工资薪金支出和职工福利费支出，并按《企业所得税法》的规定在企业所得税税前扣除。其中属于工资薪金支出的，准予计入企业工资薪金总额的基数，作为计算其他各项相关费用扣除的依据。

2.职工福利费、工会经费和职工教育经费

企业发生的职工福利费、工会经费和职工教育经费按标准扣除，未超过标准的按实际数扣除，超过标准的只能按标准扣除。

（1）职工福利费。

企业发生的职工福利费支出，不超过工资薪金总额14%的部分，准予扣除。企业职工福利费，包括以下内容：①尚未实行分离办社会职能的企业，其内设福利部门所发生的设备、设施和人员费用，包括职工食堂、职工浴室、理发室、医务所、托儿所、疗养院等集体福利部门的设备、设施及维修保养费用和福利部门工作人员的工资薪金、社会保险费、住房公积金、劳务费等；②为职工卫生保健、生活、住房、交通等所发放的各项补贴和非货币性福利，包括企业向职工发放的因公外地就医费用、未实行医疗统筹企业职工医疗费用、职工供养直系亲属医疗补贴、供暖费补贴、职工防暑降温费、职工困难补贴、救济费、职工食堂经费补贴、职工交通补贴等；③按照其他规定发生的其他职工福利费，包括丧葬补助费、抚恤费、安家费、探亲假路费等。

企业发生的职工福利费，应该单独设置账册，进行准确核算。没有单独设置账册准确核算的，税务机关应责令企业在规定的期限内进行改正。逾期仍未改正的，税务机关可对企业发生的职工福利费进行合理的核定。

（2）工会经费。

企业拨缴的工会经费，不超过工资薪金总额2%的部分，准予扣除。

自2010年7月1日起，企业拨缴的工会经费，不超过工资薪金总额2%的部分，凭工会组织开具的“工会经费收入专用收据”在企业所得税税前扣除。自2010年1月1日起，在委托税务机关代收工会经费的地区，企业拨缴的工会经费，也可凭合法、有效的工会经费代收凭据在企业所得税税前扣除。

（3）职工教育经费。

除国务院财政、税务主管部门另有规定外，企业发生的职工教育经费支出，不超过工资薪金总额8%的部分，准予扣除；超过部分，准予在以后纳税年度结转扣除。

按照相关法律法规规定，集成电路设计企业和符合条件的软件企业的职工培训费用、动漫企业的职工培训费用、航空企业的空勤训练费用、核电企业的操纵员培养费可以单独进行核算并按实际发生额在计算应纳税所得额时扣除。上述费用必须单独核算，据实税前扣除，但必须与职工教育经费严格区分，不计入职工教育经费，不挤占职工教育经费份额。

上述职工福利费支出、职工教育经费支出、工会经费支出限额中的“工资薪金总额”，是指企业实际发放的工资薪金总和，不包括企业的职工福利费、职工教育经费、工会经费以及养老保险费、医疗保险费、失业保险费、工伤保险费、生育保险费等社会保险费和住房公积金。

【例5-1】某企业2020年计入成本、费用中的实发工资总额为150万元，当年拨缴职工工会经费3万元，支出职工福利费19万元、职工教育经费15万元。请问如何进行纳税调整？

【答案解析】职工福利费扣除限额为150×14%=21（万元），支出职工福利费未超过限额。

工会经费扣除限额为150×2%=3（万元），实际拨缴工会经费未超过限额。

职工教育经费扣除限额为150×8%=12（万元），需要调增应纳税所得额15-12=3（万元）。超过限额的3万元可以结转以后年度继续抵扣。

3.社会保险费及其他保险费

企业依照国务院有关主管部门或者省级人民政府规定的范围和标准为职工缴纳的基本养老保险费、基本医疗保险费、失业保险费、工伤保险费、生育保险费等基本社会保险费和住房公积金，准予扣除。

企业根据国家有关政策规定，为在本企业任职或者受雇的全体员工支付的补充养老保险费、补充医疗保险费，分别在不超过职工工资总额5%标准内的部分，在计算应纳税所得额时准予扣除；超过的部分，不予扣除。

企业参加财产保险，按照规定缴纳的保险费，准予扣除。企业按照国家有关规定为特殊工种职工支付的人身安全保险费和符合国务院财政、税务主管部门规定可以扣除的商业保险费准予扣除。企业为投资者或者职工支付的商业保险费，不得扣除。

4.业务招待费支出

企业发生的与生产经营活动有关的业务招待费支出，按照发生额的60%扣除，但最高不得超过当年销售（营业）收入的5‰。企业在计算业务招待费、广告费和业务宣传费等费用扣除限额时，其销售（营业）收入额应包括视同销售（营业）收入额。

对从事股权投资业务的企业（包括集团公司总部、创业投资企业等），其从被投资企业所分配的股息、红利以及股权转让收入，可以按规定的比例计算业务招待费扣除限额。企业在筹建期间，发生的与筹办活动有关的业务招待费支出，可按实际发生额的60%计入企业筹办费，并按有关规定在税前扣除。

【例5-2】某企业2020年度取得主营业务收入2 000万元，其他业务收入500万元，投资收益200万元，营业外收入10万元。该年度该企业在管理费用中共列支业务招待费15万元。在计算企业所得税时，可以税前扣除的业务招待费是多少？

【答案解析】投资收益和营业外收入不属于营业收入，不能作为计算业务招待费扣除限额的基数。

业务招待费扣除限额1：（2 000+500）×5‰=12.5（万元）

业务招待费扣除限额2：15×60% = 9（万元）

因此可以税前扣除的业务招待费为9万元。

5.广告费和业务宣传费支出

企业发生的符合条件的广告费和业务宣传费支出，除国务院财政、税务主管部门另有规定外，不超过当年销售（营业）收入15%的部分，准予扣除；超过部分，准予在以后纳税年度结转扣除。

自2016年1月1日起至2020年12月31日，对化妆品制造与销售、医药制造和饮料制造（不含酒类制造，下同）企业发生的广告费和业务宣传费支出，不超过当年销售（营业）收入30%的部分，准予扣除；超过部分，准予在以后纳税年度结转扣除。烟草企业的烟草广告费和业务宣传费支出，一律不得在计算应纳税所得额时扣除。

对签订广告费和业务宣传费分摊协议（以下简称分摊协议）的关联企业，其中一方发生的不超过当年销售（营业）收入税前扣除限额比例内的广告费和业务宣传费支出可以在本企业扣除，也可以将其中的部分或全部按照分摊协议归集至另一方扣除。另一方在计算本企业广告费和业务宣传费支出企业所得税税前扣除限额时，可将按照上述办法归集至本企业的广告费和业务宣传费不计算在内。

企业在筹建期间，发生的广告费和业务宣传费，可按实际发生额计入企业筹办费，并按有关规定在税前扣除。

企业申报的广告费支出应与赞助支出严格区分。企业申报扣除的广告费支出，必须符合下列条件：（1）广告是通过市场监管部门批准的专门机构制作的；（2）已实际支付费用，并已取得相应发票；（3）通过一定的媒体传播。

【例5-3】某企业2019年度取得主营业务收入2 000万元，其他业务收入500万元，投资收益200万元，营业外收入10万元。该年度该企业在销售费用中共列支广告费315万元。在计算企业所得税时，可以税前扣除的广告费是多少？

【答案解析】投资收益和营业外收入不属于营业收入，不能作为计算广告费扣除限额的基数。广告费扣除限额为（2 000+500）×15%=375（万元），广告费实际发生额小于扣除限额，可以据实税前扣除，因此当年可以税前扣除的广告费为315万元。

6.利息支出

企业在生产经营活动中发生的利息支出，按照下列规定扣除：（1）非金融企业向金融企业借款的利息支出、金融企业的各项存款利息支出和同业拆借利息支出、企业经批准发行债券的利息支出可据实扣除；（2）非金融企业向非金融企业借款的利息支出，不超过按照金融企业同期同类贷款利率计算的数额的部分可据实扣除，超过部分不许扣除。

企业在按照合同要求首次支付利息并进行税前扣除时，应提供“金融企业的同期同类贷款利率情况说明”，以证明其利息支出的合理性。“金融企业的同期同类贷款利率情况说明”中，应包括在签订该借款合同当时，本省任何一家金融企业提供同期同类贷款利率情况。该金融企业应为经政府有关部门批准成立的可以从事贷款业务的企业，包括银行、财务公司、信托公司等金融机构。“同期同类贷款利率”是指在贷款期限、贷款金额、贷款担保以及企业信誉等条件基本相同时，金融企业提供贷款的利率，既可以是金融企业公布的同期同类平均利率，也可以是金融企业对某些企业提供的实际贷款利率。

7.借款费用

企业在生产经营活动中发生的合理的、不需要资本化的借款费用，准予扣除。企业为购置、建造固定资产、无形资产和经过12个月以上的建造才能达到预定可销售状态的存货发生借款的，在有关资产购置、建造期间发生的合理的借款费用，应当作为资本性支出计入有关资产的成本，并依照《企业所得税法实施条例》的规定扣除。

企业通过发行债券、取得贷款、吸收保户储金等方式融资而发生的合理的费用支出，符合资本化条件的，应计入相关资产成本；不符合资本化条件的，应作为财务费用，准予在企业所得税前据实扣除。

【例5-4】甲公司2019年度向员工借款1 000万元，支付利息100万元，已知该企业所在省份2019年度金融企业同期同类贷款利率最高为7.5%，最低为6.9%。该企业2019年度可以税前扣除的利息支出是多少？

【答案解析】甲公司利息支出不得超过按照金融企业同期同类贷款利率计算的数额，本省任何一家金融企业的同期同类贷款利率均可以作为计算限额的依据，甲公司利息支出的限额为1 000×7.5%=75（万元），实际支出100万元，可以税前扣除利息支出75万元。

8.公益性捐赠支出

企业发生的公益性捐赠支出，在年度利润总额12%以内的部分，准予在计算应纳税所得额时扣除。超过年度利润总额12%的部分，准予以后3年内在计算应纳税所得额时扣除。年度利润总额，是指企业依照国家统一会计制度的规定计算的年度会计利润。

公益性捐赠，是指企业通过公益性社会团体或者县级以上人民政府及其部门，用于《中华人民共和国公益事业捐赠法》规定的公益事业的捐赠。县级以上人民政府及其部门是指县级（含县级，下同）以上人民政府及其组成部门和直属机构。

用于公益事业的捐赠支出，是指《中华人民共和国公益事业捐赠法》规定的向公益事业的捐赠支出，具体范围包括：（1）救助灾害、救济贫困、扶助残疾人等困难的社会群体和个人的活动；（2）教育、科学、文化、卫生、体育事业；（3）环境保护、社会公共设施建设；（4）促进社会发展和进步的其他社会公共和福利事业。

公益性社会团体，是指同时符合下列条件的基金会、慈善组织等社会团体：（1）依法登记，具有法人资格；（2）以发展公益事业为宗旨，且不以营利为目的；（3）全部资产及其增值为该法人所有；（4）收益和营运结余主要用于符合该法人设立目的的事业；（5）终止后的剩余财产不归属任何个人或者营利组织；（6）不经营与其设立目的无关的业务；（7）有健全的财务会计制度；（8）捐赠者不以任何形式参与社会团体财产的分配；（9）国务院财政、税务主管部门会同国务院民政部门等登记管理部门规定的其他条件。

公益性群众团体接受捐赠的资产价值，按以下原则确认：（1）接受捐赠的货币性资产，应当按照实际收到的金额计算；（2）接受捐赠的非货币性资产，应当以其公允价值计算。捐赠方在向公益性群众团体捐赠时，应当提供注明捐赠非货币性资产公允价值的证明；如果不能提供上述证明，公益性群众团体不得向其开具公益性捐赠票据或者“非税收入一般缴款书”收据联。

【例5-5】某企业2019年度利润总额为170万元，通过公益性社会团体向贫困山区捐款30万元，直接资助贫困大学生学费10万元，请问可以税前扣除的公益性捐赠支出是多少？

【答案解析】只有通过公益性社会团体和县级以上人民政府及其部门进行的公益性捐赠支出才能税前扣除，该企业直接资助大学生的10万元学费不能税前扣除。该企业捐赠支出税前扣除限额为170×12%=20.4（万元），实际公益性捐赠支出30万元。该企业2019年度可以税前扣除的公益性捐赠支出为20.4万元。

9.手续费及佣金支出

企业发生的与生产经营有关的手续费及佣金支出，不超过以下规定计算限额以内的部分，准予扣除；超过部分，不得扣除：

（1）保险企业：财产保险企业和人身保险企业按当年全部保费收入扣除退保金

等后余额的18%（含本数，下同）计算限额。

（2）其他企业：按与具有合法经营资格中介服务机构或个人（不含交易双方及其雇员、代理人和代表人等）所签订服务协议或合同确认的收入金额的5%计算限额。

企业应与具有合法经营资格中介服务企业或个人签订代办协议或合同，并按国家有关规定支付手续费及佣金。除委托个人代理外，企业以现金等非转账方式支付的手续费及佣金不得在税前扣除。企业为发行权益性证券支付给有关证券承销机构的手续费及佣金不得在税前扣除。

企业不得将手续费及佣金支出计入回扣、业务提成、返利、进场费等费用。企业已计入固定资产、无形资产等相关资产的手续费及佣金支出，应当通过折旧、摊销等方式分期扣除，不得在发生当期直接扣除。企业支付的手续费及佣金不得直接冲减服务协议或合同金额，并如实入账。企业应当如实向当地主管税务机关提供当年手续费及佣金计算分配表和其他相关资料，并依法取得合法真实凭证。

从事代理服务，主营业务收入为手续费、佣金的企业（如证券、期货、保险代理等企业），其为取得该类收入而实际发生的营业成本（包括手续费及佣金支出），准予在企业所得税前据实扣除。

电信企业在发展客户、拓展业务等过程中（如委托销售电话入网卡、电话充值卡等），需向经纪人、代办商支付手续费及佣金的，其实际发生的相关手续费及佣金支出，不超过企业当年收入总额5%的部分，准予在企业所得税前据实扣除。电信企业手续费及佣金支出，仅限于电信企业在发展客户、拓展业务等过程中因委托销售电话入网卡、电话充值卡所发生的手续费及佣金支出。

【例5-6】某财产保险公司2020年度全部保费收入为200亿元，退保金为10亿元，该年度发生的与生产经营有关的手续费和佣金支出总额为30亿元，该公司2020年度可以税前扣除的手续费和佣金支出是多少？

【答案解析】该公司手续费和佣金税前扣除限额为全部保费收入扣除退保金后余额的15%，即（200-10）×18%=34.2（亿元），实际支出30亿元，可以税前扣除的手续费和佣金为30亿元。

10.租赁费

企业根据生产经营活动的需要租入固定资产支付的租赁费，按照以下方法扣除：（1）以经营租赁方式租入固定资产发生的租赁费支出，按照租赁期限均匀扣除；（2）以融资租赁方式租入固定资产发生的租赁费支出，按照规定构成融资租入固定资产价值的部分应当提取折旧费用，分期扣除。

11.劳动保护费

企业实际发生的合理的劳动保护支出准予扣除。劳动保护费通常是企业确因工作需要为职工配备或提供工作服、手套、安全保护用品、防暑降温用品等所发生的支出。自2011年7月1日起，企业根据其工作性质和特点，由企业统一制作并要求员工工作时统一着装所发生的工作服饰费用，根据《企业所得税法实施条例》第二十七条的规定，可以作为企业合理的支出给予税前扣除。

12.环境保护专项基金

企业依照法律、行政法规的有关规定提取的用于环境保护、生态恢复等方面的专项资金，准予扣除。上述专项资金提取后改变用途的，不得扣除。

13.有关资产的费用

企业转让各类固定资产发生的费用，允许扣除。企业按规定计算的固定资产折旧费、无形资产和递延资产的摊销费，准予扣除。

14.资产损失

企业当期发生的固定资产和流动资产盘亏、毁损净损失，由其提供清查盘存资料，经主管税务机关审核后，准予扣除。

15.汇兑损失

企业在货币交易中，以及纳税年度终了时将人民币以外的货币性资产、负债按照期末即期人民币汇率中间价折算为人民币时产生的汇兑损失，除已经计入有关资产成本以及与向所有者进行利润分配相关的部分外，准予扣除。

16.总机构分摊的费用

非居民企业在中国境内设立的机构、场所，就其中国境外总机构发生的与该机构、场所生产经营有关的费用，能够提供总机构出具的费用汇集范围、定额、分配依据和方法等证明文件，并合理分摊的，准予扣除。

五、不得扣除的项目

在计算应纳税所得额时，下列支出不得扣除：

1.向投资者支付的股息、红利等权益性投资收益款项；

2.企业所得税税款；

3.税收滞纳金，即企业违反税收法规，被税务机关处以的滞纳金、罚金；

4.罚金、罚款和被没收财物的损失，即企业生产、经营因违反国家法律法规和规章，被有关部门处以的罚款以及被没收财物的损失；

5.不符合税法规定条件的捐赠支出；

6.赞助支出，即企业发生的与生产经营活动无关的各种非广告性质支出；

7.未经核定的准备金支出，即不符合国务院财政、税务主管部门规定的各项资产减值准备、风险准备等准备金支出；

8.与取得收入无关的其他支出。

另外，企业之间支付的管理费、企业内营业机构之间支付的租金和特许权使用费，以及非银行企业内营业机构之间支付的利息，不得扣除。

六、亏损弥补

纳税人年度发生的亏损，准予向以后年度结转，用以后年度的所得弥补，但结转年限最长不得超过5年。这里所说的“亏损”不是企业会计报表中的账面亏损，而是经主管税务机关按照税法规定调整后的亏损金额，即企业按照《企业所得税法》和《企业所得税法实施条例》的规定，将每一纳税年度的收入总额减除不征税收入、免税收入和各项扣除后小于零的数额。弥补亏损期限，是指纳税人某一纳税年度发生亏损，准予用以后年度的应纳税所得弥补，1年弥补不足的，可以逐年延续弥补，弥补期限最长不得超过5年，5年内不论是盈利或亏损，都作为实际弥补年限计算。

亏损弥补期应自亏损年度的下一个年度起连续5年不间断地计算。例如，某企业2018年发生亏损10万元，其亏损弥补期应是2019—2023年。亏损弥补期间发生的年度亏损，应依照规定按每个亏损年度分别连续计算各自的弥补期限，并按照先亏先补的顺序进行弥补。如上述企业2019年又亏损5万元，其弥补期应是2020—2024年，假定2020年盈利12万元，则应先弥补2018年的亏损10万元，再弥补2019年的亏损2万元，这样2019年的亏损还剩3万元，应用2021—2024年的实现利润弥补。

企业自开始生产经营的年度，为开始计算企业损益的年度。企业从事生产经营之前进行筹办活动期间发生筹办费用支出，不得计算为当期的亏损，企业可以在开始经营之日的当年一次性扣除，也可以按照税法有关长期待摊费用的处理规定处理，但一经选定，不得改变。另外，企业在汇总计算缴纳企业所得税时，其境外营业机构的亏损不得抵减境内营业机构的盈利。

第四节　应纳税额的计算

一、居民企业应纳税额的计算

居民企业应缴纳所得税税额等于应纳税所得额乘以适用税率，基本计算公式为：

应纳税额=应纳税所得额×适用税率-减免税额-抵免税额

根据计算公式可以看出，应纳税额的多少，取决于应纳税所得额和适用税率两个因素。在实际过程中，应纳税所得额的计算一般有两种方法。

（一）直接计算法

在直接计算法下，企业每一纳税年度的收入总额减除不征税收入、免税收入、各项扣除以及允许弥补的以前年度亏损后的余额为应纳税所得额。计算公式与前述相同，即：

应纳税所得额=收入总额-不征税收入-免税收入-各项准予扣除项目金额-弥补亏损

（二）间接计算法

在间接计算法下，是在会计利润总额的基础上加或减按照税法规定调整的项目金额后，即为应纳税所得额。其计算公式为：

应纳税所得额=会计利润总额±纳税调整项目金额

纳税调整项目金额包括两方面的内容：一是企业的财务会计处理和税法规定不

一致的应予以调整的金额；二是企业按税法规定准予扣除的税收金额。

【例 5-7】某企业为居民企业，2019年发生经营业务如下：

（1）取得产品销售收入4 000万元。

（2）发生产品销售成本2 600万元。

（3）发生销售费用770万元（其中广告费650万元）；管理费用480万元（其中业务招待费25万元）；财务费用60万元。

（4）销售税金160万元（含增值税120万元）。

（5）营业外收入80万元，营业外支出50万元（含通过公益性社会团体向贫困山区捐款30万元，支付税收滞纳金6万元）。

（6）计入成本、费用中的实发工资总额200万元，拨缴职工工会经费5万元，发生职工福利费31万元，发生职工教育经费7万元。

请计算该企业2019年度实际应纳的企业所得税。

【答案解析】

（1）会计利润总额=4 000+80−2 600−770−480−60−40−50=80（万元）

（2）广告费和业务宣传费调增所得额=650−4 000×15%=650−600=50（万元）

（3）业务招待费调增所得额=25−25×60%=25−15=10 （万元）

4 000×5‰ =20>25×60%=15（万元）

（4）捐赠支出应调增所得额=30−80×12%=20.4（万元）

（5）工会经费应调增所得额=5−200×2%=1（万元）

（6）职工福利费应调增所得额=31−200×14%=3（万元）

（7）职工教育经费不需要调增所得额，7<200×8%=16（万元）

（8）应纳税所得额=80+50+10+20.4+6+1+3=170.4（万元）

2019年全年应缴企业所得税=170.4×25%=42.6 （万元）

二、境外所得抵扣税额的计算

（一）境外所得抵扣税额的范围

为了避免国际双重征税，企业取得的下列所得已在境外缴纳的所得税税额，可以从其当期应纳税额中抵免，抵免限额为该项所得依照我国税法规定计算的应纳税额；超过抵免限额的部分，可以在以后5个年度内，用每年度该国（地区）抵免限额抵免当年应抵税额后的余额进行抵补：

1.居民企业来源于中国境外的应税所得。

2.非居民企业在中国境内设立机构、场所，取得发生在中国境外但与该机构、场所有实际联系的应税所得。

居民企业从其直接或者间接控制的外国企业分得的来源于中国境外的股息、红利等权益性投资收益，外国企业在境外实际缴纳的所得税税额中属于该项所得负担的部分，可以作为该居民企业的可抵免境外所得税税额，在《企业所得税法》规定的抵免限额内抵免。

上述所称直接控制，是指居民企业直接持有外国企业20%以上股份。上述所称间接控制，是指居民企业以间接持股方式持有外国企业20%以上股份，具体认定办法由国务院财政、税务主管部门另行制定。

（二）境外所得抵免限额的计算

已在境外缴纳的所得税税额，是指企业来源于中国境外的所得依照中国境外税收法律以及相关规定应当缴纳并已经实际缴纳的企业所得税性质的税款。企业依照《企业所得税法》的规定抵免企业所得税税额时，应当提供中国境外税务机关出具的税款所属年度的有关纳税凭证。

抵免限额，是指企业来源于中国境外的所得，依照我国《企业所得税法》和《企业所得税法实施条例》的规定计算的应纳税额。除国务院财政、税务主管部门另有规定外，该抵免限额应当分国（地区）不分项计算，计算公式为：

$$\text{抵免限额}=\text{中国境内、境外所得依照企业所得税法和条例规定计算的应纳税总额}\times\text{来源于某国（地区）的应纳税所得额}\div\text{中国境内、境外应纳税所得总额}$$

前述5个年度，是指从企业取得的来源于中国境外的所得，已经在中国境外缴纳的企业所得税性质的税额超过抵免限额的当年的次年起连续5个纳税年度。

（三）境外所得抵扣税额的方法

企业境外业务之间的盈亏可以相互弥补，但企业境内外之间的盈亏不得相互弥补。依照有关规定，纳税人能够全面提供境外完税凭证的，可采取分国不分项抵扣，即纳税人在境外已缴纳的所得税税款应按国别（地区）进行抵扣，并应分国（地区）计算抵扣限额。纳税人在境外各国（地区）已缴纳的所得税税款低于计算出的该国（地区）境外所得税税款扣除限额的，可以从应纳税额中按实际扣除；超过扣除限额的，应按计算出的扣除限额进行扣除，其超过部分不得在本年度的应纳税额中扣除，也不得列为费用支出，但可以在不超过5年的期限内，用以后年度税额不超过限额的余额补扣。

【例5-8】某企业2020年境内应纳税所得为400万元，同期从在美国设立的全资境外机构取得应纳税所得额100万元，并在美国已实际缴纳所得税税款32万元。该企业对境外所得已缴纳所得税税款采用分国不分项抵扣方法。请计算该企业本年度应纳所得税税额。

【答案解析】全年应纳税额=（400+100）×25%=125（万元）

境外所得税税款扣除限额=125×［100÷（400+100）］=25（万元）

全年应纳税额=125-25=100（万元）

境外所得已纳所得税税款超过扣除限额7万元（32-25）的部分不得在本年度的应纳税额中扣除，也不得列为费用支出，但可以在不超过5年的期限内，用以后年度税额不超过扣除限额的余额补扣。

【例5-9】某企业在某一纳税年度境内经营应纳税所得额为200万元，其在A、B两国设有分支机构。A国分支机构所得为120万元。其中：生产经营所得为100万元，A国规定的税率为40%；利息所得和特许权使用费所得为20万元，A国规定的税率为20%。B国分支机构所得为80万元。其中：生产经营所得为60万元，B国规定的税率为30%；租金所得和特许权使用费所得为20万元，B国规定的税率为10%。请计算该企业汇总时在我国应缴纳的企业所得税税额。

【答案解析】

（1）该企业按我国税法计算的境内、境外所得的应纳税额：

应纳所得税税额 = （200+120+80）×25%=400×25%=100（万元）

（2）A国分支机构抵扣限额为：

100×（120÷400）=30（万元）

该分支机构在A国实际缴纳的所得税税额为：

100×40%+20×20%=44（万元）

虽然该企业在A国已实际缴纳所得税44万元，但按照抵扣限额只允许扣除30万元，超过抵扣限额的部分14万元不能扣除。

（3）B国分支机构抵扣限额为：

100×（80÷400）=20（万元）

该分支机构在B国实际缴纳的所得税税额为：

60×30%+20×10%=20（万元）

该企业在B国分支机构的税收抵扣限额为20万元，其在B国实际缴纳的所得税税额也为20万元，可按实际缴纳的税额扣除。

（4）按照分国不分项的计算办法，该企业汇总计算的应纳税额为：

100−30−20=50（万元）

A国分支机构抵扣限额=120×25%=30（万元）

B国分支机构抵扣限额=80×25%=20（万元）

三、居民企业核定征收应纳税额的计算

在所得税征管实践中，居民企业企业所得税应纳税额的征收具体分为查账征收和核定征收两种。上述第一部分应纳税额的计算方法适用于实行查账征收的企业所得税纳税人。为了加强企业所得税征收管理，规范核定征收企业所得税工作，保障国家税款及时足额入库，维护纳税人合法权益，我国《企业所得税法》及《企业所得税法实施条例》还对核定征收企业所得税作出如下规定：

（一）核定征收企业所得税的范围

居民企业纳税人具有下列情形之一的，核定征收企业所得税：

（1）依照法律、行政法规的规定可以不设置账簿的。

（2）依照法律、行政法规的规定应当设置但未设置账簿的。

（3）擅自销毁账簿或者拒不提供纳税资料的。

（4）虽设置账簿，但账目混乱或者成本资料、收入凭证、费用凭证残缺不全，难以查账的。

（5）发生纳税义务，未按照规定的期限办理纳税申报，经税务机关责令限期申报，逾期仍不申报的。

（6）申报的计税依据明显偏低，又无正当理由的。

(二）核定征收的办法

税务机关应根据纳税人具体情况，对核定征收企业所得税的纳税人，核定应税所得率或者核定应纳所得税税额。

具有下列情形之一的，核定其应税所得率：

(1）能正确核算（查实）收入总额，但不能正确核算（查实）成本费用总额的。

(2）能正确核算（查实）成本费用总额，但不能正确核算（查实）收入总额的。

(3）通过合理方法，能计算和推定纳税人收入总额或成本费用总额的。

纳税人不属于以上情形的，核定其应纳所得税税额。

采用应税所得率方式核定征收企业所得税的，应纳所得税税额计算公式如下：

应纳所得税税额=应纳税所得额×适用税率

应纳税所得额=应税收入额×应税所得率

或　应纳税所得额=成本（费用）支出额÷（1-应税所得率）×应税所得率

四、非居民企业应纳税额的计算

非居民企业在中国境内未设立机构、场所的，或者虽设立机构、场所但取得的所得与其所设机构、场所没有实际联系的，应当就其来源于中国境内的所得缴纳企业所得税。其应纳税所得额按照下列方法计算：

股息、红利等权益性投资收益和利息、租金、特许权使用费所得，以收入全额为应纳税所得额；

转让财产所得，以收入全额减除财产净值后的余额为应纳税所得额；

其他所得，参照前两项规定的方法计算应纳税所得额。

财产净值是指财产的计税基础减除已经按照规定扣除的折旧、折耗、摊销、准备金等后的余额。

第五节　资产的税务处理

资产是由于资本投资而形成的财产，对于资本性支出以及无形资产受让、开办、开发费用，不允许作为成本、费用从纳税人的收入总额中做一次性扣除，只能采取分次计提折旧或分次摊销的方式予以扣除，即纳税人经营活动中使用的固定资产折旧费用、无形资产的摊销费用可以扣除。税法规定，属于纳税人税务处理范围的资产形式主要有固定资产、生物资产、无形资产、长期待摊费用、投资资产、存货等，均以历史成本为计税基础。历史成本是指企业取得该项资产时实际发生的支出。企业持有各项资产期间资产增值或减值，除国务院财政、税务主管部门规定可以确认损益外，不得调整该资产的计税基础。

一、固定资产的税务处理

固定资产是企业为生产产品、提供劳务、出租或者经营管理而持有的，使用时间超过12个月的非货币性资产，包括房屋、建筑物、机器、机械、运输工具以及其他与生产经营活动有关的设备、器具、工具等。

（一）固定资产的计税基础

1.外购的固定资产，以购买价款和支付的相关税费以及直接归属于使该资产达到预定用途而发生的其他支出为计税基础。

2.自行建造的固定资产，以竣工结算前发生的支出为计税基础。

3.融资租入的固定资产，以租赁合同约定的付款总额和承租人在签订租赁合同过程中发生的相关费用为计税基础；租赁合同未约定付款总额的，以该资产的公允价值和租赁合同过程中发生的相关费用为计税基础。

4.盘盈的固定资产，以同类固定资产的重置完全价值为计税基础。

5.通过捐赠、投资、非货币性资产交换、债务重组等方式取得的固定资产，以该资产的公允价值和支付的相关税费为计税基础。

6.改建的固定资产，除已足额提取折旧的固定资产和租入的固定资产以外的其他固定资产，以改建过程发生的改建支出增加计税基础。

（二）固定资产折旧的范围

在计算应纳税所得额时，企业按照规定计算的固定资产折旧准予扣除。下列固定资产不得计算折旧扣除：

1.房屋、建筑物以外未投入使用的固定资产；

2.以经营租赁方式租入的固定资产；

3.以融资租赁方式租出的固定资产；

4.足额提取折旧仍继续使用的固定资产；

5.与经营活动无关的固定资产；

6.单独估价作为固定资产入账的土地；

7.其他不得计算折旧扣除的固定资产。

（三）固定资产折旧的计提方法

1.企业应当自固定资产投入使用月份的次月起计算折旧；停止使用的固定资产，应当自停止使用月份的次月起停止计算折旧。

2.企业应当根据固定资产的性质和使用情况，合理确定固定资产的预计净残值。固定资产的预计净残值一经确定，不得变更。

3.固定资产按照直线法计算的折旧，准予扣除。

（四）固定资产折旧的计提年限

除国务院财政、税务主管部门另有规定外，固定资产计算折旧的最低年限如下：

1.房屋、建筑物为20年；

2.飞机、火车、轮船、机器、机械和其他生产设备为10年；

3.与生产经营活动有关的器具、工具、家具等为5年；

4.飞机、火车、轮船以外的运输工具为4年；

5.电子设备为3年。

（五）矿产资源企业计提折旧方法

从事开采石油、天然气等矿产资源的企业，在开始商业性生产前发生的费用和有关固定资产的折耗、折旧方法，由国务院财政、税务主管部门另行规定。

二、生物资产的税务处理

生物资产是指有生命的动物和植物。生物资产分为消耗性生物资产、生产性生物资产和公益性生物资产。消耗性生物资产是指为出售而持有的或在将来可作为农产品收获的生物资产，包括生长中的农田作物、蔬菜、用材林以及存栏待售的牲畜等。生产性生物资产是指为产出农产品、提供劳务或出租等目的而持有的生物资产，包括经济林、薪炭林、产畜和役畜等。公益性生物资产是指以防护、环境保护为主要目的的生物资产，包括防风固沙林、水土保持林和水源涵养林等。

（一）生物资产的计税基础

生产性生物资产按照以下方法确定计税基础：

1.外购的生产性生物资产，以购买价款和支付的相关税费为计税基础；

2.通过捐赠、投资、非货币性资产交换、债务重组等方式取得的生产性生物资产，以该资产的公允价值和支付的相关税费为计税基础。

（二）生物资产的折旧方法和折旧年限

生产性生物资产按照直线法计算的折旧，准予扣除。企业应当自生产性生物资产投入使用月份的次月起计算折旧；停止使用的生产性生物资产，应当自停止使用月份的次月起停止计算折旧。

企业应当根据生产性生物资产的性质和使用情况，合理确定生产性生物资产的预计净残值。生产性生物资产的预计净残值一经确定，不得变更。

生产性生物资产计算折旧的最低年限为：林木类生产性生物资产为10年；畜类生产性生物资产为3年。

三、无形资产的税务处理

无形资产是指企业长期使用但没有实物形态的资产，包括专利权、商标权、著作权、土地使用权、非专利技术、商誉等。

（一）无形资产的计税基础

无形资产按照以下方法确定计税基础：

（1）外购的无形资产，以购买价款和支付的相关税费以及直接归属于使该资产达到预定用途而发生的其他支出为计税基础。

（2）自行开发的无形资产，以开发过程中该资产符合资本化条件后至达到预定用途前发生的支出为计税基础。

（3）通过捐赠、投资、非货币性资产交换、债务重组等方式取得的无形资产，以该资产的公允价值和支付的相关税费为计税基础。

（二）无形资产摊销的范围

在计算应纳税所得额时，企业按照规定计算的无形资产摊销费用，准予扣除。

下列无形资产不得计算摊销费用扣除：

1.自行开发的支出已在计算应纳税所得额时扣除的无形资产；

2.自创商誉；

3.与经营活动无关的无形资产；

4.其他不得计算摊销费用扣除的无形资产。

（三）无形资产的摊销方法及年限

无形资产的摊销采取直线法计算。无形资产的摊销年限不得低于10年。作为投资或者受让的无形资产，有关法律规定或者合同约定了使用年限的，可以按照规定或者约定的使用年限分期摊销。外购商誉的支出，在企业整体转让或者清算时，准予扣除。

企业外购的软件，凡符合固定资产或无形资产确认条件的，可以按照固定资产或无形资产进行核算，其折旧或摊销年限可以适当缩短，最短可为2年（含）。

四、长期待摊费用的税务处理

长期待摊费用是指企业发生的应在1个年度以上进行摊销的费用。在计算应纳税所得额时，企业发生的下列支出作为长期待摊费用，按照规定摊销的，准予扣除。

1.已足额提取折旧的固定资产的改建支出；

2.租入固定资产的改建支出；

3.固定资产的大修理支出；

4.其他应当作为长期待摊费用的支出。

企业的固定资产修理支出可在发生当期直接扣除。对于企业的固定资产改建支出，如果有关固定资产尚未提足折旧，可增加固定资产价值；如果有关固定资产已提足折旧，可作为长期待摊费用，在规定的期间内平均摊销。

固定资产的改建支出是指改变房屋或者建筑物结构、延长使用年限等发生的支出。已足额提取折旧的固定资产的改建支出，按照固定资产预计尚可使用的年限分期摊销；租入固定资产的改建支出，按照合同约定的剩余租赁期限分期摊销；改建的固定资产延长使用年限的，除已足额提取折旧的固定资产、租入固定资产的改建支出外，其他的固定资产发生改建支出，应当适当延长折旧年限。

大修理支出应按照固定资产尚可使用的年限分期摊销。固定资产的大修理支出，是指同时符合下列条件的支出：

第一，修理支出达到取得固定资产时计税基础的50%以上。

第二，修理后固定资产的使用年限延长2年以上。

其他应当作为长期待摊费用的支出，自支出发生月份的次月起，分期摊销，摊销年限不得低于3年。

五、存货的税务处理

存货是指企业在日常活动中持有以备出售的库存商品或商品、处在生产过程中的在产品、在生产过程或提供劳务过程中耗用的材料和物料等。

（一）存货的计税基础

存货按照以下方法确定成本：

1.通过支付现金方式取得的存货，以购买价款和支付的相关税费为成本。

2.通过支付现金以外的方式取得的存货，以该存货的公允价值和支付的相关税费为成本。

3.生产性生物资产收获的农产品，以产出或者采收过程中发生的材料费、人工费和分摊的间接费用等必要支出为成本。

（二）存货的成本计算方法

企业使用或者销售存货的成本计算方法，可以在先进先出法、加权平均法、个别计价法中选用一种。计价方法一经选用，不得随意变更。

企业转让以上资产，在计算企业应纳税所得额时，资产的净值允许扣除。其中，资产的净值是指有关资产、财产的计税基础减除已经按照规定扣除的折旧、折耗、摊销、准备金等后的余额。

除国务院财政、税务主管部门另有规定外，企业在重组过程中，应当在交易发生时确认有关资产的转让所得或者损失，相关资产应当按照交易价格重新确定计税基础。

六、投资资产的税务处理

投资资产是指企业对外进行权益性投资和债权性投资而形成的资产。

（一）投资资产的成本

投资资产按以下方法确定投资成本：

1.通过支付现金方式取得的投资资产，以购买价款为成本。

2.通过支付现金以外的方式取得的投资资产，以该资产的公允价值和支付的相关税费为成本。

（二）投资资产成本的扣除方法

企业对外投资期间，投资资产的成本在计算应纳税所得额时不得扣除，企业在转让或者处置投资资产时，投资资产的成本准予扣除。

（三）投资企业撤回或减少投资的税务处理

自2011年7月1日起，投资企业从被投资企业撤回或减少投资，其取得的资产中，相当于初始出资的部分，应确认为投资收回；相当于被投资企业累计未分配利润和累计盈余公积按减少实收资本比例计算的部分，应确认为股息所得；其余部分确认为投资资产转让所得。

被投资企业发生的经营亏损，由被投资企业按规定结转弥补；投资企业不得调整降低其投资成本，也不得将其确认为投资损失。

七、非货币性资产投资的税务处理

非货币性资产是指现金、银行存款、应收账款、应收票据以及准备持有至到期的债券投资等货币性资产以外的资产。以下规定限于以非货币性资产出资设立新的居民企业，或将非货币性资产注入现存的居民企业。

居民企业（以下简称“企业”）以非货币性资产对外投资确认的非货币性资产转让所得，可在不超过5年的期限内，分期均匀计入相应年度的应纳税所得额，按规定计算缴纳企业所得税。

企业以非货币性资产对外投资，应对非货币性资产进行评估并按评估后的公允价值扣除计税基础后的余额，计算确认非货币性资产转让所得。

企业以非货币性资产对外投资，应于投资协议生效并办理股权登记手续时，确认非货币性资产转让收入的实现。

企业以非货币性资产对外投资而取得被投资企业的股权，应以非货币性资产的成本为计税基础，加上每年确认的非货币性资产转让所得，逐年进行调整。

被投资企业取得非货币性资产的计税基础，应按非货币性资产的公允价值确定。

企业在对外投资5年内注销的，应停止执行递延纳税政策，并就递延期内尚未确认的非货币转让所得，在注销当年的企业所得税年度汇算清缴时，一次性计算缴纳企业所得税。

第六节　税收优惠

一、免税与减税优惠

（一）从事农、林、牧、渔业项目的所得

1.企业从事下列项目的所得，免征企业所得税：

（1）蔬菜、谷物、薯类、油料、豆类、棉花、麻类、糖料、水果、坚果的种植；

（2）农作物新品种的选育；

（3）中药材的种植；

（4）林木的培育和种植；

（5）牲畜、家禽的饲养；

（6）林产品的采集；

（7）灌溉、农产品初加工、兽医、农技推广、农机作业和维修等农、林、牧、渔服务业项目；

（8）远洋捕捞。

2.企业从事下列项目的所得，减半征收企业所得税：

（1）花卉、茶以及其他饮料作物和香料作物的种植；

（2）海水养殖、内陆养殖。

（二）从事国家重点扶持的公共基础设施项目投资经营所得

企业从事国家重点扶持的公共基础设施项目的投资经营的所得，自项目取得第一笔生产经营收入所属纳税年度起，第一年至第三年免征企业所得税，第四年至第六年减半征收企业所得税。企业承包经营、承包建设和内部自建自用国家重点扶持的公共基础设施项目，不得享受上述企业所得税优惠。

（三）从事符合条件的环境保护、节能节水项目所得

企业从事符合条件的环境保护、节能节水项目的所得，自项目取得第一笔生产经营收入所属纳税年度起，第一年至第三年免征企业所得税，第四年至第六年减半征收企业所得税。依照上述规定享受减免税优惠的项目，在减免税期限内转让的，受让方自受让之日起，可以在剩余期限内享受规定的减免税优惠；减免税期限届满后转让的，受让方不得就该项目重复享受减免税优惠。

对符合条件的节能服务公司实施合同能源管理项目，符合《企业所得税法》有关规定的，自项目取得第一笔生产经营收入所属纳税年度起，第一年至第三年免征企业所得税，第四年至第六年按照25%的法定税率减半征收企业所得税。

（四）符合条件的技术转让所得

在一个纳税年度内，居民企业技术转让所得不超过500万元的部分，免征企业所得税；超过500万元的部分，减半征收企业所得税。享受减免企业所得税优惠的技术转让应符合以下条件：

1.享受优惠的技术转让主体是《企业所得税法》规定的居民企业；

2.技术转让属于财政部、国家税务总局规定的范围；

3.境内技术转让经省级以上科技部门认定；

4.向境外转让技术经省级以上商务部门认定；

5.国务院税务主管部门规定的其他条件。

二、高新技术企业优惠

国家需要重点扶持的高新技术企业减按15%的所得税税率征收企业所得税。国家需要重点扶持的高新技术企业是指拥有核心自主知识产权，同时符合下列条件的企业：

1.企业申请认定时须注册成立一年以上。

2.企业通过自主研发、受让、受赠、并购等方式，获得对其主要产品（服务）在技术上发挥核心支持作用的知识产权的所有权。

3.对企业主要产品（服务）发挥核心支持作用的技术属于《国家重点支持的高新技术领域》规定的范围。

4.企业从事研发和相关技术创新活动的科技人员占企业当年职工总数的比例不低于10%。

5.企业近三个会计年度（实际经营期不满三年的按实际经营时间计算，下同）的研发费用总额占同期销售收入总额的比例符合如下要求：

（1）最近一年销售收入小于5 000万元（含）的企业，比例不低于5%。

（2）最近一年销售收入在5 000万元至2亿元（含）的企业，比例不低于4%。

（3）最近一年销售收入在2亿元以上的企业，比例不低于3%。

其中，企业在中国境内发生的研发费用总额占全部研发费用总额的比例不低于60%。

6.近一年高新技术产品（服务）收入占企业同期总收入的比例不低于60%。

7.企业创新能力评价应达到相应要求。

8.企业申请认定前一年内未发生重大安全事故、重大质量事故或严重环境违法行为。

此外，从2018年1月1日起，对经认定的技术先进型服务企业（服务贸易类），减按15%的税率征收企业所得税。

三、小型微利企业优惠

小型微利企业是指从事国家非限制和禁止行业，且同时符合年度应纳税所得额不超过300万元、从业人数不超过300人、资产总额不超过5 000万元三个条件的企业。

一般而言，我国对小型微利企业减按20%的优惠税率征收企业所得税。

自2019年1月1日至2020年12月31日，对小型微利企业年应纳税所得额不超过100万元的部分，减按25%计入应纳税所得额，按20%的税率缴纳企业所得税；自2021年1月1日至2022年12月31日，在此基础上再减半征收企业所得税；对年应纳税所得额超过100万元但不超过300万元的部分，减按50%计入应纳税所得额，按20%的税率缴纳企业所得税。无论是查账征收方式还是核定征收方式，小微企业均可享受优惠。

【例5–10】某商业企业2019年有职工270人，资产总额2 800万元，取得生产经营收入共计860万元，税前扣除项目金额共计800万元。2019年度该企业应缴纳企业所得税多少万元？

【答案解析】该企业应纳税所得额=860－800=60（万元）

该企业符合小型微利企业的特殊优惠条件，其所得减按25%计入应纳税所得额，所以2019年度该企业应缴纳企业所得税=60×25%×20%=3（万元）。

四、加计扣除优惠

加计扣除是企业所得税的一种税基式优惠方式，一般是指按照税法规定在实际发生支出数额的基础上，再加成一定比例，作为计算应纳税所得额时的扣除数额。目前我国企业所得税的加计扣除主要包括两类：一是研发费用加计扣除；二是残疾人员工资加计扣除。

（一）研发费用加计扣除

研究开发费用是指企业为开发新技术、新产品、新工艺发生的研究开发支出。未形成无形资产计入当期损益的，在按照规定据实扣除的基础上，按照研究开发费用的50%加计扣除；形成无形资产的，按照无形资产成本的150%摊销。

企业开展研发活动中实际发生的研究开发费用，未形成无形资产计入当期损益的，在按规定据实扣除的基础上，在2018年1月1日至2020年12月31日期间，再按照实际发生额的75%在税前加计扣除；形成无形资产的，在上述期间按照无形资产成本的175%在税前摊销。

企业委托外部机构或个人开展研发活动发生的费用，可按税前扣除，加计扣除时按照研发活动发生费用的80%作为加计扣除基数。从2018年1月1日起，委托境外研发费用也可以按照研发活动发生费用的80%享受加计扣除政策。

【例5-11】2019年，某公司开发新技术发生的研究开发费用为400万元，未形成无形资产计入当期损益。已知该公司在没有考虑加计扣除的情况下所计算的应纳税所得额为6 000万元。请计算该公司2019年度的应纳税所得额。

【答案解析】该公司2019年度开发新技术发生的研究开发费用可以享受加计扣除75%的优惠政策。

应纳税所得额=6 000－400×75%=5 700（万元）

（二）残疾人员工资加计扣除

企业安置残疾人员所支付工资的加计扣除，是指企业安置残疾人员的，在按照支付给残疾职工工资据实扣除的基础上，按照支付给残疾职工工资的100%加计扣除。残疾人员的范围适用《中华人民共和国残疾人保障法》的有关规定。

五、创业投资企业优惠

创业投资企业从事国家需要重点扶持和鼓励的创业投资，可以按投资额的一定比例抵扣应纳税所得额。抵扣应纳税所得额是指创业投资企业采取股权投资方式投资于未上市的中小高新技术企业2年以上的，可以按照其投资额的70%在股权持有满2年的当年抵扣该创业投资企业的应纳税所得额；当年不足抵扣的，可以在以后纳税年度结转抵扣。

自2015年10月1日起，全国范围内的有限合伙制创业投资企业采取股权投资方式投资于未上市的中小高新技术企业满2年（24个月）的，该有限合伙制创业投资企业的法人合伙人可按照其对未上市中小高新技术企业投资额的70%抵扣该法人合伙人从该有限合伙制创业投资企业分得的应纳税所得额；当年不足抵扣的，可以在以后纳税年度结转抵扣。

【例5-12】甲创业投资企业2017年1月1日向乙企业（未上市的中小高新技术企业）投资1 000万元，股权持有到2021年12月31日。已知甲企业2019年度的应纳税所得额为5 000万元，甲企业2019年应当缴纳多少企业所得税？

【答案解析】甲企业2019年可抵扣的应纳税所得额=1 000×70%=700（万元）

甲企业2019年应纳企业所得税税额=（5 000－700）×25%=1 075（万元）

六、加速折旧优惠

（一）一般规定

企业的固定资产由于技术进步等原因，确需加速折旧的，可以采取缩短折旧年限或者加速折旧方法。可以采取缩短折旧年限或者加速折旧方法的固定资产，包括：

1.由于技术进步，产品更新换代较快的固定资产。

2.常年处于强振动、高腐蚀状态的固定资产。

采取缩短折旧年限方法的，最低折旧年限不得低于规定折旧年限的60%；采取加速折旧方法的，可以采取双倍余额递减法或者年数总和法。

（二）特殊规定

1.制造业的规定

制造业在2019年1月1日以后新购进的固定资产，可缩短折旧年限或采取加速折旧办法。企业根据自身经营情况，也可以不选择加速折旧。

此外，集成电路生产企业的生产性设备，其折旧年限可以适当缩短，最短可以为3年。

2.研发仪器、设备的相关规定

企业在2014年1月1日后新购进的专门用于研发的仪器、设备，单位价值不超过100万元的，允许一次性计入当期成本费用在税前扣除，不再分年度计算折旧；单位价值超过100万元的，可采取缩短折旧年限或加速折旧的方法。自2018年1月1日至2020年12月31日，单位价值由100万元提高到500万元。

3.5 000元及以下固定资产的相关规定

企业持有的单位价值不超过5 000元的固定资产，允许一次性计入当期成本费用在税前扣除，不再分年度计算折旧。

七、减计收入优惠

减计收入优惠是指企业综合利用资源，生产符合国家产业政策规定的产品所取得的收入，可以在计算应纳税所得额时减计收入。

综合利用资源是指企业以《资源综合利用企业所得税优惠目录》规定的资源作为主要原材料，生产国家非限制和禁止并符合国家及行业相关标准的产品取得的收入，减按90%计入收入总额。

上述所称原材料占生产产品材料的比例不得低于《资源综合利用企业所得税优惠目录》规定的标准。

八、税额抵免优惠

税额抵免是指企业购置并实际使用《环境保护专用设备企业所得税优惠目录》、《节能节水专用设备企业所得税优惠目录》和《安全生产专用设备企业所得税优惠目录》规定的环境保护、节能节水、安全生产等专用设备的，该专用设备投资额的10%可以从企业当年的应纳税额中抵免；当年不足抵免的，可以在以后5个纳税年度结转抵免。

企业购置上述专用设备在5年内转让、出租的，应当停止享受企业所得税优惠，并补缴已经抵免的企业所得税税款。

企业同时从事适用不同企业所得税待遇的项目的，其优惠项目应当单独计算所得，并合理分摊企业的期间费用；没有单独计算的，不得享受企业所得税优惠。

【例5-13】2018年，甲公司购置了《环境保护专用设备企业所得税优惠目录》

内的设备，该设备价值1 000万元，该年度的应纳税所得额为300万元，2019年度的应纳税所得额为500万元。计算甲公司2018年度和2019年度的应纳税额。

【答案解析】甲公司可以享受抵免投资额10%的优惠政策。

可抵免额=1 000×10%=100（万元）

2018年度的应纳税额=300×25%-100=-25（万元）

2018年度不用缴纳所得税。

尚未抵扣完的25万元（50-25）可以结转到以后5年继续抵扣。

2019年度的应纳税额=500×25%-25=100（万元）

九、民族自治地方的优惠

民族自治地方的自治机关对民族自治地方的企业所缴纳的企业所得税属于地方分享的部分，可以决定减征或者免征，自治州和自治县决定减征或者免征的，须报所在地的省、自治区、直辖市人民政府批准。

民族自治地方是指依照《中华人民共和国民族区域自治法》的规定，实行民族区域自治的自治区、自治州、自治县。但是，对民族自治地方内国家限制和禁止行业的企业，不得减征或者免征企业所得税。

十、非居民企业优惠

非居民企业减按10%的税率征收企业所得税，但下列所得可以免征企业所得税：

外国政府向中国政府提供贷款取得的利息所得。

国际金融组织向中国政府和居民企业提供优惠贷款取得的利息所得。

经国务院批准的其他所得。

十一、西部大开发税收优惠

自2011年1月1日至2020年12月31日，对设在西部地区的鼓励类产业企业减按15%的税率征收企业所得税。上述鼓励类产业企业是指以《西部地区鼓励类产业目录》中规定的产业项目为主营业务，并且其主营业务收入占企业收入总额70%以上的企业。

西部地区包括重庆市、四川省、贵州省、云南省、西藏自治区、陕西省、甘肃省、宁夏回族自治区、青海省、新疆维吾尔自治区、新疆生产建设兵团、内蒙古自治区和广西壮族自治区。湖南省湘西土家族苗族自治州、湖北省恩施土家族苗族自治州、吉林省延边朝鲜族自治州，可以比照西部地区的税收政策执行。

十二、其他有关行业优惠

（一）软件企业和集成电路产业的优惠政策

1.软件生产企业实行增值税即征即退政策，所退还的税款，由企业用于研究开发软件产品和扩大再生产，不作为企业所得税应税收入，不予征收企业所得税。

2.我国境内新办软件生产企业经认定后，自获利年度起，第一年和第二年免征企业所得税，第三至第五年减半征收企业所得税。

3.国家规划布局内的重点软件企业，如当年未享受免税优惠的，可减按10%的税率征收企业所得税。

4.软件生产企业的职工培训费，可以按照实际发生额在税前扣除。

集成电路设计企业视同软件企业，同样享受上述软件企业适用的优惠政策。

5.集成电路线宽小于0.25微米或投资额超过80亿元的集成电路生产企业，经认定后，减按15%的税率征收企业所得税，其中经营期在15年以上的，自获利年度起，第一年至第五年免征企业所得税，第六年至第十年按照25%的法定税率减半征收企业所得税。

6.集成电路线宽小于0.8微米（含）的集成电路生产企业，自获利年度起前两年免税，第三年至第五年按照25%的法定税率减半征收企业所得税。

（二）鼓励证券投资基金发展的优惠政策

1.对证券投资基金从证券市场中取得的收入，包括买卖股票、债券的差价收入，股权的股息、红利收入，债券的利息收入及其他收入，暂不征收企业所得税。

2.对投资者从证券投资基金分配中取得的收入，暂不征收企业所得税。

3.对证券投资基金管理人运用基金买卖股票、债券的差价收入，暂不征收企业所得税。

第七节　特别纳税调整

特别纳税调整是指税务机关出于反避税目的而对纳税人特定纳税事项所做的税务调整，包括针对纳税人转让定价、资本弱化等所进行的税务调整。

特别纳税调整是相对于一般纳税调整而言的。一般纳税调整是基于企业的日常经营，而特别纳税调整则是基于企业存在关联交易、违背独立交易原则的"特别情况"。

我国的特别纳税调整范围：企业与其关联方之间的业务往来，不符合独立交易原则而减少企业或者其关联方应纳税收入或者所得额的，税务机关有权按照合理方法调整。

一、关联交易的界定及类型

（一）关联方的界定

关联方，是指与企业有下列关联关系之一的企业、其他组织或个人，具体是指：

1.在资金、经营、购销等方面存在直接或者间接的控制关系；

2.直接或者间接地同为第三者控制；

3.在利益上具有相关联的其他关系。

独立交易原则是指没有关联关系的交易各方，按照公平成交价格和营业常规进行业务往来需要遵循的原则。

（二）关联方交易的类型

1.有形资产使用权或者所有权的转让。有形资产包括商品、产品、房屋、建筑物、交通工具、机器设备、工具器具等。

2.金融资产的转让。金融资产包括应收账款、应收票据、其他应收款项、股权投资、债权投资和衍生金融工具形成的资产等。

3.无形资产使用权或者所有权的转让。无形资产包括专利权、非专利技术、商业秘密、商标权、品牌、客户名单、销售渠道、特许经营权、政府许可、著作权等。

4.资金融通。资金包括各类长短期借贷资金（含集团资金池）、担保费、各类应计息预付款和延期收付款等。

5.劳务交易。劳务包括市场调查、营销策划、代理、设计、咨询、行政管理、技术服务、合约研发、维修、法律服务、财务管理、审计、招聘、培训、集中采购等。

二、转让定价管理

转让定价管理是指税务机关按照《企业所得税法》和《税收征收管理法》的有关规定，对企业与其关联方之间的业务往来是否符合独立交易原则进行审核评估和调查调整等工作的总称。

转让定价方法包括可比非受控价格法、再销售价格法、成本加成法、交易净利润法、利润分割法及其他符合独立交易原则的方法。

（一）可比非受控价格法

可比非受控价格法以非关联方之间进行的与关联交易相同或者类似业务活动所收取的价格作为关联交易的公平成交价格。

可比非受控价格法可以适用于所有类型的关联交易。

（二）再销售价格法

再销售价格法以关联方购进商品再销售给非关联方的价格减去可比非关联交易毛利后的金额作为关联方购进商品的公平成交价格。其计算公式如下：

公平成交价格=再销售给非关联方的价格×（1－可比非关联交易毛利率）

可比非关联交易毛利率=可比非关联交易毛利/可比非关联交易收入净额×100%

再销售价格法一般适用于再销售者未对商品进行改变外形、性能、结构或者更换商标等实质性增值加工的简单加工或者单纯购销业务。

（三）成本加成法

成本加成法以关联交易发生的合理成本加上可比非关联交易毛利后的金额作为关联交易的公平成交价格。其计算公式如下：

公平成交价格=关联交易发生的合理成本×（1+可比非关联交易成本加成率）

可比非关联交易成本加成率=可比非关联交易毛利/可比非关联交易成本×100%

成本加成法一般适用于有形资产使用权或者所有权的转让、资金融通、劳务交易等关联交易。

（四）交易净利润法

交易净利润法，是指按照没有关联关系的交易各方进行相同或者类似业务往来取得的净利润水平确定利润的方法。

该方法是以可比非关联交易的利润指标确定关联交易的利润。利润指标包括息税前利润率、完全成本加成率、资产收益率、贝里比率等，计算公式如下：

息税前利润率=息税前利润/营业收入×100%

完全成本加成率=息税前利润/完全成本×100%

资产收益率=息税前利润/［（年初资产总额+年末资产总额）/2］×100%

贝里比率=毛利/（营业费用+管理费用）×100%

交易净利润法一般适用于不拥有重大价值无形资产企业的有形资产使用权或者所有权的转让和受让、无形资产使用权受让以及劳务交易等关联交易。

（五）利润分割法

利润分割法，是指根据企业与其关联方对关联交易合并利润（实际或者预计）的贡献计算各自应当分配的利润额。利润分割法主要包括一般利润分割法和剩余利润分割法。

一般利润分割法通常根据关联交易各方所执行的功能、承担的风险和使用的资产，采用符合独立交易原则的利润分割方式，确定各方应当取得的合理利润。

剩余利润分割法将关联交易各方的合并利润减去分配给各方的常规利润后的余额作为剩余利润，再根据各方对剩余利润的贡献程度进行分配。

利润分割法一般适用于企业及其关联方均对利润创造具有独特贡献，业务高度整合且难以单独评估各方交易结果的关联交易。

（六）其他符合独立交易原则的方法

其他符合独立交易原则的方法包括成本法、市场法和收益法等资产评估方法，以及其他能够反映利润与经济活动发生地和价值创造地相匹配原则的方法。

成本法是以替代或者重置原则为基础，通过在当前市场价格下创造一项相似资产所发生的支出确定评估标的价值的评估方法。成本法适用于能够被替代的资产价值评估。

市场法是利用市场上相同或者相似资产的近期交易价格，经过直接比较或者类比分析以确定评估标的价值的评估方法。市场法适用于在市场上能找到与评估标的相同或者相似的非关联可比交易信息时的资产价值评估。

收益法是通过评估标的未来预期收益现值来确定其价值的评估方法。收益法适用于企业整体资产和可预期未来收益的单项资产评估。

三、预约定价安排管理

预约定价安排管理是指税务机关按照《企业所得税法》和《税收征收管理法》的规定，对企业提出的未来年度关联交易的定价原则和计算方法进行审核评估，并与企业协商达成预约定价安排等工作的总称。

预约定价安排是指纳税人与其关联方在关联交易发生之前，向税务机关提出申请，与税务机关按照独立交易原则进行协商达成的协议。预约定价安排是国际上通行的一种转让定价调整方法。

预约定价安排的谈签与执行通常经过预备会谈、正式申请、审核评估、磋商、签订安排和监控执行6个阶段。预约定价安排包括单边、双边和多边3种类型。

四、成本分摊协议管理

成本分摊协议管理是指税务机关按照《企业所得税法》的有关规定，对企业与其关联方签署的成本分摊协议是否符合独立交易原则进行审核评估和调查调整等工作的总称。

成本分摊协议是指企业之间就其共同开发、受让无形资产，或者共同提供、接受劳务发生的成本进行分摊而签订的一种契约性协议，在该协议中的签约各方通常约定在研发或劳务活动中共摊成本、共担风险，并按照成本与预期相配比的原则合理分享收益。

有下列情形之一的，其自行分摊的成本不得税前扣除：

1.不具有合理商业目的和经济实质；

2.不符合独立交易原则；

3.没有遵循成本与收益配比原则；

4.未按有关规定备案或准备、保存和提供有关成本分摊协议的同期资料；

5.自签署成本分摊协议之日起经营期限少于20年。

五、受控外国企业管理

受控外国企业管理是指税务机关按照《企业所得税法》的有关规定，对受控外国企业不做利润分配或减少分配进行审核评估和调查，并对归属于中国居民企业的所得进行调整等工作的总称。

受控外国企业是指由居民企业或者由居民企业和中国居民控制的设立在实际税负明显低于25%税率水平的国家（地区），并非由于合理的经营需要而对利润不做分配或者减少分配的外国企业。

控制是指在股份、资金、经营、购销等方面对该外国企业构成实质控制。其中，股份控制是指中国居民股东在纳税年度任何一天单层直接或多层间接单一持有外国企业10%以上有表决权股份，且由其共同持有该外国企业50%以上股份。实际税负明显低于25%税率水平是指实际税负明显低于25%税率水平的50%。

六、资本弱化管理

资本弱化管理是指税务机关按照《企业所得税法》的有关规定，对企业接受关联方债权性投资与企业接受的权益性投资的比例是否符合规定比例或独立交易原则进行审核评估和调查、调整等工作的总称。

资本弱化是指企业通过加大借贷款（债权性融资）而减少股份资本（权益性融资）比例的方式增加税前扣除，以降低企业税负的一种行为。

企业从其关联方接受的债权性投资与权益性投资的比例超过规定标准而发生的利息支出，不得在计算应纳税所得额时扣除。其计算公式为：

不得扣除的利息支出=年度实际支付的全部关联方利息×（1－标准比例÷关联债资比例）

其中，标准比例是指金融企业5∶1，其他企业2∶1。

关联债资比例是指企业从其全部关联方接受的债权性投资占企业接受的权益性投资的比例，关联债权投资包括关联方以各种形式提供担保的债权性投资。权益投资为企业资产负债表所列示的所有者权益金额。如果所有者权益小于实收资本（股本）与资本公积之和，则权益投资为实收资本与资本公积之和；如果实收资本与资本公积之和小于实收资本金额，则权益投资为实收资本金额。

七、一般反避税管理

一般反避税管理是指税务机关按照《企业所得税法》的有关规定，对企业实施其他不具有合理商业目的的安排而减少其应纳税收入或所得额进行审核评估和调查、调整等工作的总称。它是对企业实施的不具有合理商业目的但能获取税收利益的避税安排，实施特别纳税调整。其中，税收利益是指减少、免除或者推迟缴纳企业所得税应纳税税额。

避税安排具有的特征主要包括以下两点：一是以获取税收利益为唯一目的或者主要目的；二是以符合税法规定的形式，但与其经济实质不符的方式获取税收利益。

一般反避税管理主要包括立案、调查、结案及争议处理等几个方面。

第八节　征收管理

一、纳税地点

1.除税收法律、行政法规另有规定外，居民企业以企业登记注册地为纳税地点；登记注册地在境外的，以实际管理机构所在地为纳税地点。企业登记注册地是指企业依照国家有关规定登记注册的住所地。

2.居民企业在中国境内设立不具有法人资格的营业机构的，应当汇总计算并缴纳企业所得税。企业汇总计算并缴纳企业所得税时，应当统一核算应纳税所得额，具体办法由国务院财政、税务主管部门另行制定。

3.非居民企业在中国境内设立机构、场所的，应当就其所设机构、场所取得的来源于中国境内的所得，以及发生在中国境外但与其所设机构、场所有实际联系的所得，以机构、场所所在地为纳税地点。非居民企业在中国境内设立两个或者两个以上机构、场所的，经税务机关审核批准，可以选择由其主要机构、场所汇总缴纳企业所得税。非居民企业经批准汇总缴纳企业所得税后，需要增设、合并、迁移、关闭机构、场所或者停止机构、场所业务的，应当事先由负责汇总申报缴纳企业所得税的主要机构、场所向其所在地税务机关报告；需要变更汇总缴纳企业所得税的主要机构、场所的，依照前款规定办理。

4.非居民企业在中国境内未设立机构、场所的，或者虽设立机构、场所但取得的所得与其所设机构、场所没有实际联系的所得，以扣缴义务人所在地为纳税地点。

5.除国务院另有规定外，企业之间不得合并缴纳企业所得税。

【例5-14】ABC公司是非居民企业，分别在北京、上海和广州设立了机构、场所。其中，ABC公司设在北京的机构、场所对其他两个机构、场所负有监督管理责任，该机构、场所设有完整的账簿、凭证，能够准确反映该机构、场所的收入、成本、费用和盈亏情况。由于在北京的机构、场所属于ABC公司在中国的主要机构、场所，因此应当由在北京的机构、场所汇总缴纳企业所得税。

二、纳税期限

企业所得税按年计征，分月或者分季预缴，年终汇算清缴，多退少补。企业所得税的纳税年度，自公历1月1日起至12月31日止。企业在一个纳税年度的中间开业，或者由于合并、关闭等原因终止经营活动，使该纳税年度的实际经营期不足12个月的，应当以其实际经营期为一个纳税年度。企业清算时，应当以清算期间作为一个纳税年度。

自年度终了之日起5个月内，企业应向税务机关报送年度企业所得税纳税申报表，并汇算清缴，结清应缴应退税款。

企业在年度中间终止经营活动的，应当自实际经营终止之日起60日内，向税务机关办理当期企业所得税汇算清缴。

三、纳税申报

按月或按季预缴的，应当自月份或季度终了之日起15日内，向税务机关报送企业所得税纳税申报表。

企业在报送其所得税纳税申报时，应当按照规定附送财务会计报告和其他有关资料。

企业应当在办理注销登记前，就其清算所得向税务机关申报并依法缴纳企业所得税。

依照规定缴纳的企业所得税以人民币计算，所得以人民币以外货币计算的，应当折合成人民币计算并缴纳税款。

凡在纳税年度内从事生产、经营，或在纳税年度中间终止经营活动的纳税人，无论是否在减税、免税期间，也无论盈利或亏损，均应依法进行企业所得税汇算清缴。

四、源泉扣缴

源泉扣缴是指按照有关法律法规或者合同约定，对非居民企业直接负有支付相关款项义务的单位和个人，依照相关规定对其应缴纳的企业所得税进行扣缴管理的一种征收方法。

（一）源泉扣缴的范围

对非居民企业取得的来源于中国境内的股息、红利等权益性投资所得，利息、租金、特许权使用费所得，财产转让所得和其他所得，实行源泉扣缴企业所得税管理。

（二）扣缴义务人

1.对非居民企业在中国境内未设立机构、场所的，或者虽设立机构、场所但取得的所得与其所设机、场所没有实际联系的所得应缴纳的企业所得税，实行源泉扣缴，以支付人为扣缴义务人。税款由扣缴义务人在每次支付或者到期应支付时，从支付或者到期应支付的款项中扣缴。

支付人是指依照有关法律规定或者合同约定对非居民企业直接负有支付相关款项义务的单位或者个人。

支付包括现金支付、汇拨支付、转账支付和权益兑价支付等货币支付和非货币支付。

到期应支付的款项是指支付人按照权责发生制原则应当计入相关成本、费用的应付款项。

2.对非居民企业在中国境内取得工程作业和劳务所得应缴纳的所得税，税务机关可以指定工程价款或者劳务费的支付人为扣缴义务人。

（三）扣缴方法

1.扣缴义务人在扣缴税款时，按前述非居民企业的企业所得税计算方法计算税款。

2.应当扣缴的所得税，扣缴义务人未依法扣缴或者无法履行扣缴义务的，由企业在所得发生地缴纳。企业未依法缴纳的，税务机关可以从该企业在中国境内其他收入项目的支付人应付的款项中，追缴该企业的应纳税款。

3.税务机关在追缴该企业应纳税款时，应当将追缴理由、追缴数额、缴纳期限和缴纳方式等告知该企业。

4.扣缴义务人每次代扣的税款，应当自代扣之日起7日内缴入国库，并向所在地的税务机关报送扣缴企业所得税报告表。

五、跨地区经营汇总纳税管理

居民企业在境内跨地区（指跨省、自治区、直辖市和计划单列市）设立不具有法人资格分支机构的，该居民企业为汇总纳税企业。

汇总纳税企业实行“统一计算、分级管理、就地预缴、汇总清算、财政调库”的企业所得税征收管理办法：

1.统一计算，是指总机构统一计算包括汇总纳税企业所属各个不具有法人资格分支机构在内的全部应纳税所得额、应纳税额。

2.分级管理，是指总机构、分支机构所在地的主管税务机关都有对当地机构进行企业所得税管理的责任，总机构和分支机构应分别接受机构所在地主管税务机关的管理。

3.就地预缴，是指总机构、分支机构应按相关规定，分月或分季分别向所在地主管税务机关申报预缴企业所得税。

4.汇总清算，是指在年度终了后，总机构统一计算汇总纳税企业的年度应纳税所得额、应纳所得税税额，抵减总机构、分支机构当年已就地分期预缴的企业所得税税款后，多退少补。

5.财政调库，是指财政部定期将缴入中央国库的汇总纳税企业所得税待分配收入，按照核定的系数调整至地方国库。

【综合案例】某位于市区的冰箱生产企业为增值税一般纳税人，2020年发生主营业务收入4 800万元，其他业务收入500万元，视同销售收入500万元，营业外收入800万元，主营业务成本2 800万元，其他业务成本300万元，视同销售成本500万元，营业外支出250万元，税金及附加400万元，销售费用950万元，管理费用500万元，财务费用180万元。

当年发生的其中部分具体业务如下：

（1）用一批自产的冰箱对外投资，产品成本为320万元，同类型冰箱的不含税售价为500万元，该企业未作任何账务处理。

（2）6月份购进一台生产设备并于当月投入使用，购进时取得增值税专用发票，注明不含税价150万元，该企业另外负担保险费和安装调试费2万元（不含税价）。该企业预计设备残值率为0，且已将计提的折旧费15万元计入2020年成本费用。按照税法规定，该企业采用直线折旧法对该设备计提折旧且折旧年限为10年（不考虑制造业固定资产加速折旧）。

（3）实际发放职工工资1 000万元（其中残疾人员工资50万元），发生职工福利费支出150万元，拨缴工会经费25万元并取得专用收据，发生职工教育经费支出20万元。

（4）发生广告费支出900万元、业务招待费支出80万元，支付给母公司管理费60万元。

（5）向母公司借款2 000万元按年利率9%（金融机构同期同类贷款利率为6%）支付利息180万元，该企业不能证明此笔交易符合独立交易原则。母公司适用15%的企业所得税税率且在该冰箱生产企业的权益性投资金额为800万元。

（6）从境内A公司分回股息20万元，A公司为小型微利企业，适用20%的企业所得税税率；从境外B分公司分回股息30万元，已在所在国缴纳企业所得税，税率为40%。（不考虑B国征收的预提所得税）

要求：（1）计算固定资产折旧应调增的应纳税所得额。

（2）计算工资及工资三项费用应调增的应纳税所得额。

（3）计算广告费和业务招待费应调增的应纳税所得额。

（4）计算向母公司借款应调增的应纳税所得额。

（5）境内外分回的股息如何处理？

（6）计算该企业2020年应缴纳的企业所得税税额。

【答案解析】（1）固定资产折旧额=（150+2）/10×6/12=7.6（万元）

固定资产折旧调增应纳税所得额=15−7.6=7.4（万元）

（2）残疾人员工资50万元按100%加计扣除，应调减应纳税所得额50万元。

可以扣除的福利费限额=1 000×14%=140（万元）

应调增应纳税所得额=150−140=10（万元）

可以扣除的工会经费限额=1 000×2%=20（万元）

应调增应纳税所得额=25-20=5（万元）

可以扣除的教育经费限额=1 000×2.5%=25（万元）

教育经费支出可全额扣除。

合计调增为10+5-50=-35（万元），也就是调减35万元。

（3）广告费和业务招待费扣除的基数=4 800+500+500=5 800（万元）

可以扣除的广告费限额=5 800×15%=870（万元）

应调增应纳税所得额=900-870=30（万元）

可以扣除的业务招待费限额1：5 800×5‰=29（万元）

可以扣除的业务招待费限额2：80×60%=48（万元）

允许扣除限额29万元。

应调增应纳税所得额=80-29=51（万元）

合计调增应纳税所得额81万元。

（4）向母公司借款应调增的应纳税所得额：

扣除利息限额=800×2×6%=96（万元）

调增应纳税所得额=180-96=84（万元）

（5）从境内企业分回的股息属于免税收入，从境外B公司分回的股息要计算抵免限额，看是否需要回国补交税款。

在境外已纳企业所得税=30÷（1-40%）×40%=20（万元）

境外已缴税款的抵免限额=30÷（1-40%）×25%=12.5（万元）

（6）该企业2020年度应缴纳的企业所得税税额：

支付给母公司的管理费不能税前扣除，应调增应纳税所得额60万元；

从A公司分回的股息免税，应调减应纳税所得额20万元；

从B公司分回的股息，可抵免境外的已纳税款12.5万元。

会计利润=4 800+500+500+800-2 800-300-400-250-400-950-500-180+500-320=1 000（万元）

应纳税所得额＝1 000+7.4-50+10+5+30+51+60+84-20=1 177.4（万元）

应纳税额=1 177.4×25%-12.5=281.85（万元）

关键概念

企业所得税；居民企业；非居民企业；实际管理机构；所得来源地；应纳税所得额；准予扣除项目；亏损弥补；资产税务处理；特别纳税调整；汇总纳税企业。

复习思考题

1.什么是企业所得税，其特点主要体现在哪些方面？

2.如何区分居民企业和非居民企业？

3.企业所得税应纳税所得额应该如何确定？

4.什么是企业所得税的不征税收入？

5.企业所得税的免税收入主要包括哪些？

6.《企业所得税法》对企业所得税前准予扣除的支出项目和扣除标准是如何规

定的？

7.根据《企业所得税法》的规定，税前不允许扣除的支出项目包括哪些？

8.为了避免国际双重征税，企业取得的所得已在境外缴纳的所得税税额，如何从其当期应纳税额中抵免？

9.居民企业采用核定征收方式下应纳税额如何计算？

10.企业所得税的税收优惠主要有哪些？

11.结合所学知识分析美国2017年税改对我国企业所得税改革的影响。

12.结合所学知识分析我国今后如何进行企业所得税改革。

第六章

个人所得税

学习目标

通过本章的学习，使学生了解个人所得税的发展概况及我国个人所得税制的建立与发展；熟悉个人所得税的概念、类型及特点和作用；了解我国现行个人所得税的税率形式、税收优惠规定与征管制度；掌握我国现行个人所得税纳税人与征税范围的具体规定；能够熟练计算个人所得税的应纳税额并能综合运用。

重点与难点

本章的重点是纳税人的分类及其纳税义务、征税范围及应纳税额的计算；本章的难点是纳税人纳税义务的界定、应纳税所得额的计算及境外所得税收抵免。

第一节　概述

一、个人所得税的概念与类型

（一）个人所得税的概念

个人所得税是以个人（自然人）取得的各项应税所得为征税对象所征收的一种所得税。

个人所得税最早起源于英国，该国于1799年开始征收个人所得税。为了筹集军费，美国在1862年也开征了个人所得税，1913年美国国会通过了个人所得税法，使该税成为美国的永久性税种。我国于1980年开始征收个人所得税，历经多次改革，我国的新个人所得税法于2019年1月1日正式实施。截止到目前，个人所得税已成为世界上大多数国家普遍征收的一个税种。

（二）个人所得税的类型

个人所得税按税制及征收方式可分为综合所得税制、分类所得税制以及综合与分类相结合的所得税制三种类型。

1.综合所得税制

综合所得税制是指对纳税人全年的各项所得加以汇总，在进行统一扣除后，就其余额按统一税率征税的一种个人所得税制类型。美国的个人所得税制就属于典型的综合所得税制。

综合所得税制的优点是能够充分考虑纳税人的综合收入水平和家庭负担等方面的情况，反映纳税人的综合负税能力，体现税收公平，从而发挥调节收入分配的作用；缺点是征管难度大，税收成本高，而且不利于针对不同收入进行调节，不利于体现国家的有关社会、经济政策。

2.分类所得税制

分类所得税制是指将个人各种不同来源、性质的所得进行分类，分别扣除费用，适用不同的税率征税的一种个人所得税制类型。

分类所得税制广泛采用源泉课征方法，优点是易于掌握特定的所得来源，征管简便，节省征收费用；缺点是不能全面反映纳税人的综合收入水平和经济负担。

3.综合与分类相结合的所得税制

综合与分类相结合的所得税制，又称混合所得税制，是指对纳税人全年的大部分所得实行综合征收，仅对特定性质的所得实行分类征收的一种个人所得税制类型。我国目前采用的是混合税制。

该类型融合了综合所得税制和分类所得税制的优点，一方面综合个人的大部分所得，适用统一税率综合计税，从而体现了税收的量能负担原则；另一方面对特定性质的所得，制定专门税率和征收方法，可以兼顾税收的公平和效率原则。我国2018年的个人所得税改革就是将分类所得税制改为了综合与分类相结合的所得税制。

二、个人所得税的特点与作用

（一）个人所得税的特点

个人所得税是世界各国普遍征收的一种直接税，由于各个国家的经济发展阶段以及征管水平不同，个人所得税在各国体现出不同的特征。由于我国目前仍处于社会主义市场经济的初级阶段，信息技术、征管水平等与发达国家相比，仍有一定的差距，因此，我国个人所得税制与其他国家相比，主要呈现出以下几个方面的特征：

1.分类征收与综合征收相结合

我国个人所得税采取分类与综合相结合课征的模式，主要是将我国个人取得的各种所得划分为工资、薪金所得等9种类型，分别适用不同的费用扣除标准、税率和计税方法。分类课征可以充分发挥源泉扣缴的好处，计算简便，从而可以达到简化纳税手续、方便征纳双方、减轻纳税成本的目的，并能够体现国家对个人不同所得的征税政策；而综合课征能够缩小贫富差距，促进公平分配。

2. 超额累进税率与比例税率相结合

众所周知，超额累进税率有利于体现公平，比例税率有利于促进效率。为了兼顾公平和效率，我国的个人所得税制同时采用了超额累进税率和比例税率两种税率形式。其中，工资、薪金所得，劳务报酬所得，稿酬所得和特许权使用费等四项综合所得及经营所得适用超额累进税率；利息、股息、红利所得，财产租赁所得和偶然所得等适用比例税率。

3. 定额扣除、定率扣除与会计计算相结合

我国的个人所得税制，本着费用扣除从宽、从简的原则，对应税所得的计算，根据不同情况分别采用定额扣除、定率扣除和会计计算等税前费用扣除方法。例如，对工资、薪金等综合所得，适用的基本费用扣除标准为每月5 000元；而财产租赁所得在每次收入不超过4 000元时的费用扣除标准为定额800元，每次收入在4 000元以上的费用扣除定率为20%；经营所得则采用会计利润的计算方法。

4. 源泉扣缴与自行申报相结合

从个人所得税的纳税申报看，世界各国主要采用源泉扣缴和自行申报相结合的方式，我国也不例外。源泉扣缴方式主要是由支付人代扣代缴，可以降低个人所得税的征管成本，解决了个人收入来源多元带来的征管难题。对于无法进行源泉扣除的所得，一般由纳税人自行申报，从而最大限度地保障了个人所得税的及时、足额入库。

（二）个人所得税的作用

个人所得税属于直接税种，在组织财政收入的同时，可以发挥调节收入分配和调节经济的作用。

1. 组织财政收入

个人所得税以个人所获取的各项所得为征税对象，只要有所得就可以课税，税基广阔，因此个人所得税目前已经成为各国政府税收收入的重要组成部分，也是财政收入的主要来源。目前，西方发达国家基本上都实行了以所得税制为主体税种的税收制度，个人所得税收入占税收收入的比重较高。就我国目前的状况而言，我国居民的收入水平不高，个人所得税的收入总额还较低，但是，随着我国居民收入水平的不断提高，个人所得税对财政收入的贡献程度将不断提高。

2. 公平收入分配

个人所得税作为政府调控收入分配的重要政策工具，主要是通过累进税率发挥其调节收入分配的作用。在累进税率下随着个人收入的增加，个人所得税适用的边际税率不断提高，低收入者适用较低的税率纳税，而高收入者则按较高的税率征税。这有利于改变个人收入分配结构，缩小高收入者和低收入者之间的收入差距。

3. 调节经济发展

在微观层面上，通过课征个人所得税影响居民的劳动供给、投资、储蓄、消费等各种行为，从而影响微观经济的运行；在宏观层面上，个人所得税可以通过税率

调整、减免税设计等实行减税或增税的政策，发挥税收政策“内在稳定器”的作用，从而使经济走出萧条或平抑经济的过度繁荣，保持经济的稳定。

三、我国个人所得税的建立与发展

中华人民共和国成立后，我国的个人所得税经历了一个从无到有、不断完善的发展过程。1950年的《全国税政实施要则》中列举了有关个人所得的薪给报酬税和存款利息所得税，但薪给报酬税没有开征，存款利息所得税在1959年也被取消了，直到1978年改革开放后，我国才正式确立了个人所得税制度。原因在于，随着我国经济的不断发展和完善以及对外交往的不断扩大，来华工作的外籍人员不断增多，为了维护我国的税收主权，1980年9月10日第五届全国人民代表大会第三次会议审议通过了《中华人民共和国个人所得税法》，我国开始正式征收个人所得税，其适用对象为中国公民和来华取得收入的外籍个人。1986年，国务院又分别发布了《中华人民共和国城乡个体工商业户所得税暂行条例》和《中华人民共和国个人收入调节税暂行条例》，从而形成了个人所得税、城乡个体工商业户所得税和个人收入调节税三税并存的局面。

我国市场经济体制改革的目标确立后，原来三税并存的局面已不能适应经济社会发展的需要，为此，在对原有三税修改合并的基础上，1993年10月第八届全国人大常委会第四次会议修订了《中华人民共和国个人所得税法》，并于1994年1月1日起实施。之后，我国根据经济社会发展需要，从1999年至2018年起先后六次对个人所得税法进行了修正，使个人所得税更适应我国的发展实际。目前我国适用的个人所得税，是2018年第十三届全国人民代表大会常务委员会第五次会议修正通过并公布的，并于2019年1月1日开始实施。

第二节　纳税人

个人所得税的纳税人是指在税法上负有直接缴纳个人所得税义务的个人。我国《个人所得税法》第一条规定：“在中国境内有住所，或者无住所而一个纳税年度内在中国境内居住累计满一百八十三天的个人，为居民个人。居民个人从中国境内和境外取得的所得，依照本法规定缴纳个人所得税。在中国境内无住所又不居住，或者无住所而一个纳税年度内在中国境内居住累计不满一百八十三天的个人，为非居民个人。非居民个人从中国境内取得的所得，依照本法规定缴纳个人所得税。”①具体包括中国公民、个体工商户、个人独资企业的业主、非法人合伙企业的合伙人，以及在中国境内有所得的外籍人员（含无国籍的人）和香港、澳门、台湾同胞等。

按照国际惯例，个人所得税的纳税人可以分为居民纳税人和非居民纳税人两

---

① 纳税年度是指公历1月1日至12月31日止。

类，两者的纳税义务不同。前者是无限纳税义务，即来源于中国境内外的所得都要纳税；后者为有限纳税义务，仅就来源于中国境内的所得纳税。

一、居民个人与非居民个人的判定标准

为了最大限度保护我国的税收主权，有效行使税收管辖权，我国对个人所得税纳税人的认定采用了属地加属人原则，既采用居民管辖权，也采用地域管辖权。因此，对个人所得税居民个人和非居民个人的划分采用了国际上常用的住所标准和居住时间标准。

（一）住所标准

住所通常是指居民长期生活和活动的主要场所。需要注意的是，税法上所称的"住所"是一个特定概念，不等同于实物意义上的住房。一般情况下，居民的住所是指其户籍所在地，但由于种种原因，居民的经常居住地和户籍所在地可能不一致，因此住所有永久性住所和习惯性住所之分。

我国个人所得税制中的住所是指因户籍、家庭、经济利益关系而在中国境内习惯性居住。习惯性居住是判定纳税人是居民个人还是非居民个人的一个法律意义上的标准，并不是指实际的居住地或者在某一个特定时期内的居住地。因此，我国个人所得税制中的住所与通常意义上的住所是有区别的，在境内有"住所"并不代表在境内有"房产"。对于因学习、工作、探亲、旅游等原因而在境外居住，在这些原因消除后仍然回到中国境内居住的个人，则中国为该纳税人的习惯性居住地，即该个人属于在中国境内有住所。尽管该纳税人可能因为学习、工作等原因在一个纳税年度或者几个纳税年度不在中国境内居住，但他仍然是中国的居民个人。

同理，对于境外个人仅因学习、工作、探亲、旅游等原因而在中国境内居住，待上述原因消除后该境外个人仍然回到境外居住的，其习惯性居住地不在境内，即使该境外个人在境内购买住房，也不会被认定为境内有住所的个人。

（二）居住时间标准

居住时间是指个人在一国境内实际居住的天数。在实际生活中，有时个人虽然在一国没有住所，但是在该国停留的时间较长并且有来源于该国的收入，往往被认定为对该国负有纳税义务。目前，依据个人居住时间长短作为居民个人和非居民个人的判定标准之一已经成为一种国际惯例。

我国规定的时间标准是在一个纳税年度在中国境内居住满183天。所谓中国境内居住满183天是指在一个纳税年度中在中国境内居住累计满183天，临时离境的，不扣减其离境天数。临时离境，是指在一个纳税年度中一次离境不超过30日。

根据我国现行个人所得税制，只要满足上述住所标准和居住时间标准其中之一的，就视为我国个人所得税的居民个人，即在中国境内有住所或者无住所而在一个纳税年度内居住满183天的个人。在中国境内无住所又不居住，或者无住所而在一个纳税年度内居住未满183天的为非居民个人。

【例6-1】A国人爱丽丝、汤姆、琼斯是某国际公司的一般雇员，在我国没有住所，三人于2019年3月7日来华。此后，爱丽丝于2019年5月2日离境；汤姆于

2019年12月31日离境；琼斯于2019年5月1日至6月1日临时离境后，又居住至2019年12月31日离境。请问三人是我国的居民个人还是非居民个人？

【答案解析】判定无住所的居民个人的条件是指在一个纳税年度（公历1月1日至12月31日）在我国境内居住累计满183天，一次离境不超过30日，视为满1年。爱丽丝2019年居住不满183天，则其为非居民个人；汤姆2019年居住满183天，则为居民个人；琼斯2019年虽然居住满183天，但临时离境超过了30天，则其为非居民个人。

二、居民个人与非居民个人的纳税义务范围

（一）居民个人的纳税义务范围

有住所个人来源于中国境内外的所得，均应依法缴纳个人所得税。为了吸引外资和鼓励外籍人员来华工作，促进对外交流，往往对无住所个人给予一定的免税待遇。2018年的个人所得税改革进一步放宽了无住所居民个人的免税条件。具体规定为：无住所个人一个纳税年度在中国境内累计居住满183天的，如果此前6年在中国境内每年累计居住天数都满183天而且没有任何一年单次离境超过30天，该纳税年度来源于中国境内、境外所得应当缴纳个人所得税；如果此前6年的任一年在中国境内累计居住天数不满183天或者单次离境超过30天，该纳税年度来源于中国境外且由境外单位或者个人支付的所得，免纳个人所得税。

“此前六年”，是指该纳税年度的前一年至前六年的连续6个年度，连续居住“满六年”的年限从2019年1月1日起计算。

（二）非居民个人的纳税义务范围

非居民个人只就其来源于中国境内的所得课税。由于非居民个人的情况比较复杂、支付形式较多，因此，国际上往往按照其在一国或地区居住时间的长短判定其纳税义务范围的大小。一般说来，居住时间越长，纳税义务范围越大。

我国个人所得税法规定，在中国境内无住所的个人，在一个纳税年度内在中国境内居住累计不超过90天的，其来源于中国境内的所得，由境外雇主支付并且不由该雇主在中国境内的机构、场所负担的部分，免予缴纳个人所得税。

无论是居民个人还是非居民个人，无住所个人一个纳税年度内在中国境内累计居住天数，按照个人在中国境内累计停留的天数计算。在中国境内停留的当天满24小时的，计入中国境内居住天数，在中国境内停留的当天不足24小时的，不计入中国境内居住天数。

【例6-2】B国人理查德是某公司的一般雇员，2019年来华工作共30天，中国境内企业支付10 000元人民币，境外企业支付50 000元人民币，如何确定其纳税义务范围。

【答案解析】首先，理查德来华工作30天，是非居民个人，那么该纳税人在境内工作期间由境内企业支付的所得10 000元人民币应该纳税，在境内工作期间由境外企业支付的所得50 000元人民币免税。

如果理查德2019年来华工作满183天，且到2025年每年均符合满183天的条

件，则理查德2025年当年来源于境内外的所得均应向我国纳税。

如果理查德2026年单次离境超过30天，则其在内地居住累计满183天的连续年限清零，重新起算，2026年当年理查德取得的境外支付的境外所得，可以免缴个人所得税。

三、所得来源地的确定

综观世界各国，在个人所得税的征管中，所得来源地的确定尤其重要，它关系一国的税收管辖权问题。我国税法规定，除国务院财政、税务主管部门另有规定外，下列所得，不论支付地点是否在中国境内，均为来源于中国境内的所得：

（1）因任职、受雇、履约等在中国境内提供劳务取得的所得；

（2）将财产出租给承租人在中国境内使用而取得的所得；

（3）许可各种特许权在中国境内使用而取得的所得；

（4）转让中国境内的不动产等财产或在中国境内转让其他财产取得的所得；

（5）从中国境内企业、事业单位、其他组织以及居民个人取得的利息、股息、红利所得。

第三节　征税范围与税率

一、征税范围

我国个人所得税的征税范围随着我国经济社会的发展逐步变化，其征税范围由原来的11项所得，简并为目前的9项所得。[①]

（一）工资、薪金所得

工资、薪金所得，是指个人因任职或者受雇而取得的工资、薪金、奖金、年终加薪、劳动分红、津贴、补贴以及与任职或者受雇有关的其他所得。一般来说，工资、薪金所得属于非独立个人劳动所得。所谓非独立个人劳动，是指个人从事由他人指定、安排并接受管理的劳动、工作或服务企事业单位、行政机关等。非独立劳动者从上述单位取得的劳务报酬，以工资、薪金的形式体现。

奖金是指具有工资性质的奖金，其他性质奖金的征免另有规定。年终加薪、劳动分红无论取得方式和种类，均按照工资、薪金所得计税。补贴和津贴考虑其取得的性质不同，则有所例外，对于不属于工资、薪金性质的补贴和津贴不予征税，这些项目包括以下几种情况：

1. 独生子女补贴；

2. 执行公务员工资制度未纳入基本工资总额的补贴、津贴差额和家庭成员的副食品补贴；

① 原个人所得税的征税对象包括工资、薪金所得，对企事业单位的承包、承租所得，个体工商户生产经营所得，劳务报酬所得，稿酬所得，特许权使用费所得，财产租赁所得，财产转让所得，利息、股息、红利所得，偶然所得和其他所得共11项。

3. 托儿补助费；

4. 差旅费补贴、误餐补助。其中，误餐补助是指按照财政部门规定，个人因公在城区和郊区工作，不能在工作单位或返回就餐，根据实际误餐顿数，按照规定标准领取的误餐费，但单位以误餐补助名义发给职工的补助、津贴则要予以征税。

【例 6-3】李先生就职于上海的一家上市公司，2019年6月份取得工资收入10 000元，月度奖金收入2 000元，独生子女补贴10元，托儿补助费2 000元，去南京出差10天，按照相关规定取得1 800元的差旅费补贴。

请分析上述收入项目中，李先生哪些收入项目无须缴纳个人所得税。

【答案解析】按照个人所得税的相关规定，李先生取得的独生子女补贴、托儿补助费和差旅费补贴无须缴纳个人所得税。

（二）劳务报酬所得

劳务报酬所得，是指个人从事劳务取得的所得，包括从事设计、装潢、安装、制图、化验、测试、医疗、法律、会计、咨询、讲学、翻译、审稿、书画、雕刻、影视、录音、录像、演出、表演、广告、展览、技术服务、介绍服务、经纪服务、代办服务以及其他劳务取得的所得。

判断工资、薪金所得与劳务报酬所得的主要依据是看个人是否与发放单位存在雇佣关系，存在雇佣关系的为非独立劳动，取得的报酬为工资、薪金所得；不存在雇佣关系的为独立劳动，它是个人凭借某种技艺或独立提供某种劳动取得的报酬，属于劳务报酬所得。例如，张某为某企业提供会计咨询取得一笔报酬，张某不是该企业的员工，则张某从该企业取得的报酬属于劳务报酬所得，不属于工资、薪金所得。

个人担任董事、监事，且不在公司任职、受雇的情形，属于劳务报酬性质，按劳务报酬所得征税。在商品营销活动中，企业和单位对营销业绩突出的非雇员以培训班、研讨会、工作考察等名义组织旅游活动，通过免收差旅费、旅游费对个人实行营销业绩奖励（包括实物、有价证券等），应根据所发生费用的全额作为该营销人员当期的劳务收入，按照劳务报酬所得项目征收个人所得税，并由提供上述费用的企业和单位代扣代缴。个人兼职取得的收入，应按照劳务报酬所得项目缴纳个人所得税。

【例 6-4】王女士就职于北京的一家外商投资企业，并兼任另外一家股份有限公司的独立董事，业余时间还为某网络公司从事网上培训工作。2019年12月份取得工资收入8 000元，年度奖金收入20 000元，独立董事费收入50 000元，网络培训收入10 000元。

请分析上述收入项目中，王女士哪些收入项目属于“劳务报酬所得”项目？

【答案解析】按照个人所得税的相关规定，王女士取得的独立董事费收入和网课培训收入属于“劳务报酬所得”项目。

（三）稿酬所得

稿酬所得，是指个人因其作品以图书、报刊等形式出版、发表而取得的所得。

这里所说的“作品”，是指包括中外文字、图片、乐谱等能以图书、报刊方式出版、发表的作品，具体包括本人的著作、翻译的作品等。个人取得遗作稿酬，应按“稿酬所得”项目计税。

此外，任职、受雇于报纸、杂志等单位的记者、编辑等专业人员在本单位的报纸、杂志上发表作品取得的所得属于因任职、受雇而取得的所得，应与其当月工资收入合并，按照“工资、薪金所得”项目纳税。出版社的专业作者撰写、编写或翻译的作品，由本社以图书形式出版而取得的稿酬收入，应按“稿酬所得”项目纳税。

【例6-5】小王大学毕业后在某杂志社任专栏记者，2019年3月在该杂志上发表专栏文章，取得报酬1 000元；小李任某出版社专业作者，2020年3月在该出版社出版专著一部，取得报酬10 000元。试分析小王和小李取得的报酬是否属于个人所得税的稿酬所得？

【答案解析】按照我国个人所得税法的相关规定，小王获得的报酬为“工资、薪金所得”；小李取得的报酬为“稿酬所得”。

（四）特许权使用费所得

特许权使用费所得是指个人提供专利权、商标权、著作权、非专利技术以及其他特许权的使用权取得的所得；提供著作权的使用权取得的所得，不包括稿酬所得。

对于作者将自己的文字作品手稿原件或复印件公开拍卖取得的所得，属于提供著作权的使用费所得，按“特许权使用费所得”项目征收个人所得税。个人取得特许权的经济赔偿收入，也应按“特许权使用费所得”项目缴纳个人所得税。编剧从电视剧的制作单位取得的剧本使用费，按“特许权使用费所得”项目计征个人所得税。

【例6-6】张先生为网络小说作家，2020年将其畅销小说的著作权的使用权转让给某影视公司改编成电视剧，取得转让费50万元。同时，张先生担任编剧，从上述影视公司取得剧本使用费40万元。此外，上述畅销小说被某出版社出版，取得稿费收入20万元。试分析张先生取得上述报酬是否属于特许权使用费所得？

【答案解析】按照个人所得税的相关规定，张先生从影视公司取得的著作权的使用权转让费和剧本使用费为“特许权使用费所得”，从出版社取得出版费收入属于“稿酬所得”。

（五）经营所得

经营所得是指：

（1）个体工商户从事生产、经营活动取得的所得，个人独资企业投资人、合伙企业的个人合伙人来源于境内注册的个人独资企业、合伙企业生产、经营的所得；

（2）个人依法从事办学、医疗、咨询以及其他有偿服务活动取得的所得；

（3）个人对企业、事业单位承包经营、承租经营以及转包、转租取得的所得；

（4）个人从事其他生产、经营活动取得的所得。

需要注意的是，经营所得是指个人取得的与生产经营活动有关的所得，与生产经营活动无关的其他所得，应分别按照其他应税项目计算缴纳个人所得税，如取得股息、红利则应按“利息、股息、红利所得”项目计税。个人独资企业的投资者以及合伙企业的合伙人用企业的资金为本人、家庭成员及相关人员支付的与企业生产经营无关的消费性支出，以及购买汽车、住房等财产性支出，视为企业对投资者的利润分配，并入投资者个人的生产经营所得，依照“经营所得”项目课税。

【例6-7】小李大学毕业后自主创业，成立了自己的服装设计工作室。2019年全年服装设计工作室的所得为50万元。此外，小李还购买了某公司的股票，2019年末小李从该公司分得股息5万元。试分析小李取得的上述所得是否属于经营所得？

【答案解析】按照个人所得税法的相关规定，小李从事服装设计工作室所得为“经营所得”，从股份有限公司取得的股息属于“利息、股息、红利所得”。

（六）利息、股息、红利所得

利息、股息、红利所得是指个人拥有债权、股权而取得的利息、股息、红利所得。

利息一般是指存款、贷款和债券的利息。从2008年10月9日起，暂免征收储蓄存款利息所得的个人所得税。

股息、红利是指个人拥有股权取得的企业派息分红，按照一定比例派发的每股息金称为股息，而超过股息部分的利润，按股派发的红股称为红利。

对于企业在改革过程中个人取得量化资产的征税问题按以下规定处理：第一，对职工个人以股份形式取得的仅作为分红依据，不拥有所有权的企业量化资产，不征收个人所得税。第二，对职工个人以股份形式取得的企业量化资产参与企业分配而获得的股息、红利，征收个人所得税。

除个人独资企业、合伙企业以外的其他企业的个人投资者，以企业资金为本人、家庭成员及其相关人员支付的与企业生产经营无关的消费性支出及购买汽车、住房等财产性支出，视为企业对个人投资者的红利分配，依照“利息、股息、红利所得”项目计征个人所得税。

纳税年度内个人投资者从其投资企业（个人独资企业、合伙企业除外）借款，在该纳税年度终了后既不归还，又未用于企业生产经营的，其未归还的借款可视为企业对个人投资者的红利分配，依照“利息、股息、红利所得”项目计征个人所得税。

（七）财产租赁所得

财产租赁所得，是指个人出租不动产、机器设备、车船以及其他财产取得的所得。

个人取得的财产转租收入，属于“财产租赁所得”的征税范围，由财产转租人缴纳个人所得税。

（八）财产转让所得

财产转让所得，是指个人转让有价证券、股权、合伙企业中的财产份额、不动产、机器设备、车船以及其他财产取得的所得。

对个人在上海证券交易所、深圳证券交易所转让从上市公司公开发行和转让市场取得的上市公司股票所得，免征个人所得税。

（九）偶然所得

偶然所得，是指个人得奖、中奖、中彩以及其他偶然性质的所得。

根据相关规定，我国目前计入“偶然所得”的项目主要有：

1. 个人为单位或他人提供担保获得的收入，按照“偶然所得”项目计算缴纳个人所得税。

2. 房屋产权所有人将房屋产权无偿赠与他人的，受赠人因无偿受赠房屋取得的受赠收入，按照“偶然所得”项目计算缴纳个人所得税。

但符合以下情形的，对当事双方不征收个人所得税：

（1）房屋产权所有人将房屋产权无偿赠与配偶、父母、子女、祖父母、外祖父母、孙子女、外孙子女、兄弟姐妹；

（2）房屋产权所有人将房屋产权无偿赠与对其承担直接抚养或者赡养义务的抚养人或者赡养人；

（3）房屋产权所有人死亡，依法取得房屋产权的法定继承人、遗嘱继承人或者受遗赠人。

3. 企业在业务宣传、广告等活动中，随机向本单位以外的个人赠送礼品（包括网络红包，下同），以及企业在年会、座谈会、庆典以及其他活动中向本单位以外的个人赠送礼品，个人取得的礼品收入，按照“偶然所得”项目计算缴纳个人所得税，但企业赠送的具有价格折扣或折让性质的消费券、代金券、抵用券、优惠券等礼品除外。

二、税率

个人所得税税率的设计不仅要考虑其功能作用的发挥，还要考虑征管的简便。从世界各国的个人所得税税率设计看，一方面对综合所得采用超额累进税率，以促进居民收入公平分配；另一方面为了征管简便，往往对股息、红利所得等采用比例税率。目前，我国也主要是采用上述两种税率形式。

（一）综合所得适用税率

综合所得包括工资、薪金所得，劳务报酬所得，稿酬所得和特许权使用费所得四项，综合所得适用七级超额累进税率，税率为3%~45%，具体见表6-1。

（二）经营所得适用税率

经营所得适用5%~35%的五级超额累进税率，具体见表6-2。

（三）其他所得项目适用税率

财产租赁所得，财产转让所得，利息、股息、红利所得和偶然所得适用20%的比例税率。

表6-1　　　　综合所得个人所得税适用税率表

级数	全年应纳税所得额	税率（%）	速算扣除数（元）
1	不超过36 000元的部分	3	0
2	超过36 000元至144 000元的部分	10	2 520
3	超过144 000元至300 000元的部分	20	16 920
4	超过300 000元至420 000元的部分	25	31 920
5	超过420 000元至660 000元的部分	30	52 920
6	超过660 000元至960 000元的部分	35	85 920
7	超过960 000元的部分	45	181 920

表6-2　　　　经营所得适用税率表

级数	全年应纳税所得额	税率（%）	速算扣除数（元）
1	不超过30 000元的部分	5	0
2	超过30 000元至90 000元的部分	10	1 500
3	超过90 000元至300 000元的部分	20	10 500
4	超过300 000元至500 000元的部分	30	40 500
5	超过500 000元的部分	35	65 500

第四节　计税依据的确定

个人所得税的计税依据为应纳税所得额，它是指个人取得的各项收入减除税法规定的扣除项目或者扣除金额后的余额。应纳税所得额是正确计算个人所得税应纳税额的基础和前提。

一、收入的确定

（一）收入形式

个人取得的收入形式，包括现金、实物和有价证券。所得为实物的，应当按照取得的凭证上所注明的价格计算应纳税所得额；无凭证的实物或者凭证上所注明的价格明显偏低的，由主管税务机关参照当地的市场价格核定应纳税所得额。所得为有价证券的，由主管税务机关根据票面价格和市场价格核定应纳税所得额。

（二）每次收入的确定

我国个人所得税的计征方式分为按年计征、按月计征和按次计征三种形式。居民个人的综合所得和经营所得为按年计征；非居民个人的工资、薪金所得按月计征；财产租赁所得，利息、股息、红利所得，偶然所得和非居民个人的劳务报酬所得、稿酬所得、特许权使用费所得按次计征。由于按次计征的所得项目其费用扣除根据收入额的大小，分为定额和定率两种，因此，如何准确划分每“次”收入尤为必要。

财产租赁所得，以一个月内取得的收入为一次。

利息、股息、红利所得，以支付利息、股息、红利时取得的收入为一次。

偶然所得，以每次取得该项收入为一次。

非居民个人的劳务报酬所得、稿酬所得、特许权使用费所得，属于一次性收入的，以取得该项收入为一次；属于同一项目连续性收入的，以一个月内取得的收入为一次。

稿酬所得，以每次出版、发表取得的收入为一次。具体分以下几种情况：一是不论出版单位是预付还是分笔支付稿酬，或者加印后再付稿酬，均合并为一次计征；二是同一作品再版，视为另外一次；同一作品在报刊上连载，以连载完算一次。

特许权使用费所得，以转让某项使用权的一次转让所得为一次。例如，某作家将其作品的著作使用权转让给影视公司拍成电视剧后，又转让给电影公司拍成电影，则视为两次转让。

需要注意的是，两个以上的个人共同取得同一项目收入的，应当对每个人取得的收入分别按照个人所得税法的规定计算纳税。

二、综合所得应纳税所得额的确定

居民个人取得的综合所得，以每年收入减除基本扣除、专项扣除、专项附加扣除和其他扣除后余额为应纳税所得额。

（一）基本扣除

基本扣除是指纳税人为了维持生计而产生的基本费用扣除。目前综合所得的月基本费用扣除额标准为5 000元，年基本费用扣除标准为60 000元。不满一年的以实际月份乘以5 000元确定纳税人该年度的基本费用扣除标准。

（二）专项扣除

专项扣除，是指个人按照国家规定的范围和标准缴纳的基本养老保险、基本医疗保险、失业保险等社会保险费和住房公积金等。

（三）专项附加扣除

专项附加扣除，是指个人所得税法规定的子女教育、继续教育、大病医疗、住房贷款利息或者住房租金、赡养老人等6项专项附加扣除。考虑到教育、医疗、住房、养老等民生支出变化的情况，我国将会对专项附加扣除范围和标准进行适时调整。为了计算的简便易行，除了大病医疗外，其他5项专项附加扣除主要采用了定额扣除的方法。

从扣除时间看，专项附加扣除是在个人的一个纳税年度内扣除，不能跨年度结转以后年度扣除。

1. 子女教育

纳税人的子女接受全日制学历教育的相关支出，按照每个子女每月1 000元的标准定额扣除。

学历教育包括义务教育、高中阶段教育、高等教育。学历教育的扣除时间为子女接受义务教育、高中教育、高等教育的入学当月至教育结束当月。此外，子女因病或其他非主观原因休学但学籍继续保留期间，以及施教机构按规定组织实施的寒暑假等假期，可以连续扣除。

年满3岁至小学入学前处于学前教育阶段的子女，不论是否在育儿园，均视同学历教育。学前教育的扣除时间为年满3周岁的当月至小学入学前一月。

父母可以选择由其中一方按扣除标准的100%扣除，也可以选择由双方分别按扣除标准的50%扣除，具体扣除方式在一个纳税年度内不能变更。

【例6-8】王先生育有一子一女，其中儿子上初中，女儿年满4岁上幼儿园，请问王先生在计算其工资所得的个人所得税时，每月准予其税前扣除的子女教育支出为多少？

【答案解析】按照个人所得税法的有关规定，王先生的儿子上初中，属于义务教育阶段，其女儿年满4岁上幼儿园属于学前教育，王先生可以享有子女每人每月税前扣除1 000元的专项附加扣除政策，每月王先生税前子女教育支出共计扣除2 000元。

2. 继续教育

纳税人在中国境内接受学历（学位）继续教育的支出，在学历（学位）教育期间按照每月400元定额扣除。学历（学位）继续教育的计算时限，为在中国境内接受学历（学位）继续教育入学的当月至学历（学位）继续教育结束的当月，同一学历（学位）继续教育的扣除期限最长不得超过48个月。多个学历（学位）教育不能同时扣除，即同一个时间段只能扣除一个学历（学位）的继续教育支出。

纳税人接受技能人员职业资格继续教育、专业技术人员职业资格继续教育的支出，在取得相关证书的当年，按照3 600元定额扣除。多个职业资格继续教育也不能同时扣除，即同一年度内只能扣除一个证书的继续教育支出。

个人接受本科及以下学历（学位）继续教育支出可以选择由其父母扣除，也可以选择由本人扣除。

【例6-9】中国公民李女士2019年9月在中国境内注册登记进入大学本科函授班进修学习，2019年度取得会计师资格证书和税务师资格证书，请问李女士2019年税前准予扣除的继续教育支出是多少？

【答案解析】李女士的继续教育支出附加扣除额=400×4+3 600=5 200（元）

3.大病医疗

在一个纳税年度内，纳税人发生的与基本医保相关的医药费用支出，扣除医保报销后个人负担累计超过15 000元的部分，由纳税人在办理年度汇算清缴时，在80 000元限额内据实扣除。

纳税人发生的医药费用支出可以选择由本人或者其配偶扣除；未成年子女发生的医药费用支出可以选择由其父母一方扣除。

纳税人及其配偶、未成年子女发生的医药费用支出，按照上述规定分别计算扣除。

大病医疗专项附加扣除的时间为医疗保障信息系统记录的医药费用实际支出的当年，当年扣除不完的不能结转到以后年度。

【例 6-10】张某2019年因病入院治疗，大病医疗支出为50万元，扣除医保报销后，符合医保目录范围的自付支出为25万元。请问张某在办理2019年的综合所得汇算清缴时，准予扣除的大病医疗支出是多少？

【答案解析】张某自付超过1.5万元的部分=25-1.5=23.5（万元）

因为超过1.5万元的部分，在8万元限额内扣除，而23.5万元>8万元，因此，张某在办理2019年度的汇算清缴时，准予扣除的大病医疗支出为8万元，超过的部分不能结转至2020年及以后年份扣除。

4.住房贷款利息

纳税人本人或者配偶单独或者共同使用商业银行或者住房公积金个人住房贷款为本人或其配偶购买中国境内住房，发生的首套住房贷款利息支出，在实际发生贷款利息的年度，按照每月1 000元的标准定额扣除，扣除期限最长不超过240个月。纳税人只能享受一次首套住房贷款的利息扣除。首套住房贷款是指购买住房享受首套住房贷款利率的住房贷款。

经夫妻双方约定，可以选择由其中一方扣除，具体扣除方式在一个纳税年度内不能变更。夫妻双方婚前分别购买住房发生的首套住房贷款，其贷款利息支出，婚后可以选择其中一套购买的住房，由购买方按扣除标准的100%扣除，也可以由夫妻双方对各自购买的住房分别按扣除标准的50%扣除，具体扣除方式在一个纳税年度内不能变更。

5.住房租金

纳税人在主要工作城市没有自有住房而发生的住房租金支出，可以按照以下标准定额扣除：

直辖市、省会（首府）城市、计划单列市以及国务院确定的其他城市，扣除标准为每月1 500元。除上述城市外，市辖区户籍人口超过100万的城市，扣除标准为每月1 100元；市辖区户籍人口不超过100万的城市，扣除标准为每月800元。需要注意的是，市辖区户籍人口，以国家统计局公布的数据为准。

纳税人的配偶在纳税人的主要工作城市有自有住房的，视同纳税人在主要工作城市有自有住房。

纳税人及其配偶主要工作城市相同的，只能由一方按规定标准扣除住房租金支出；纳税人及其配偶主要工作城市不相同，且各自在其主要工作城市都没有住房的，可以分别扣除住房租金支出。

纳税人及其配偶在一个纳税年度内不能同时分别享受住房贷款利息和住房租金

专项附加扣除。

住房租金的扣除时间为租赁合同（协议）约定的房屋租赁期开始的当月至租赁期结束的当月。提前终止合同（协议）的，以实际租赁期限为准。

【例6-11】张先生夫妇2020年1月在省会城市购买了首套住房，每月贷款利息为2 000元；由于购买的是期房，张先生夫妇在市中心租住，每月的房租为3 000元，请问张先生夫妇2020年1月个人所得税前如何扣除房租和住房贷款利息？

【答案解析】张先生夫妇不能同时扣除住房贷款利息支出和住房租金支出，如果选择住房贷款利息支出，则1月份可以扣除1 000元，可以由张先生一人扣除，也可以夫妇两人分别扣除500元；如果选择住房租金扣除，则每月扣除1 500元，并且只能由其中1人扣除。

6. 赡养老人支出

纳税人赡养一位及以上被赡养人的赡养支出，统一按照以下标准定额扣除：纳税人为独生子女的，按照每月2 000元的标准定额扣除；纳税人为非独生子女的，由其与兄弟姐妹分摊每月2 000元的扣除额度，每人分摊的额度每月不能超过1 000元。

可以由赡养人均摊或者约定分摊，也可以由被赡养人指定分摊。约定或者指定分摊的须签订书面分摊协议，指定分摊优先于约定分摊。具体分摊方式和额度在一个纳税年度内不能变更。

被赡养人是指年满60岁的父母，以及子女均已去世的年满60岁的祖父母、外祖父母。

【例6-12】王先生的父母均已年满60周岁，王先生兄妹4人。请问王先生兄妹每月个人所得税前如何扣除赡养支出？

【答案解析】王先生兄妹可以平均扣除赡养支出，每人可以税前扣除500元，也可以由2个人平均分配，每人每月扣除1 000元，也可以进行其他分配，但每个人最多每月扣除1 000元，而且总额不能超过2 000元。

（四）依法确定的其他扣除

依法确定的其他扣除包括个人缴付符合国家规定的企业年金、职业年金，个人购买符合国家规定的商业健康保险、税收递延型商业养老保险支出等。

1. 企业年金与职业年金

企业年金，是指企业及其职工在依法参加基本养老保险的基础上，自愿建立的补充养老保险制度。职业年金，是指事业单位及其工作人员在依法参加基本养老保险的基础上建立的补充养老保险制度。

企业和事业单位根据国家有关政策规定的办法和标准，为在本单位任职或者受雇的全体职工缴付的企业年金或职业年金（以下统称年金）单位缴费部分，在记入个人账户时，个人暂不缴纳个人所得税。

个人根据国家有关政策规定缴付的年金个人缴费部分，在不超过本人缴费工资计税基数的4%标准内的部分，暂从个人当期的应纳税所得额中扣除。超过标准缴付的年金单位缴费和个人缴费部分，应并入个人当期的工资、薪金所得，依法计征个人所得税。

2. 商业健康保险

个人购买的符合规定的商业健康保险产品的支出，允许在当年（月）计算应纳税所得额时予以税前扣除。商业健康保险的扣除限额为每年定额2 400元，即每月扣除200元。

3. 税收递延型商业养老保险

税收递延型商业养老保险，是由保险公司承保的一种商业养老年金保险，个人投保该商业养老年金保险，缴纳的保险费允许按照一定标准在税前列支，养老金积累阶段免税，领取养老金时再缴纳个人所得税。这也是目前国际上采用较多的税收优惠模式。我国自2018年5月1日起，在上海市、福建省（含厦门市）和苏州工业园区实施个人税收递延型商业养老保险试点。

三、经营所得应纳税所得额的确定

经营所得，以每一纳税年度的收入总额减除成本、费用以及损失后的余额，为应纳税所得额。

（一）收入总额

收入总额是指纳税人从事生产经营以及与生产经营有关的活动所取得的各项收入，包括商品销售收入、营运收入、服务收入、工程价款收入、财产出租收入、利息收入、其他业务收入以及营业外收入等。

（二）准予扣除项目

成本、费用，是指生产、经营活动中发生的各项直接支出和分配计入成本的间接费用以及销售费用、管理费用、财务费用；所称损失，是指生产、经营活动中发生的固定资产和存货的盘亏、毁损、报废损失，转让财产损失，坏账损失，自然灾害等不可抗力因素造成的损失以及其他损失。

取得经营所得的个人，没有综合所得的，计算其每一纳税年度的应纳税所得额时，应当减除费用60 000元、专项扣除、专项附加扣除以及依法确定的其他扣除。专项附加扣除在办理汇算清缴时减除。

（三）其他扣除

1. 纳税人支付给职工的合理的工资、薪金据实扣除，支付给业主的工资、薪金不得扣除。

2. 纳税人发生的与生产经营有关的财产保险、运输保险以及从业人员的养老、医疗及其他保险费用支出，按国家有关规定的标准计算扣除；纳税人为从业人员缴纳的补充医疗保险和补充养老保险分别在不超过从业人员工资总额5%以内的部分据实扣除，超过部分不得扣除。

3. 职工福利费、工会经费、教育经费分别在工资总额的14%、2%、2.5%的标准内据实扣除；每一纳税年度内发生的广告费、业务宣传费在营业收入15%以内的部分据实扣除；发生的与生产经营有关的业务招待费按照发生额的60%扣除，但最高不得超过当年营业收入的5‰。

4. 纳税人在生产经营过程中的借款利息支出，未超过按中国人民银行规定的同类、同期金融企业贷款利率计算的数额部分，准予扣除。

5. 纳税人将其所得通过中国境内的社会团体、国家机关向教育和其他社会公益事业以及遭受严重自然灾害地区、贫困地区的捐赠，捐赠额不超过其应纳税所得额30%的部分可以据实扣除。

6. 纳税人取得与生产经营无关的各项应税所得，应按照各应税项目规定计算缴纳个人所得税。

（四）不得在税前列支的项目

不得在税前列支的项目包括：

（1）缴纳的个人所得税税款

（2）被没收的财物、支付的罚款；

（3）税收的滞纳金、罚金和罚款；

（4）各种赞助支出；

（5）用于个人和家庭的支出；

（6）与生产经营无关的其他支出；

（7）国家税务总局规定不准扣除的其他支出。

纳税人应分别核算生产经营费用和个人及家庭的费用，对于既用于生产经营又用于个人或者家庭支出而无法划分的费用，其中的40%可作为生产经营费用准予税前扣除。

四、其他所得项目应纳税所得额的确定

（一）财产租赁所得应纳税所得额的确定

财产租赁所得，每次收入不超过4 000元的，减除费用800元；4 000元以上的，减除20%的费用，其余额为应纳税所得额。

在确定财产租赁的应纳税所得额时，纳税人在出租财产过程中缴纳的税金和教育费附加，可持完税（缴款）凭证，从其财产租赁收入中扣除。此外，准予扣除的项目除了规定费用和有关税费外，还准予扣除能够提供有效、准确凭证，证明由纳税人负担的该出租财产实际开支的修缮费用。允许扣除的修缮费用，以每次800元为限。一次扣除不完的，准予在下一次继续扣除，直到扣完为止。

应纳税所得额的计算公式为：

（1）每次（月）收入不超过4 000元的：

应纳税所得额=每次（月）收入额-准予扣除项目-修缮费用（800元为限）-800

（2）每次（月）收入超过4 000元的：

应纳税所得额=［每次（月）收入额-准予扣除项目-修缮费用（800元为限）］×（1-20%）

（二）财产转让所得应纳税所得额的确定

财产转让所得，以转让财产的收入额减除财产原值和合理费用后的余额，为应纳税所得额。

财产原值，按照下列方法确定：

（1）有价证券，为买入价以及买入时按照规定缴纳的有关费用；

（2）建筑物，为建造费或者购进价格以及其他有关费用；

（3）土地使用权，为取得土地使用权所支付的金额、开发土地的费用以及其他有关费用；

（4）机器设备、车船，为购进价格、运输费、安装费以及其他有关费用。

（5）其他财产，参照以上方法确定。

纳税人未提供完整、准确的财产原值凭证，不能按照上述方法确定财产原值的，由主管税务机关核定财产原值。合理费用，是指卖出财产时按照规定支付的有关税费。应纳税所得额的计算公式为：

应纳税所得额=收入额－财产原值－合理费用

（三）利息、股息、红利所得和偶然所得应纳税所得额的确定

利息、股息、红利所得和偶然所得，以每次收入额为应纳税所得额。

第五节　应纳税额的计算

一、居民个人综合所得应纳税额的计算

考虑到居民个人的综合所得是按年计算，为尽可能使居民个人日常被扣缴义务人预扣预缴的税款与其年度应纳税款接近，同时便于扣缴义务人和纳税人顺利适应税制转换，综合所得采取了日常累计预扣法进行预扣预缴和年度汇算清缴的缴税模式。

（一）工资、薪金所得预扣预缴税款的计算

扣缴义务人向居民个人支付工资、薪金所得时，应当按照累计预扣法计算预扣税款，并按月办理扣缴申报。

1. 累计预扣法

累计预扣法，是指扣缴义务人在一个纳税年度内预扣预缴税款时，以纳税人在本单位截至当前月份工资、薪金所得累计收入减除累计免税收入、累计减除费用、累计专项扣除、累计专项附加扣除和累计依法确定的其他扣除后的余额为累计预扣预缴应纳税所得额，适用个人所得税预扣率表1，计算累计应预扣预缴税额，再减除累计减免税额和累计已预扣预缴税额，其余额为本期应预扣预缴税额。余额为负值时，暂不退税。纳税年度终了后余额仍为负值时，由纳税人通过办理综合所得年度汇算清缴，税款多退少补。

需要注意的是，累计预扣法仅适用于中国居民个人取得的工资、薪金所得，而不适用于综合所得中的劳务报酬所得、稿酬所得和特许权使用费所得，也不适用于非居民个人的综合所得个人所得税的计算。

2. 累计预扣预缴应纳税所得额的计算

累计预扣预缴应纳税所得额的计算公式为：

累计预扣预缴应纳税所得额=累计收入−累计免税收入−累计减除费用−累计专项扣除−累计专项附加扣除−累计依法确定的其他扣除

其中：累计减除费用，按照5 000元/月乘以纳税人当年截至本月在本单位的任职受雇月份数计算。例如，2020年某人1月份减除费用为5 000元，则2月份的累计减除费用为10 000元，1—12月份的累计减除费用为60 000元。专项扣除、专项附加扣除和依法确定的其他扣除具体规定见本章的第四节，如某人2020年1月份的子女教育专项附加扣除为1 000元，则2月份为2 000元，以此类推，则1—12月份的累计专项附加扣除为12 000元。

3.本期应预扣预缴税额的计算

本期应预扣预缴税额=(累计预扣预缴应纳税所得额×预扣率−速算扣除数)−累计减免税额−累计已预扣预缴税额

【例6-13】李女士2020年1—3月每月的工资和扣除情况如下：工资13 400元，“三险一金”专项扣除为2 000元；自行支付商业健康保险费200元，与王先生育有一儿一女，分别在上幼儿园和小学，约定子女教育费用约定由李女士一人扣除；李女士从2020年1月开始攻读MBA研究生，每年支付学费20 000元；首套住房贷款，每月需支付贷款利息1 300元；李女士的父母均已满60岁，李女士与弟弟约定各扣除1 000元赡养费。要求计算李女士2020年1—3月份应预扣预缴的个人所得税税额。

【答案解析】计算李女士2020年1月份个人所得税时可扣除：

（1）基本减除费用5 000元。

（2）专项扣除“三险一金”2 000元。

（3）专项附加扣除4 400元：子女教育扣除2 000元（女儿和儿子各1 000元）；继续教育扣除400元；住房贷款利息扣除1 000元；赡养老人扣除1 000元。

（4）依法确定的其他扣除200元：商业健康保险费200元。

李女士1月份累计预扣预缴应纳税所得额：

13 400−5 000−2 000−4 400−200 = 1 800（元）

李女士1月份应预扣预缴的个人所得税税额 = 1 800×3% = 54（元）

李女士2月份的累计预扣预缴应纳税所得额：

13 400×2−5 000×2−2 000×2−4 400×2−200×2 = 3 600（元）

累计预扣预缴税额=3 600×3%=108（元）

李女士2月份应预扣预缴的个人所得税税额 = 108−54 = 54（元）

同理可以得到：

3月份的累计预扣预缴应纳税所得额 = 5 400元

累计预扣预缴税额 = 5 400×3%=162（元）

3月份应预扣预缴个人所得税税额=162−108=54（元）

假设李女士4月份的收入在原来工资的基础上，单位发了第1季度的奖金30 000元，则李女士4月份应预扣预缴的个人所得税税额为多少？

4月份的累计预扣预缴应纳税所得额：

13 400×4+30 000−5 000×4−2 000×4−4 400×4−200×4=37 200（元）

累计预扣预缴税额=37 200×10%−2 520=1 200（元）

4月份应预扣预缴个人所得税税额=1 200−54−54−54=1 038（元）

（二）劳务报酬所得、稿酬所得、特许权使用费所得预扣预缴税款的计算

扣缴义务人向居民个人支付劳务报酬所得、稿酬所得、特许权使用费所得时，应当按照以下方法按次或者按月预扣预缴税款：

1. 预扣预缴应纳税所得额的确定

三项综合所得以每次收入减除费用后的余额为收入额；稿酬所得的收入额减按70%计算。每次收入不超过4 000元的，费用按800元计算；每次收入4 000以上的，减除费用按收入的20%计算。

三项综合所得以每次收入额为应纳税所得额。三项综合所得，属于一次性收入的，以取得该项收入为一次；属于同一项目连续性收入的，以一个月内取得的收入为一次。

2. 预扣预缴应纳税额的计算

三项综合所得的预扣预缴应纳税额根据预扣预缴应纳税所得额乘以适用预扣率计算应预扣预缴的税额。其中，劳务报酬适用20%~40%的三级超额累进预扣率，稿酬所得和特许权使用费所得适用20%的比例预扣率。

（1）劳务报酬所得预扣预缴税额的计算

劳务报酬所得应预扣预缴税额=预扣预缴应纳税所得额×预扣率−速算扣除数

【例6−14】中国公民王某2020年1月取得劳务报酬所得3 000元，该笔所得应预扣预缴的个人所得税是多少？

应预扣预缴应纳税所得额=3 000−800=2 200（元）

应预扣预缴的个人所得税税额=2 200×20%=440（元）

如果王某取得另外一项劳务报酬所得为30 000元，则该笔所得应预扣预缴的个人所得税是多少？

应纳税所得额=30 000×（1−20%）=24 000（元）

应预扣预缴的个人所得税税额=24 000×30%−2 000=5 200（元）①

（2）稿酬所得、特许权使用费所得预扣预缴税款的计算

稿酬所得、特许权使用费所得应预扣预缴税款=预扣预缴应纳税所得额×20%

【例6−15】自由职业者小李2020年3月将其一项专利转让给某公司，取得转让收入50 000元；同月发表论文一篇，取得稿酬收入4 000元。计算小李应预扣预缴的个人所得税税额。

特许权使用费应预扣预缴税额=50 000×（1−20%）×20%=8 000（元）

稿酬所得应预扣预缴税额=（4 000−800）×70%×20%=448（元）

（三）综合所得应纳税额的计算

综合所得应纳税额=年应纳税所得额×适用税率 − 速算扣除数

---

① 超过20 000元至50 000元的部分，税率为30%，速算扣除数为2 000元。

综合所得应纳税所得额是以每一纳税年度的工资、薪金所得，劳务报酬所得，稿酬所得和特许权使用费所得四项所得的收入额减除基本费用60 000元以及专项扣除、专项附加扣除和依法确定的其他扣除后的余额，具体见表6-3。

表6-3 **年终汇算清缴时综合所得应纳税所得额的确定**

<table>
<tr><th colspan="2">项目</th><th>收入额</th><th>扣除项目</th></tr>
<tr><td rowspan="4">综合所得</td><td>工资、薪金所得</td><td>收入全额</td><td rowspan="4">基本扣除：6万元；专项扣除：三险一金；专项附加扣除：子女教育、继续教育、赡养老人、住房贷款利息、住房租金、大病医疗；依法确定其他扣除：商业健康保险、企业年金、职业年金等</td></tr>
<tr><td>劳务报酬所得</td><td>收入－20%费用</td></tr>
<tr><td>稿酬所得</td><td>（收入－20%费用）×70%</td></tr>
<tr><td>特许权使用费所得</td><td>收入－20%费用</td></tr>
</table>

因此，综合所得应纳税额可以用下列公式计算：

综合所得应纳税额=［工资、薪金收入+劳务报酬收入×（1-20%）+稿酬收入×（1-20%）×70%+特许权使用费收入×（1-20%）-60 000-专项扣除-专项附加扣除-依法确定的其他扣除］×适用税率－速算扣除数

需要注意的是：

（1）劳务报酬所得、稿酬所得和特许权使用费所得三项综合所得的年终汇算清缴和平时的预扣预缴不同，主要表现在三个方面；一是收入额的确定不同；二是适用的税率和预扣率不同；三是扣除项目不同。

（2）专项扣除、专项附加扣除和依法确定的其他扣除，以居民个人一个纳税年度的应纳税所得额为限额，一个纳税年度扣除不完的，不结转以后年度扣除。

（3）居民个人从中国境内外取得的综合所得、经营所得，应分别合并计算应纳税额；从中国境内外取得的其他所得，应分别单独计算应纳税额。

（4）居民个人取得综合所得，按年计算个人所得税；有扣缴义务人的，由扣缴义务人按月或者按次预扣预缴税款；需要办理汇算清缴的，应当在取得所得的次年3月1日至6月30日内办理汇算清缴。

（5）扣缴义务人，是指向个人支付所得的单位或者个人。扣缴义务人应当依法办理全员全额扣缴申报。

（6）全员全额扣缴申报，是指扣缴义务人应当在代扣税款的次月15日内，向主管税务机关报送其支付所得的所有个人的有关信息、支付所得数额、扣除事项和数额、扣缴税款的具体数额和总额以及其他相关涉税信息资料。

【例6-16】中国公民孙先生2019年全年取得收入如下：

（1）每月的工资收入为12 000元，每月个人负担的基本养老保险、基本医疗保险、失业保险和住房公积金共计2 000元，从2019年2月起享受子女教育专项附加扣除1 000元；

（2）3月份利用贷款购买首套住房，享受住房贷款利息专项附加扣除1 000元；

（3）7月份取得劳务报酬3 000元；

（4）10月份取得稿酬收入2 000元；

（5）11月份取得特许权使用费10 000元；

（6）12月份取得会计师证书，孙先生为取得证书，花费培训费5 000元，该项支出未在当月申报扣除；

（7）2020年5月份汇算清缴时，申报其2019年度因生病个人负担（医保目录范围的自付部分）的大病医疗支出30 000元。

要求计算：

（1）孙先生1—12月份应预扣预缴的个人所得税额；

（2）全年应纳个人所得税税额；

（3）汇算清缴时应补交或退还的个人所得税数额。

【答案解析】

（1）孙先生1—12月份应预扣预缴的个人所得税额：

①孙先生2019年每月工资、薪金所得应预扣预缴的个人所得税税额（表6-4）

表6-4 **孙先生2019年每月工资、薪金所得应预扣预缴的个人所得税** 金额单位：元

月份	累计收入	基本扣除	累计专项扣除	累计专项附加扣除	累计应纳税所得额	预扣率	累计已预扣预缴税额	本月应预扣预缴税额
1	12 000	5 000	2 000	0	5 000	3%	150	150
2	24 000	10 000	4 000	1 000	9 000	3%	270	120
3	36 000	15 000	6 000	3 000	12 000	3%	360	90
4	48 000	20 000	8 000	5 000	15 000	3%	450	90
5	60 000	25 000	10 000	7 000	18 000	3%	540	90
6	72 000	30 000	12 000	9 000	21 000	3%	630	90
7	84 000	35 000	14 000	11 000	24 000	3%	720	90
8	96 000	40 000	16 000	13 000	27 000	3%	810	90
9	108 000	45 000	18 000	15 000	30 000	3%	900	90
10	120 000	50 000	20 000	17 000	33 000	3%	990	90
11	132 000	55 000	22 000	19 000	36 000	3%	1 080	90
12	144 000	60 000	24 000	21 000	39 000	10%	1 380	300

②劳务报酬所得应预扣预缴税额=（3 000-800）×20%=440（元）

③稿酬所得应预扣预缴税额=（2 000-800）×70%×20%=168（元）

④特许权使用费所得应预扣预缴税额=10 000×（1-20%）×20%=1 600（元）

合计预扣预缴的个人所得税税额=1380+440+168+1 600=3 588（元）

（2）全年应纳个人所得税税额

全年应纳税所得额=144 000+3 000×（1-20%）+2 000×（1-20%）×70%+10 000×（1-20%）-60 000-24 000-39 600=31 920（元）

全年应纳个人所得税税额=31 920×3%=957.6（元）

（3）汇算清缴时应退还的个人所得税税额=3 588-957.6=2630.4（元）

二、非居民个人应纳税额的计算

非居民个人的工资、薪金所得，以每月收入额减除费用5 000元后的余额为应纳税所得额。劳务报酬所得、稿酬所得、特许权使用费所得，以每次收入额为应纳税所得额。其中，劳务报酬所得、稿酬所得、特许权使用费所得以收入减除20%的费用后的余额为收入额；稿酬所得的收入额减按70%计算。计算公式为：

应纳税额＝应纳税所得额×税率-速算扣除数

税率表为按月换算后的综合所得的税率表，见表6-5。

表6-5　**非居民个人工资、薪金所得，劳务报酬所得，稿酬所得，特许权使用费所得适用税率表**

级数	全年应纳税所得额	税率（%）	速算扣除数（元）
1	不超过3 000元的部分	3	0
2	超过3 000元至12 000元的部分	10	210
3	超过12 000元至25 000元的部分	20	1 410
4	超过25 000元至35 000元的部分	25	2 660
5	超过35 000元至55 000元的部分	30	4 410
6	超过55 000元至80 000元的部分	35	7 160
7	超过80 000元的部分	45	15 160

非居民个人取得工资、薪金所得，劳务报酬所得，稿酬所得和特许权使用费所得，有扣缴义务人的，由扣缴义务人按月或者按次代扣代缴税款，不办理汇算清缴。

（一）非居民个人工资、薪金所得应纳税额的计算

非居民个人工资、薪金所得实行按月计征的方法，其应纳税额的计算公式为：

工资、薪金所得应纳税额=（月工资、薪金收入-5 000）×税率-速算扣除数

【例6-17】约翰为中国的非居民纳税人，在中国境内的甲公司上班，2020年5月约翰取得工资收入20 000元，则甲公司5月份应为约翰扣缴的个人所得税税额是多少？

【答案解析】甲公司应扣缴税额=（20 000-5 000）×20%-1 410=1 590（元）

（二）非居民个人劳务报酬所得应纳税额的计算

非居民个人劳务报酬所得实行按次计征的方法，其应纳税额的计算公式为：

劳务报酬所得应纳税额=劳务报酬收入×（1-20%）×适用税率-速算扣除数

（三）非居民个人稿酬所得应纳税额的计算

非居民个人稿酬所得实行按次计征的方法，其应纳税额的计算公式为：

稿酬所得应纳税额=稿酬收入×（1-20%）×70%×适用税率-速算扣除数

（四）非居民个人特许权使用费所得应纳税额的计算

非居民个人特许权使用费所得实行按次计征的方法，其应纳税额的计算公式为：

特许权使用费所得应纳税额=特许权使用费收入×（1-20%）×适用税率-速算扣除数

从上述计算公式可以看出，非居民个人与居民个人的个人所得税计算有一定的区别，主要体现在非居民个人不需要计算综合所得的应纳税额，与居民个人的纳税义务明显不同。

【例6-18】杰克为中国的非居民纳税人，2020年3月从中国境内甲公司取得劳务报酬所得30 000元；将自己的一项著作使用权转让给中国的乙公司，取得转让收入40 000元；将一项专利权使用权转让给中国的丙公司使用，取得转让收入50 000元。计算甲、乙、丙三个公司应扣缴的个人所得税税额。

【答案解析】

（1）甲公司应扣缴税额=30 000×（1-20%）×20%-1 410=3 390（元）

（2）乙公司应扣缴税额=40 000×（1-20%）×70%×20%-1 410=3 070（元）

（3）丙公司应扣缴税额=50 000×（1-20%）×30%-4 410=7 590（元）

三、经营所得应纳税额的计算

纳税人取得的经营所得，按年计算个人所得税，在月度或季度终了后15日内向税务机关报送纳税申报表，并预缴税款；在次年的3月31日前办理汇算清缴，多退少补。

本月应预缴税额＝（本月累计应纳税所得额×适用税率-速算扣除数）-上月累计已预缴税额

全年应纳税额＝全年应纳税所得额×适用税率-速算扣除数

汇算清缴税额＝全年应纳税额-全年累计已预缴税额

【例6-19】王先生经营一家餐馆，2019年12月取得营业收入20万元，当月准予扣除的成本费用及相关税金10万元（不含王先生工资），王先生每月工资1万元。1—11月累计应纳税所得5万元。除经营所得外，王先生没有其他收入，且2019年全年享有赡养老人专项附加扣除，王先生为独生子女。要求计算王先生2020年汇算清缴时应补缴的个人所得税税额。

【答案解析】

全年应纳税所得额=20-10+5-6-2.4=6.6（万元）

全年应纳税额=6.6×10%-0.15=0.51（万元）

汇算清缴税额=0.51-（5×10%-0.15）=0.16（万元）

个人独资企业的投资者和合伙企业的合伙人同样按照五级超额累进税率计算征收个人所得税。与个体工商户和个人独资企业不同的是，合伙企业个人所得税的缴纳是“先分后税”，也就是合伙企业计算出应纳税所得额后，先分配给每个合伙人，由每个合伙人再按照五级超额累进税率计税。

合伙企业的具体分配一般按照合伙协议进行分配，没有合伙协议的先协商，协商不成的按照出资比例。如果上述方法不可行则平均分配，但是不允许约定将利润分配给一个合伙人。

请思考,投资者兴办两个或两个以上个人独资企业的，如何计算缴纳个人所得税？

四、财产租赁所得应纳税额的计算

财产租赁所得适用20%的比例税率，但对个人按照市场价格出租的居民住房取得的所得，暂按10%的税率征税。财产租赁所得应纳税额的计算公式为：

应纳税额=应纳税所得额×适用税率

【例6-20】李某于2019年1月将其自有住房租赁给王某居住。李某取得租金收入2 000元（不考虑其他税费），全年取得租金收入24 000元。计算李某全年应缴纳的个人所得税税额。

【答案解析】

（1）每月应纳税所得额=2 000-800=1 200（元）

（2）每月应纳税额=1 200×10%=120（元）

（3）全年应纳税额=120×12=1 440（元）

请思考，如果李某将其商铺对外出租，则如何计算个人所得税？

五、财产转让所得应纳税额的计算

财产转让所得适用20%的比例税率，其计算公式为：

应纳税额=应纳税所得额×适用税率

【例6-21】刘某于2020年3月将其在2019年7月购买的一套住房卖掉，取得转让收入900 000元。该套住房购入时的价格为400 000元，支付相关税费9 000元。计算刘某转让房产应缴纳的个人所得税。

【答案解析】

（1）应纳税所得额=900 000-400 000-9 000=491 000（元）

（2）应纳税额=491 000×20%=98 200（元）

六、利息、股息、红利所得应纳税额的计算

利息、股息、红利所得以个人每次取得的收入额为应纳税所得额，不得从收入额中扣除任何费用。其中，每次收入是指支付单位或者个人每次支付利息、股息、红利时，个人所取得的收入。对于个人从股份公司获得的以股票形式发放的股息红利（简称红股），以派发红股的股票票面金额为收入额，计征个人所得税。

对个人从公开市场或转让市场取得的上市公司股票，持股期限在1个月以内的（含1个月）的，其股息红利所得全额计入个人应纳税所得额；持股期限在1个月以上至1年的（含1年）的，暂减按50%计入个人应纳税所得额；持股期限超过1年的，暂减按25%计入个人应纳税所得额。

股息、红利、利息所得适用20%的比例税率，应纳税额的计算公式为：

应纳税额=应纳税所得额（每次收入额）×适用税率

七、偶然所得应纳税额的计算

偶然所得以个人的每次收入额为应纳税所得额，不扣除任何费用。除有特殊规定外，每次收入就是应纳税所得额，适用20%的比例税率，应纳税额的计算公式为：

应纳税额=应纳税所得额×适用税率

八、个人所得税计算的特殊问题

（一）全年一次性奖金应纳税额的计算

全年一次性奖金，是指行政机关、企事业单位等扣缴义务人根据其全年经济效益和对雇员全年工作业绩的综合考核情况，向雇员发放的一次性奖金。年终加薪，以及实行年薪制和绩效工资办法的单位根据考核情况兑现的年薪和绩效工资，也属于全年一次奖金的范畴。

居民个人取得的全年一次性奖金，在2021年12月31日前，不并入当年综合所得，以全年一次性奖金收入除以12个月得到的数额，按照表6-1按月换算后的综合所得的税率表，确定适用税率和速算扣除数，单独计算纳税。计算公式为：

应纳税额 = 全年一次性奖金收入×适用税率-速算扣除数

居民个人取得全年一次性奖金，也可以选择并入当年综合所得计算纳税。

自2022年1月1日起，居民个人取得全年一次性奖金，应并入当年综合所得计算缴纳个人所得税。

【例6-22】中国居民个人刘某2019年取得全年一次性奖金60 000元，刘某选择不并入2019年综合所得计算缴纳个人所得税。计算刘某全年一次性奖金应缴纳的个人所得税税额。

【答案解析】确定适用税率：60 000÷12=5 000（元），由表6-4可知，适用税率为10%，速算扣除数为210元。

全年一次性奖金的应纳税额=60 000×10%-210=5 790（元）

如果刘某选择将全年一次性奖金收入并入当年综合所得计算缴纳个人所得税。刘某2019年除全年一次性奖金外的全年工资、薪金收入160 000元，劳务报酬收入5 000元，专项扣除为50 000元，子女教育专项附加扣除额为12 000元，赡养老人专项附加扣除24 000元，住房贷款利息专项附加扣除12 000元，依法确定的其他扣除2 400元。计算刘某2019年综合所得应纳税额。

【答案解析】综合所得应纳税所得额=160 000+60 000+5 000×（1-20%）-60 000-50 000-12 000-24 000-12 000-2 400=63 600（元）

综合所得应纳税额=63 600×10%-2 520=3 840（元）

从上例可以看出，纳税人对全年一次性奖金税务处理的选择不同，其承担的应纳税额也不同，从而为纳税人的税收筹划提供了空间。

（二）公益性捐赠的计税方法

从2019年1月1日起，个人通过中华人民共和国境内公益性社会组织、县级以上人民政府及其部门等国家机关，向教育、扶贫、济困等公益慈善事业进行捐赠

（以下简称公益捐赠）发生的公益捐赠支出，可以按照个人所得税法有关规定在计算应纳税所得额时扣除。

1. 个人发生的公益捐赠支出金额，按照以下规定确定：

（1）捐赠货币性资产的，按照实际捐赠金额确定；

（2）捐赠股权、房产的，按照个人持有股权、房产的财产原值确定；

（3）捐赠除股权、房产以外的其他非货币性资产的，按照非货币性资产的市场价格确定。

2. 居民个人按照以下规定，在综合所得中扣除公益捐赠支出：

（1）居民个人发生的公益捐赠支出可以在财产租赁所得，财产转让所得，利息、股息、红利所得，偶然所得等分类所得，综合所得或者经营所得中扣除。在当期一个所得项目扣除不完的公益捐赠支出，可以按规定在其他所得项目中继续扣除。

（2）居民个人发生的公益捐赠支出，在综合所得、经营所得中扣除的，扣除限额分别为当年综合所得、当年经营所得应纳税所得额的30%；在分类所得中扣除的，扣除限额为当月分类所得应纳税所得额的30%。

（3）居民个人根据各项所得的收入、公益捐赠支出、适用税率等情况，自行决定在综合所得、分类所得、经营所得中扣除的公益捐赠支出的顺序。

3. 居民个人在综合所得中扣除公益捐赠支出的，应按照以下规定处理：

（1）居民个人取得工资、薪金所得的，可以选择在预扣预缴时扣除，也可以选择在年度汇算清缴时扣除。

居民个人选择在预扣预缴时扣除的，应按照累计预扣法计算扣除限额，其捐赠当月的扣除限额为截至当月累计应纳税所得额的30%。个人从两处以上取得工资、薪金所得，选择其中一处扣除，选择后当年不得变更。

（2）居民个人取得劳务报酬所得、稿酬所得、特许权使用费所得的，预扣预缴时不扣除公益捐赠支出，统一在汇算清缴时扣除。

（3）居民个人取得全年一次性奖金、股权激励等所得，且按规定采取不并入综合所得而单独计税方式处理的，公益捐赠支出扣除比照分类所得的扣除规定处理。

4. 居民个人发生的公益捐赠支出，可在捐赠当月取得的分类所得中扣除。当月分类所得应扣除未扣除的公益捐赠支出，可以按照以下规定追补扣除：

（1）扣缴义务人已经代扣但尚未解缴税款的，居民个人可以向扣缴义务人提出追补扣除申请，退还已扣税款。

（2）扣缴义务人已经代扣且解缴税款的，居民个人可以在公益捐赠之日起90日内提请扣缴义务人向征收税款的税务机关办理更正申报追补扣除，税务机关和扣缴义务人应当予以办理。

（3）居民个人自行申报纳税的，可以在公益捐赠之日起90日内向主管税务机关办理更正申报追补扣除。

居民个人捐赠当月有多项多次分类所得的，应先在其中一项一次分类所得中扣除。已经在分类所得中扣除的公益捐赠支出，不再调整到其他所得中扣除。

5. 在经营所得中扣除公益捐赠支出，应按以下规定处理：

（1）个体工商户发生的公益捐赠支出，在其经营所得中扣除。

（2）个人独资企业、合伙企业发生的公益捐赠支出，其个人投资者应当按照捐赠年度合伙企业的分配比例，计算归属于每一个投资者的公益捐赠支出，个人投资者应将其归属的个人独资企业、合伙企业公益捐赠支出和本人需要在经营所得扣除的其他公益捐赠支出合并，在其经营所得中扣除。

（3）在经营所得中扣除公益捐赠支出的，可以选择在预缴税款时扣除，也可以选择在汇算清缴时扣除。

（4）经营所得采取核定征收方式的，不扣除公益捐赠支出。

6. 非居民个人发生的公益捐赠支出，未超过其在公益捐赠支出发生的当月应纳税所得额30%的部分，可以从其应纳税所得额中扣除。扣除不完的公益捐赠支出，可以在经营所得中继续扣除。

7. 国务院规定对公益捐赠全额税前扣除的，按照规定执行。个人同时发生按30%扣除和全额扣除的公益捐赠支出，自行选择扣除次序。[①]

8. 公益性社会组织、国家机关在接受个人捐赠时，应当按照规定开具捐赠票据；个人索取捐赠票据的，应予以开具。

个人发生公益捐赠时不能及时取得捐赠票据的，可以暂时凭公益捐赠银行支付凭证扣除，并向扣缴义务人提供公益捐赠银行支付凭证复印件。个人应在捐赠之日起90日内向扣缴义务人补充提供捐赠票据，如果个人未按规定提供捐赠票据的，扣缴义务人应在30日内向主管税务机关报告。

机关、企事业单位统一组织员工开展公益捐赠的，纳税人可以凭汇总开具的捐赠票据和员工明细单扣除。

9.个人通过扣缴义务人享受公益捐赠扣除政策，应当告知扣缴义务人符合条件可扣除的公益捐赠支出金额，并提供捐赠票据的复印件，其中捐赠股权、房产的还应出示财产原值证明。扣缴义务人应当按照规定在预扣预缴、代扣代缴税款时予以扣除，并将公益捐赠扣除金额告知纳税人。

【例6-23】某公司高管张某2019年7月份工资收入30 000元，张某将其中的10 000元通过公司所在地的市民政局捐赠给某灾区。当月张某的专项扣除为5 000元、专项附加扣除为4 000元，张某选择在预扣预缴时扣除公益捐赠支出。张某1—6月累计应纳税所得额为150 000元，累计预扣预缴个人所得税13 080元。

要求计算张某7月份应预扣预缴的个人所得税税额。

【答案解析】

累计预扣预缴应纳税所得额=150 000+（30 000−5 000−5 000−4 000）=166 000（元）

---

① 例如，用于新冠肺炎疫情的现金和物品公益捐赠就可以在个人所得税前全额扣除。

公益捐赠扣除限额=166 000×30%=49 800（元），由于实际捐赠额小于扣除限额，税前按照捐赠额扣除。

扣除公益捐赠后累计预扣预缴应纳税所得额=166 000−10 000=156 000（元）

张某7月份应预扣预缴个人所得税税额=156 000×20%−16 920−13 080=1 200（元）

（三）境外所得的税收抵免

1.境外所得的范围

下列所得，为居民个人来源于中国境外的所得：

（1）因任职、受雇、履约等在中国境外提供劳务取得的所得；

（2）中国境外企业以及其他组织支付且负担的稿酬所得；

（3）许可各种特许权在中国境外使用而取得的所得；

（4）在中国境外从事生产、经营活动而取得的与生产、经营活动相关的所得；

（5）从中国境外企业、其他组织以及非居民个人取得的利息、股息、红利所得；

（6）将财产出租给承租人在中国境外使用而取得的所得；

（7）转让中国境外的不动产、转让对中国境外企业以及其他组织投资形成的股票、股权以及其他权益性资产（以下称权益性资产）或者在中国境外转让其他财产取得的所得。但转让对中国境外企业以及其他组织投资形成的权益性资产，该权益性资产被转让前三年（连续36个公历月份）内的任一时间，被投资企业或其他组织的资产公允价值50%以上直接或间接来自位于中国境内的不动产的，取得的所得为来源于中国境内的所得；

（8）中国境外企业、其他组织以及非居民个人支付且负担的偶然所得；

（9）财政部、国家税务总局另有规定的，按照相关规定执行。

2.境外所得的计税方法

（1）居民个人来源于中国境外的综合所得，应当与境内综合所得合并计算应纳税额；

（2）居民个人来源于中国境外的经营所得，应当与境内经营所得合并计算应纳税额。居民个人来源于境外的经营所得，按照有关规定计算的亏损，不得抵减其境内或他国（地区）的应纳税所得额，但可以用来源于同一国家（地区）以后年度的经营所得按中国税法规定弥补；

（3）居民个人来源于中国境外的利息、股息、红利所得，财产租赁所得，财产转让所得和偶然所得（以下称其他分类所得），不与境内所得合并，应当分别单独计算应纳税额。

3.境外所得抵免限额的计算

我国采用分国限额法，即分别来自不同国家或地区的不同应税项目，依照个人所得税法及其实施条例规定的费用减除标准和适用税率计算抵免限额。

居民个人来源于一国（地区）的综合所得、经营所得以及其他分类所得项目的应纳税额为其抵免限额，按照下列公式计算：

（1）来源于一国（地区）综合所得的抵免限额＝中国境内和境外综合所得依照个人所得税法及其实施条例的规定计算的应纳税额×来源于该国（地区）的综合所得收入额÷中国境内和境外综合所得收入额合计

（2）来源于一国（地区）经营所得的抵免限额＝中国境内和境外经营所得依照个人所得税法及其实施条例的规定计算的应纳税额×来源于该国（地区）的经营所得应纳税所得额÷中国境内和境外经营所得应纳税所得额合计

（3）来源于一国（地区）其他分类所得的抵免限额＝该国（地区）的其他分类所得依照个人所得税法及其实施条例的规定计算的应纳税额

（4）来源于一国（地区）所得的抵免限额=来源于该国（地区）综合所得抵免限额+来源于该国（地区）经营所得抵免限额+来源于该国（地区）其他分类所得抵免限额

4.可抵免的境外所得税税额

这是指居民个人取得境外所得，依照该所得来源国（地区）税收法律应当缴纳且实际已经缴纳的所得税性质的税额。可抵免的境外所得税额不包括以下情形：

（1）按照境外所得税法律属于错缴或错征的境外所得税税额；

（2）按照我国政府签订的避免双重征税协定以及内地与香港、澳门签订的避免双重征税安排（以下统称税收协定）规定不应征收的境外所得税税额；

（3）因少缴或迟缴境外所得税而追加的利息、滞纳金或罚款；

（4）境外所得税纳税人或者其利害关系人从境外征税主体得到实际返还或补偿的境外所得税税款；

（5）按照我国个人所得税法及其实施条例规定，已经免税的境外所得负担的境外所得税税款。

居民个人从与我国签订税收协定的国家（地区）取得的所得，按照该国（地区）税收法律享受免税或减税待遇，且该免税或减税的数额按照税收协定饶让条款规定应视同已缴税额在中国的应纳税额中抵免的，该免税或减税数额可作为居民个人实际缴纳的境外所得税税额按规定申报税收抵免。

5.确定允许抵免额

在计算出的来自一国或地区所得的抵免限额与实缴该国或地区的税款之间相比较，以数额较小者作为允许抵免额。

6.超限额与不足限额的结转

居民个人在某一纳税年度如发生实缴境外税款超过抵免限额，即发生超限额时，超限额部分不允许在应纳税额中抵扣，但可以在以后纳税年度从来自该国家或地区的不足限额，即实缴境外税款低于抵免限额的部分中补扣。下一年度结转后仍有超限额的，可继续结转，但每年发生的超限额结转期最长不得超过5年。

7.申请抵免

境外缴纳税款的抵免应提供境外税务机关填发的完税凭证原件。

8.计算应纳税额

$$\text{应纳税额} = \sum\left(\text{来自某国或地区的所得} - \text{费用减除标准}\right) \times \text{适用税率} - \text{速算扣除数} - \text{允许抵免额}$$

【例6-24】2019年中国公民李某被公司派往A国工作12个月，在A国工作期间，工资由公司设在A国的分支机构支付，每月工资折合人民币50 000元，并由该分支机构代扣代缴个人所得税90 000元。

要求计算2019年李某在我国应补缴的个人所得税。

【答案解析】(1) 抵免限额=（50 000×12-5 000×12）×30%-52 920=109 080（元）

抵免限额大于在A国缴纳的税款90 000元，因此，允许抵免额为90 000元，并需要补缴税款。

(2) 应补缴税款=109 080-90 000=19 080（元）

（四）两人以上共同取得同一项目收入的计税方法

两个或两个以上的个人共同取得同一项目收入的，应当对每个人取得的收入分别按照税法规定减除费用后计算纳税，即实行“先分、后扣、再税”的办法。

【例6-25】小李和小孙共同为一家公司培训员工，共取得培训劳务报酬100 000元。小李分得报酬30 000元，小孙分得报酬70 000元。请计算两人应预扣预缴的个人所得税。

【答案解析】共同收入是“先分、后扣、再税”，即小李和小孙分得的收入应分别扣除费用，然后各自计算其应预扣预缴的个人所得税。

小李应预扣预缴的个人所得税税额=30 000×（1-20%）×30%-2 000=5 200（元）

小孙应预扣预缴的个人所得税税额=70 000×（1-20%）×40%-7 000=15 400（元）

（五）无住所个人的计税方法

无住所个人是非居民个人和无住所居民个人的统称。

1. 无住所个人所得来源地的规定

（1）工资、薪金所得来源地的规定。个人取得归属于境内工作期间的工资、薪金所得为来源于境内的所得。境内工作期间按照个人在境内工作天数计算，包括其在境内的实际工作日以及境内工作期间在境内、境外享受的公休假、个人休假、接受培训的天数。在境内、境外单位同时担任职务或者仅在境外单位任职的个人，在境内停留的当天不足24小时的，按照半天计算境内工作天数。

无住所个人在境内、境外单位同时担任职务或者仅在境外单位任职，且当期同时在境内、境外工作的，按照工资、薪金所属境内、境外工作天数占当期公历天数的比例计算确定来源于境内、境外工资、薪金所得的收入额。境外工作天数按照当期公历天数减去当期境内工作天数计算。无住所个人未在境外单位任职的，无论其是否在境外停留，都不计算境外工作天数。

（2）数月奖金以及股权激励所得来源地的规定。无住所个人在境内履职或者执行职务时收到的数月奖金或者股权激励所得，归属于境外工作期间的部分，为来源于境外的工资、薪金所得；无住所个人停止在境内履约或者执行职务离境后收到的数月奖金或者股权激励所得，对属于境内工作期间的部分，为来源于境内的工资、薪金所得。

具体计算方法为：数月奖金或者股权激励乘以数月奖金或者股权激励所属工作

期间境内工作天数与所属工作期间公历天数之比。

数月奖金是指一次取得归属于数月的奖金、年终加薪、分红等工资、薪金所得，不包括每月固定发放的奖金及一次性发放的数月工资。股权激励包括股票期权、股权期权、限制性股票、股票增值权、股权奖励以及其他因认购股票等有价证券而从雇主取得的折扣或者补贴。

（3）关于董事、监事及高层管理人员取得报酬所得来源地的规定。对于担任境内居民企业的董事、监事及高层管理职务的个人（以下统称高管人员），无论是否在境内履行职务，取得由境内居民企业支付或者负担的董事费、监事费、工资、薪金或者其他类似报酬均属于来源于境内的所得。高层管理职务包括企业正、副（总）经理，各职能总师，总监及其他类似公司管理层的职务。

（4）稿酬所得来源地的规定。由境内企业、事业单位、其他组织支付或者负担的稿酬所得，为来源于境内的所得。

2. 无住所个人工资、薪金所得收入额计算

（1）无住所个人为非居民个人的情形

非居民个人（不包括高管人员）取得工资、薪金所得，当月工资、薪金收入额分别按照以下两种情形计算：

①非居民个人境内居住时间累计不超过90天的情形。在一个纳税年度内，在境内累计居住不超过90天的非居民个人，仅就归属于境内工作期间并由境内雇主支付或者负担的工资、薪金所得计算缴纳个人所得税。当月工资、薪金收入额的计算公式如下：

$$\text{当月工资、薪金收入额}=\text{当月境内外工资、薪金总额}\times\frac{\text{当月境内支付工资、薪金数额}}{\text{当月境内外工资、薪金总额}}\times\frac{\text{当月工资、薪金所属工作期间境内工作天数}}{\text{当月工资、薪金所属工作期间公历天数}}\quad\text{（公式6.1）}$$

境内雇主包括雇用员工的境内单位和个人以及境外单位或者个人在境内的机构、场所。凡境内雇主采取核定征收所得税或者无营业收入未征收所得税的，无住所个人为其工作取得工资、薪金所得，不论是否在该境内雇主会计账簿中记载，均视为由该境内雇主支付或者负担。工资、薪金所属工作期间的公历天数，是指无住所个人取得工资、薪金所属工作期间按公历计算的天数。

公式中当月境内外工资、薪金包含归属于不同期间的多笔工资、薪金的，应当先分别按照规定计算不同归属期间工资、薪金收入额，然后再加总计算当月工资、薪金收入额。

②非居民个人境内居住时间累计超过90天不满183天的情形。在一个纳税年度内，在境内累计居住超过90天但不满183天的非居民个人，取得归属于境内工作期间的工资、薪金所得，均应当计算缴纳个人所得税；其取得归属于境外工作期间的工资、薪金所得，不征收个人所得税。当月工资、薪金收入额的计算公式如下：

$$\text{当月工资、薪金收入额}=\text{当月境内外工资、薪金总额}\times\frac{\text{当月工资、薪金所属工作期间境内工作天数}}{\text{当月工资、薪金所属工作期间公历天数}}\quad\text{（公式6.2）}$$

3. 无住所个人为居民个人的情形

在一个纳税年度内，在境内累计居住满183天的无住所居民个人取得工资、薪金所得，当月工资、薪金收入额按照以下规定计算：

①无住所居民个人在境内居住累计满183天的年度连续不满六年的情形。在境内居住累计满183天的年度连续不满六年的无住所居民个人，经向主管税务机关备案，其取得的全部工资、薪金所得，除归属于境外工作期间且由境外单位或者个人支付的工资、薪金所得部分外，均应计算缴纳个人所得税，计算公式如下：

$$\text{当月工资、薪金收入额}=\text{当月境内外工资、薪金总额}\times\left[1-\frac{\text{当月境外支付工资、薪金数额}}{\text{当月境内外工资、薪金总额}}\times\frac{\text{当月工资、薪金所属工作期间境外工作天数}}{\text{当月工资、薪金所属工作期间公历天数}}\right]$$

（公式6.3）

②无住所居民个人在境内居住累计满183天的年度连续满六年的情形。在境内居住累计满183天的年度连续满六年后，未向主管税务机关备案的无住所居民个人，其从境内、境外取得的全部工资、薪金所得均应计算缴纳个人所得税。

4. 无住所个人为高管人员的情形

无住所居民个人为高管人员的，工资、薪金收入额按上述无住所个人的相关规定计算纳税。非居民个人为高管人员的，按照以下规定处理：

①高管人员在境内居住时间累计不超过90天的情形。在一个纳税年度内，在境内累计居住不超过90天的高管人员，其取得由境内雇主支付或者负担的工资、薪金所得应当计算缴纳个人所得税；不是由境内雇主支付或者负担的工资、薪金所得，不缴纳个人所得税。当月工资、薪金收入额为当月境内支付或者负担的工资、薪金收入额。

②高管人员在境内居住时间累计超过90天不满183天的情形。在一个纳税年度内，在境内居住累计超过90天但不满183天的高管人员，其取得的工资、薪金所得，除归属于境外工作期间且不是由境内雇主支付或者负担的部分外，应当计算缴纳个人所得税。当月工资、薪金收入额计算适用上述公式6.3。

5. 无住所居民个人税款计算的规定

无住所居民个人取得综合所得，年度终了后，应按年计算个人所得税；有扣缴义务人的，由扣缴义务人按月或者按次预扣预缴税款；需要办理汇算清缴的，按照规定办理汇算清缴，年度综合所得应纳税额计算公式如下：

$$\text{年度综合所得应纳税额}=(\text{年度工资、薪金收入额}+\text{年度劳务报酬收入额}+\text{年度稿酬收入额}+\text{年度特许权使用费收入额}-\text{减除费用}-\text{专项扣除}-\text{专项附加扣除}-\text{依法确定的其他扣除})\times\text{适用税率}-\text{速算扣除数}$$

无住所居民个人为外籍个人的，2022年1月1日前计算工资、薪金收入额时，已经按规定减除住房补贴、子女教育费、语言训练费等八项津（补）贴的，不能同时享受专项附加扣除。

年度工资、薪金，劳务报酬，稿酬，特许权使用费收入额分别按年度内每月工资、薪金以及每次劳务报酬、稿酬、特许权使用费收入额合计数额计算。

第六节 税收优惠与征收管理

一、税收优惠

个人所得税不仅是国家筹集财政收入的主要工具，也是政府促进公平分配的主要政策手段。为了促进科技发展、支持社会福利、鼓励慈善和照顾某些纳税人的实际困难，一国在设计个人所得税制度时，往往会制定税收优惠政策，我国也不例外。目前我国的个人所得税制度中的税收优惠政策主要体现在免税和减税两个层面。

（一）免税项目

1. 省级人民政府、国务院部委和中国人民解放军军以上单位，以及外国组织、国际组织颁发的科学、教育、技术、文化、卫生、体育、环境保护等方面的奖金；

2. 国债和国家发行的金融债券利息；

3. 按国家统一规定发放的补贴、津贴；

4. 福利费、抚恤金、救济金；

5. 保险赔款；

6. 军人的转业安置费、复员费、退役金；

7. 按照国家统一规定发给干部、职工的安家费、退职费、基本养老金或者退休费、离休费、离休生活补助费；

8. 依照我国有关法律规定应予以免税的各国驻华使馆、领事馆的外交代表、领事官员和其他人员的所得；

9. 中国政府参加的国际公约、签订的协议中规定免税的所得；

10. 国务院规定的其他免税所得，需要由国务院报全国人民代表大会常务委员会备案。

（二）减税项目

以下两种情形，可以减征个人所得税，具体幅度和期限由省、自治区、直辖市人民政府规定，并报同级人民代表大会常务委员会备案：

1. 残疾、孤老人员和烈属的所得。

2. 因严重自然灾害造成重大损失的。

此外，国务院可以规定其他减税情形，需要报全国人民代表大会常务委员会备案。

二、征收管理

（一）源泉扣缴

为了保证个人所得税的及时足额入库，个人所得税的征收管理主要采用了源泉扣缴模式。因此，个人所得税的纳税人为所得人，而支付所得的单位或者个人为扣缴义务人。纳税人识别号是纳税人办理涉税事项的唯一代码标识。纳税人在办理纳税申报、申请退税等涉税事项时应该向税务机关或者是扣缴义务人提供纳税人识别号。纳税人有中国公民身份号码的，以中国公民身份号码为纳税人识别号；纳税人没有中国公民身份号码的，由税务机关赋予其纳税人识别号。扣缴义务人扣缴税款时，纳税人应当向扣缴义务人提供纳税人识别号。

扣缴义务人应当按照国家规定办理全员全额扣缴申报，并向纳税人提供其个人所得和已扣缴税款等信息。所谓全员全额扣缴申报，是指扣缴义务人在代扣税款的次月15日内，向主管税务机关报送其支付所得的所有个人的有关信息、支付所得数额、扣除事项和数额、扣缴税款的具体数额和总额以及其他相关涉税信息资料。

居民个人取得工资、薪金所得时，可以向扣缴义务人提供专项附加扣除有关信息，由扣缴义务人扣缴税款时减除专项附加扣除。纳税人同时从两处以上取得工资、薪金所得，并由扣缴义务人减除专项附加扣除的，对同一专项附加扣除项目，在一个纳税年度内只能选择从一处取得的所得中减除。

扣缴义务人向个人支付应税款项时，应当依照个人所得税法规定预扣或者代扣税款，按时缴库，并专项记载备查。扣缴义务人向个人的支付，包括现金支付、汇拨支付、转账支付和以有价证券、实物以及其他形式的支付。

居民个人取得综合所得，按年计算个人所得税；有扣缴义务人的，由扣缴义务人按月或者按次预扣预缴税款；需要办理汇算清缴的，应当在取得所得的次年3月1日至6月30日内办理汇算清缴。预扣预缴办法由国务院税务主管部门制定。

居民个人向扣缴义务人提供专项附加扣除信息的，扣缴义务人按月预扣预缴税款时应当按照规定予以扣除，不得拒绝。非居民个人取得工资、薪金所得，劳务报酬所得，稿酬所得，特许权使用费所得，有扣缴义务人的，由扣缴义务人按月或者按次代扣代缴税款，不办理汇算清缴。

（二）自行申报

除了源泉扣缴外，随着我国个人所得税的征管模式由分类征收向分类与综合相结合的征收模式的变革，综合所得的存在使得自行申报纳税征管模式日益重要。目前，我国个人所得税法规定当纳税人存在以下情形时需要自行申报纳税。

1. 取得综合所得需要办理汇算清缴；

2. 取得应税所得没有扣缴义务人；

3. 取得应税所得，扣缴义务人未扣缴税款；

4. 取得境外所得；

5. 因移居境外注销中国户籍；

6. 非居民个人在中国境内从两处以上取得工资、薪金所得；

7. 国务院规定的其他情形。

纳税人取得综合所得需要办理汇算清缴的情形包括：（1）从两处以上取得综合所得，且综合所得年收入额减除专项扣除的余额超过6万元；（2）取得劳务报酬所得、稿酬所得、特许权使用费所得中一项或者多项所得，且综合所得年收入额减除专项扣除的余额超过6万元；（3）纳税年度内预缴税额低于应纳税额；（4）纳税人申请退税。

（三）纳税期限

扣缴义务人每月或者每次预扣、代扣的税款，应当在次月15日内缴入国库，并向税务机关报送扣缴个人所得税申报表。纳税人取得应税所得没有扣缴义务人的，应当在取得所得的次月15日内向税务机关报送纳税申报表，并缴纳税款。纳税人取得应税所得，扣缴义务人未扣缴税款的，纳税人应当在取得所得的次年6月30日前缴纳税款；税务机关通知限期缴纳的，纳税人应当按照期限缴纳税款。

居民个人从中国境外取得所得的，应当在取得所得的次年3月1日至6月30日内申报纳税。非居民个人在中国境内从两处以上取得工资、薪金所得的，应当在取得所得的次月15日内申报纳税。纳税人因移居境外注销中国户籍的，应当在注销中国户籍前办理税款清算。各项所得的计算，以人民币为单位。所得为人民币以外的货币的，按照人民币汇率中间价折合成人民币缴纳税款。

（四）部门协助

公安、人民银行、金融监督管理等相关部门应当协助税务机关确认纳税人的身份、金融账户信息。教育、卫生、医疗保障、民政、人力资源社会保障、住房城乡建设、公安、人民银行、金融监督管理等相关部门应当向税务机关提供纳税人子女教育、继续教育、大病医疗、住房贷款利息、住房租金、赡养老人等专项附加扣除信息。

个人转让不动产的，税务机关应当根据不动产登记等相关信息核验应缴的个人所得税，登记机构办理转移登记时，应当查验与该不动产转让相关的个人所得税的完税凭证。个人转让股权办理变更登记的，市场主体登记机关应当查验与该股权交易相关的个人所得税的完税凭证。有关部门依法将纳税人、扣缴义务人遵守本法的情况纳入信用信息系统，并实施联合激励或者惩戒。

关键概念

个人所得税；居民纳税人；非居民纳税人；综合所得；分类所得；工资薪金所得；劳务报酬所得；稿酬所得；特许权使用费所得；经营所得；财产租赁所得；财产转让所得；利息股息红利所得；偶然所得；累计预扣；汇算清缴；全年一次性奖金；公益捐赠；专项扣除；专项附加扣除；依法确定的其他扣除。

复习思考题

1. 个人所得税制有哪些类型？
2. 个人所得税有哪些特点与作用？
3. 个人所得税纳税人的分类标准是什么？
4. 我国现行个人所得税具体对哪些项目征税？

5. 如何理解稿酬所得项目中关于“次”的规定？
6. 如何计算各个税目的应纳税额？
7. 个人所得税的优惠政策有哪些？
8. 在什么情况下个人要自行申报个人所得税？

第七章

资源税类

学习目标

通过本章的学习，了解资源税类各税种的概念、特点及作用，熟悉资源税制各税种的征收制度，掌握资源税制各税种应纳税额的计算方法。

重点与难点

本章的重点主要有：各税种的征收范围、计税依据的确定、应纳税额的计算。本章的难点主要有：土地增值税应纳税额的计算、各税种的税收优惠。

第一节　资源税

一、资源税概述

（一）资源税的概念

资源税是对我国领域及管辖的其他海域开发应税资源的单位和个人，就其应税数量课征的一种税，属于对自然资源开发课税的范畴。

资源税按其征税目的和意义的不同，可以分为一般资源税和级差资源税。

1. 一般资源税

一般资源税是指国家对国有资源，如土地、水流、矿藏、森林、草原、山岭、荒地、滩涂等，根据需要，对使用自然资源者为取得应税资源的使用权而征收的税。一般资源税体现了普遍征收和有偿开采的原则。

2. 级差资源税

级差资源税是国家对开发和利用自然资源的单位和个人，由于自然条件的差异导致的级差收入课征的一种税。征收级差资源税，将企业和个人因自然资源条件的差异而形成的过多收入收归国家所有，使企业的利润水平真实反映企业和个人主观努力取得的成果，既有利于促进企业和个人的平等竞争，也有利于促进自然资源的合理利用。

（二）我国资源税制度的演变

我国对资源占用课税的历史至少可以追溯到周代，当时的“山泽之赋”就是对伐木、采矿、狩猎、捕鱼、煮盐等开发利用自然资源的生产活动征收的赋税。此后，我国历代政府延续了对矿业、盐业等自然资源开发利用课税的制度。

中华人民共和国成立后，1950年1月30日，政务院颁布了《全国税政实施要则》，明确规定对盐的生产、运销征收盐税，具有资源税的性质，但未将矿产资源纳入征税范围，所以在中华人民共和国成立后长达30多年的时间内我国实行的是矿产资源无偿开采的制度。

1984年，为了逐步建立和健全我国的资源税体系，我国开始征收资源税。1984年9月18日，国务院发布《中华人民共和国盐税条例（草案）》和《中华人民共和国资源税条例（草案）》，自1984年10月1日起试行。鉴于当时的一些客观原因，资源税税目只有煤炭、石油和天然气三种，后来又扩大到对铁矿石征税。

1993年我国实行分税制改革，同年12月25日国务院发布了《中华人民共和国资源税暂行条例》，取消盐税，将盐税并到资源税中，并将资源税的征收范围扩大到原油、天然气、煤炭、其他非金属矿原矿、黑色金属矿原矿、有色金属矿原矿等矿产品和盐，自1994年1月1日起执行。

2011年9月21日，国务院第173次常务会议决定对《中华人民共和国资源税暂行条例》作出修改，在现有资源税从量计征的基础上增加对油气实行从价定率计征的办法，同时修改了《中华人民共和国对外合作开采海洋石油资源条例》和《中华人民共和国对外合作开采陆上石油资源条例》，决定中外合作开采石油、天然气停止征收矿区使用费，一律征收资源税，自2011年11月1日起执行。经国务院批准，我国自2014年12月1日起实施煤炭资源税从价计征改革，同时清理相关收费基金，并调整原油、天然气资源税相关政策。

2016年5月10日，财政部、国家税务总局联合发布《关于全面推进资源税改革的通知》，宣布自2016年7月1日起，我国全面推进资源税改革，对绝大部分应税产品实行从价计征方式；对经营分散、难以控管的少数应税产品，由省级人民政府根据实际情况确定从价计征或者从量计征；并在河北省实施水资源税征收试点。自2016年12月1日起，水资源税改革试点扩大到北京、天津、山西、内蒙古、河南、山东、四川、宁夏、陕西等9省（自治区、直辖市）。

2019年8月26日第十三届全国人大常务委员会第十二次会议通过《中华人民共和国资源税法》，自2020年9月1日起施行。

（三）资源税的特点

1. 只对特定资源征税

我国现行的资源税仅把部分级差收入差异较大、资源较为普遍且易于征收管理的矿产品和盐列为征税对象，征税对象范围较窄。在矿产资源中，还采取了根据矿产价格和采掘业的实际状况选择品目、分批分步实施征收资源税的办法。对矿产资源的大多数主要矿种，采取列举品目的办法征收。随着我国经济的快速发展，对自然资源的合理利用和有效保护将越来越重要，资源税的征税范围逐步扩大。

2. 具有级差收入税的特点

由于自然资源的天然存储、开采条件、地理位置等因素存在差异，必然导致资源占用、开发者之间的区别。我国资源税在普遍征收的同时，通过对同一资源实行高低不同的差别税率，可以直接调节因资源条件不同而产生的级差收入。

3. 实行源泉课征

不论采掘或生产单位是否属于独立核算，资源税均规定在采掘或生产地源泉控制征收，这样既照顾了采掘地的利益，又避免了税款的流失。

4. 具有受益税的特点

资源税是国家凭借其政治权力和自然资源所有权的双重权力对开采者征收的一种税。一方面体现了有偿开采利用国有资源的原则，另一方面也体现了税收的强制性、固定性的特点。单位和个人开发经营国有资源，既应当为拥有开发权而付出一定的代价，也应当因享有国有资源有义务支付一定的费用。

（四）资源税的作用

1. 合理调节资源级差收入，促进企业之间公平竞争

我国资源税属于比较典型的级差资源税，根据应税产品的品种、质量、开采方式以及企业所处地理位置和交通运输条件等客观因素的差异确定差别税率，从而使条件优越者税负较高，反之则税负较低。这种税率设计使资源税能够比较有效地调节由于自然条件差异等客观原因给企业带来的收入差别，促进企业平等竞争。

2. 促进对自然资源的合理开发

我国确立国有资源有偿开采的原则，任何企业和个人只要开采国家规定的应税资源，都是资源税的纳税人，从而，可以促进纳税人节约、合理地开发和利用自然资源，有利于我国经济可持续发展。

3. 为国家筹集财政资金

随着资源税课征范围的逐渐扩展，资源税的收入规模及其在税收收入总额中所占的比重都相应增加，其财政意义也日渐明显，在为国家筹集财政资金方面发挥着不可忽视的作用。

二、纳税人与扣缴义务人

（一）纳税人

资源税的纳税义务人是指在中华人民共和国领域和中华人民共和国管辖的其他海域开发应税资源的单位和个人。单位是指国有企业、集体企业、私有企业、股份制企业、其他企业和行政单位、事业单位、军事单位、社会团体及其他单位。个人

是指个体工商户及其他个人。需要注意的是，资源税的纳税人不仅包括中国内资企业和个人，还包括外商投资企业和外国企业。

中外合作开采陆上、海上石油资源的企业依法缴纳资源税。2011年11月1日前已依法订立中外合作开采陆上、海上石油资源合同的，在该合同有效期内，继续依照国家有关规定缴纳矿区使用费，不缴纳资源税；合同期满后，依法缴纳资源税。

（二）扣缴义务人

收购未税矿产品（纳税人在销售其矿产品时不能向扣缴义务人提供“资源税管理证明”的矿产品）的独立矿山、联合企业及其他单位为资源税的扣缴义务人。

扣缴义务人主要是针对零星、分散、不定期开采，税务机关难以控制，没有缴税的矿产品，在收购其矿产品时负有代扣代缴资源税的法定义务。

《资源税法》实施后，资源税取消代扣代缴的征管方式，实行纳税人自主申报，不再有扣缴义务人。

三、税目和税率

（一）税目

现行资源税的税目及子目主要是根据资源税应税产品和纳税人开采资源的行业特点设置的。目前，资源税目有5个大类，其下又设置了若干子目。具体税目见表7-1。

纳税人在开采主矿产品的过程中伴采的其他应税矿产品，凡未单独规定适用税额的，一般按主矿产品或视同主矿产品税目征收资源税。

未列举名称的其他金属矿原矿和其他有色金属矿原矿，由省、自治区、直辖市人民政府决定征收或暂缓征收资源税，并报财政部和国家税务总局备案。

（二）税率

资源税采用从价定率或从量定额征收，因此，税率形式有比例税率和定额税率两种，具体税率见表7-1。

表7-1　　资源税税目税率表

税目		征税对象	税率
能源矿产	原油	原矿	6%
	天然气、页岩气、天然气水合物	原矿	6%
	煤	原矿或选矿	2%~10%
	煤成（层）气	原矿	1%~2%
	铀、钍	原矿	4%
	油页岩、油砂、天然沥青、石煤	原矿或选矿	1%~4%

<table>
<tr><th colspan="3">税目</th><th>征税对象</th><th>税率</th></tr>
<tr><td rowspan="10">金属矿产</td><td>黑色金属</td><td>铁、锰、铬、钒、钛</td><td>原矿或选矿</td><td>1%~9%</td></tr>
<tr><td rowspan="9">有色金属</td><td>铜、铅、锌、锡、镍、锑、镁、钴、铋、汞</td><td>原矿或选矿</td><td>2%~10%</td></tr>
<tr><td>铝土矿</td><td>原矿或选矿</td><td>2%~9%</td></tr>
<tr><td>钨</td><td>选矿</td><td>6.5%</td></tr>
<tr><td>钼</td><td>选矿</td><td>8%</td></tr>
<tr><td>金、银</td><td>原矿或者选矿</td><td>2%~6%</td></tr>
<tr><td>铂、钯、钌、锇、铱、铑</td><td>原矿或者选矿</td><td>5%~10%</td></tr>
<tr><td>轻稀土</td><td>选矿</td><td>7%~12%</td></tr>
<tr><td>中重稀土</td><td>选矿</td><td>20%</td></tr>
<tr><td>铍、锂、锆、锶、铷、铯、铌、钽、锗、镓、铟、铊、铪、铼、镉、硒、碲</td><td>原矿或者选矿</td><td>2%~10%</td></tr>
<tr><td rowspan="8">非金属矿产</td><td rowspan="8">矿物类</td><td>高岭土</td><td>原矿或者选矿</td><td>1%~6%</td></tr>
<tr><td>石灰岩</td><td>原矿或者选矿</td><td>1%~6%或者每吨（或者每立方米）1~10元</td></tr>
<tr><td>磷</td><td>原矿或者选矿</td><td>3%~8%</td></tr>
<tr><td>石墨</td><td>原矿或者选矿</td><td>3%~12%</td></tr>
<tr><td>萤石、硫铁矿、自然硫</td><td>原矿或选矿</td><td>1%~8%</td></tr>
<tr><td>天然石英砂、脉石英、粉石英、水晶、工业用金刚石、冰洲石、蓝晶石、硅线石（矽线石）、长石、滑石、刚玉、菱镁矿、颜料矿物、天然碱、芒硝、钠硝石、明矾石、砷、硼、碘、溴、膨润土、硅藻土、陶瓷土、耐火粘土、铁矾土、凹凸棒石粘土、海泡石粘土、伊利石粘土、累托石粘土</td><td>原矿或选矿</td><td>1%~12%</td></tr>
<tr><td>叶蜡石、硅灰石、透辉石、珍珠岩、云母、沸石、重晶石、毒重石、方解石、蛭石、透闪石、工业用电气石、白垩、石棉、蓝石棉、红柱石、石榴子石、石膏</td><td>原矿或选矿</td><td>2%~12%</td></tr>
<tr><td>其他粘土（铸型用粘土、砖瓦用粘土、陶粒用粘土、水泥配料用粘土、水泥配料用红土、水泥配料用黄土、水泥配料用泥岩、保温材料用粘土）</td><td>原矿或选矿</td><td>1%~5%或者每吨（或者每立方米）0.1~5元</td></tr>
</table>

续表

税目			征税对象	税率
非金属矿产	岩石类	大理岩、花岗岩、白云岩、石英岩、砂岩、辉绿岩、安山岩、闪长岩、板岩、玄武岩、片麻岩、角闪岩、页岩、浮石、凝灰岩、黑曜岩、霞石正长岩、蛇纹岩、麦饭石、泥灰岩、含钾岩石、含钾砂页岩、天然油石、橄榄岩、松脂岩、粗面岩、辉长岩、辉石岩、正长岩、火山灰、火山渣、泥炭	原矿或选矿	1%~10%
		砂石	原矿或选矿	1%~5%或者每吨（或者每立方米）0.1~5元
	宝玉石类	宝石、玉石、宝石级金刚石、玛瑙、黄玉、碧玺	原矿或选矿	4%~20%
水气矿产	二氧化碳气、硫化氢气、氦气、氡气		原矿	2%~5%
	矿泉水		原矿	1%~2%或者每立方米1~30元
盐	钠盐、钾盐、镁盐、锂盐		选矿	3%~15%
	天然卤水		原矿	3%~15%或者每吨（或者每立方米）1~10元
	海盐			2%~5%

《资源税税目税率表》中规定实行幅度税率的，其具体适用税率由省、自治区、直辖市人民政府统筹考虑该应税资源的品位、开采条件以及对生态环境的影响等情况，在《资源税税目税率表》规定的税率幅度内提出，报同级人民代表大会常务委员会决定，并报全国人民代表大会常务委员会和国务院备案。《资源税税目税率表》中规定征税对象为原矿或者选矿的，应当分别确定具体适用税率。

纳税人开采或生产不同税目应税产品的，应当分别核算不同税目应税产品的销售额或销售数量；未分别核算或不能准确提供不同税目应税产品的销售额或者销售数量的，从高适用税率。

四、计税依据的确定

资源税按照《资源税税目税率表》实行从价计征或者从量计征。

《资源税税目税率表》中规定可以选择实行从价计征或者从量计征的，具体计征方式由省、自治区、直辖市人民政府提出，报同级人民代表大会常务委员会决定，并报全国人民代表大会常务委员会和国务院备案。

（一）从价计征资源税的计税依据

1.销售额的认定

实行从价计征的资源税以销售额作为计税依据。销售额是指为纳税人销售应税产品向购买方收取的全部价款和价外费用，但不包括收取的增值税销项税额和运杂费用。

价外费用，包括价外向购买方收取的手续费、补贴、基金、集资费、返还利润、奖励费、违约金、滞纳金、延期付款利息、赔偿金、代收款项、代垫款项、包装费、包装物租金、储备费、优质费、运输装卸费以及其他各种性质的价外费用。但下列项目不包括在内：

（1）同时符合以下条件的代垫运输费用：承运部门的运输费用发票开具给购买方的；纳税人将该项发票转交给购买方的。

（2）同时符合以下条件代为收取的政府性基金或者行政事业性收费：由国务院或者财政部批准设立的政府性基金，由国务院或者省级人民政府及其财政、价格主管部门批准设立的行政事业性收费；收取时开具省级以上财政部门印制的财政票据；所收款项全额上缴财政。

运杂费用是指应税产品从坑口或洗选（加工）地到车站、码头或购买方指定地点的运输费用、建设基金以及随运销产生的装卸、仓储、港杂费用。运杂费用应与销售额分别核算，凡未取得相应凭据或不能与销售额分别核算的，应当一并计征资源税。

2.应税产品销售额明显偏低时的确定方法

如果纳税人申报的应税产品销售额明显偏低并且无正当理由的、有视同销售应税产品行为而无销售额的，除财政部、国家税务总局另有规定外，按下列顺序确定销售额：

（1）按纳税人最近时期同类产品的平均销售价格确定；

（2）按其他纳税人最近时期同类产品的平均销售价格确定；

（3）按组成计税价格确定。

组成计税价格为：

组成计税价格=成本×（1+成本利润率）÷（1−资源税税率）

公式中的“成本”是指应税产品的实际生产成本。公式中的“成本利润率”由省、自治区、直辖市税务机关确定。

（二）从量计征资源税的计税依据

实行从量征收的资源税以销售数量为计税依据。销售数量的具体规定为：

销售数量，包括纳税人开采或者生产应税产品的实际销售数量和视同销售的自用数量。

纳税人不能准确提供应税产品销售数量的，以应税产品的产量或者主管税务机关确定的折算比换算成的数量为计征资源税的销售数量。

【例7-1】某矿山本月开采铜矿石1 000吨，销售铜矿石1 600吨，又用400吨铜矿石换取了生产设备。本月应缴纳资源税的计税数量为多少吨呢？

【答案解析】该矿山本月铜矿石实际销售数量为1 600吨，同时，用400吨铜矿石换取了生产设备为视同销售的自用数量，所以纳税人本月的销售数量应为1 600+400=2 000（吨）。

纳税人开采或者生产应税产品自用于连续生产应税产品的不缴纳资源税；自用于其他方面的，视同销售，依法缴纳资源税。

五、应纳税额计算

资源税的应纳税额，按照从价定率或者从量定额的办法，分别以应税产品的销售额乘以纳税人具体适用的比例税率或者以应税产品的销售数量乘以纳税人具体适用的定额税率计算。

（一）从价计征资源税应纳税额的计算

实行从价定率征收的，根据应税产品的销售额和规定的适用税率计算应纳税额，具体公式为：

应纳税额=销售额×适用税率

【例7-2】某油田20×2年6月销售原油3 000吨，开具增值税专用发票取得销售额2 000万元、增值税税额260万元，已知该原油适用税率为6%。请计算该油田20×2年6月份应纳资源税税额。

【答案解析】原油按照从价定率的方法计算资源税，其应纳税额计算公式为：应纳税额=销售额×适用税率，其中销售额中不包括收取的增值税销项税额。

应纳税额=2 000×6%=120（万元）

（二）从量计征资源税应纳税额的计算

实行从量定额征收的，根据应税产品的课税数量和规定的单位税额计算应纳税额，具体计算公式为：

应纳税额=课税数量×单位税额

【例7-3】某采矿企业2019年10月开采砂石8 000吨，当月国内销售5 000吨，出口销售2 000吨。已知砂石的资源税税率为2元/吨。计算该企业当月应缴纳的资源税税额。

【答案解析】该企业当月应纳资源税税额=（5 000+2 000）×2=14 000（元）

六、税收优惠

（一）资源税的免征和减征

1. 有下列情形之一的，免征资源税：

（1）开采原油以及在油田范围内运输原油过程中用于加热的原油、天然气；

（2）煤炭开采企业因安全生产需要抽采的煤成（层）气。

2. 有下列情形之一的，减征资源税：

（1）从低丰度油气田开采的原油、天然气，减征20%的资源税；

（2）高含硫天然气、三次采油和从深水油气田开采的原油、天然气，减征30%的资源税；

（3）稠油、高凝油减征40%的资源税；

（4）从衰竭期矿山开采的矿产品，减征30%资源税。

根据国民经济和社会发展需要，国务院对有利于促进资源节约集约利用、保护环境等情形可以规定免征或者减征资源税，报全国人民代表大会常务委员会备案。

（二）省、自治区、直辖市决定的免征或减征

有下列情形之一的，省、自治区、直辖市可以决定免征或者减征资源税：

1. 纳税人开采或者生产应税产品过程中，因意外事故或者自然灾害等原因遭受重大损失；

2. 纳税人开采共伴生矿、低品位矿、尾矿。

免征或者减征资源税的具体办法，由省、自治区、直辖市人民政府提出，报同级人民代表大会常务委员会决定，并报全国人民代表大会常务委员会和国务院备案。

纳税人从事免税、减税项目的，应当单独核算销售额或者销售数量；未单独核算或者不能准确提供销售额或者销售数量的，不予免税或者减税。

【例7-4】2019年11月某油田开采原油15万吨，生产人造石油4万吨；当月用于加热油井耗用开采的原油0.2万吨；本月销售原油8万吨，每吨原油4 000元；销售人造石油2万吨，每吨4 100元。已知该原油适用税率为6%。计算该油田当月应缴纳的资源税税额。

【答案解析】人造石油不属于资源税征税对象。加热油井耗用的原油，免税。

原油按照从价定率的方法计算资源税。

该油田当月应纳资源税税额=8×4 000×6%=1 920（万元）

资源税规定仅对在中国境内开采或生产应税产品的单位和个人征收，进口的矿产品和盐不征收资源税。由于对进口应税产品不征收资源税，相应的，对出口应税产品也不免征或退还已纳资源税。

七、征收管理

（一）纳税义务发生时间

纳税人销售应税产品，纳税义务发生时间为收讫销售款或者取得索取销售款凭据的当日；自用应税产品的，纳税义务发生时间为移送应税产品的当日。

1. 纳税人采取分期收款结算方式的，其纳税义务发生时间，为销售合同规定的收款日期的当天。

2. 纳税人采取预收货款结算方式的，其纳税义务发生时间，为发出应税产品的当天。

3. 纳税人采取其他结算方式的，其纳税义务发生时间，为收讫销售款或者取得索取销售款凭据的当天。

扣缴义务人代扣代缴税款的纳税义务发生时间，为支付货款的当天。

（二）纳税期限

资源税按月或者按季申报缴纳；不能按固定期限计算缴纳的，可以按次申报缴纳。

纳税人按月或者按季申报缴纳的，应当自月度或者季度终了之日起15日内，向税务机关办理纳税申报并缴纳税款；按次申报缴纳的，应当自纳税义务发生之日起15日内，向税务机关办理纳税申报并缴纳税款。

（三）纳税环节

资源税在应税产品销售或者自用环节计算缴纳。纳税人以自采原矿加工精矿产品的，在原矿移送使用时不缴纳资源税，在精矿销售或者自用时缴纳资源税。

纳税人以自采原矿直接加工为非应税产品或者以自采原矿加工的精矿连续生产非应税产品的，在原矿或者精矿移送环节计算缴纳资源税。

以应税产品投资、分配、抵债、赠与、以物易物等，在应税产品所有权转移时计算缴纳资源税。

（四）纳税地点

凡是缴纳资源税的纳税人，应当向应税产品的开采或者生产所在地主管税务机关申报缴纳。

如果纳税人在本省、自治区、直辖市范围内开采或者生产应税产品，其纳税地点需要调整的，由省、自治区、直辖市税务机关决定。

跨省开采资源税应税产品的单位，其下属生产单位与核算单位不在同一省、自治区、直辖市的，对其开采的矿产品，一律在开采地纳税，其应纳税款由独立核算、自负盈亏的单位，按照开采地的实际销售量（或者自用量）及适用的单位税额计算划拨。

扣缴义务人代扣代缴的资源税，应当向收购地主管税务机关缴纳。

八、水资源税

（一）纳税人

水资源税的纳税人为直接取用地表水、地下水的单位和个人，包括直接从江、河、湖泊（含水库）和地下取用水资源的单位和个人。

下列情形，不缴纳水资源税：

1. 农村集体经济组织及其成员从本集体经济组织的水塘、水库中取用水的；

2. 家庭生活和零星散养、圈养畜禽饮用等少量取用水的；

3. 水利工程管理单位为配置或者调度水资源取水的；

4. 为保障矿井等地下工程施工安全和生产安全必须进行临时应急取用（排）水的；

5. 为消除对公共安全或者公共利益的危害临时应急取水的；

6. 为农业抗旱和维护生态与环境必须临时应急取水的。

（二）征税对象

水资源税的征税对象为地表水和地下水。地表水是陆地表面上动态水和静态水的总称，包括江、河、湖泊（含水库）等水资源。地下水是埋藏在地表以下的各种形式的水资源。

（三）税率

水资源税根据当地水资源状况、取用水类型和经济发展等情况实行差别税率。为发挥水资源税调控作用，按不同取用水性质实行差别税额：

1.地下水税额要高于地表水。

2.超采地区的地下水税额要高于非超采地区，严重超采地区的地下水税额要大幅高于非超采地区。

3.对超计划（定额）取用水，从高确定税额。纳税人超过水行政主管部门规定的计划（定额）取用水量，在原税额基础上加征1~3倍。

4.对特种行业取用水，从高确定税额。特种行业取用水，是指洗车、洗浴、高尔夫球场、滑雪场等取用水。

5.对超过规定限额的农业生产取用水，以及主要供农村人口生活用水的集中式饮水工程取用水，从低确定税额。

6.对回收利用的疏干排水和地源热泵取用水，从低确定税额。

（四）应纳税额的计算

水资源税实行从量计征。

1. 对一般取用水按照实际取用水量征税：

一般取用水应纳税额=实际取用水量×适用税额

2. 对采矿和工程建设疏干排水按照排水量征税：

疏干排水应纳税额=实际取用水量×适用税额

3. 对水力发电和火力发电贯流式（不含循环式）冷却取用水按照实际发电量征税：

水力发电和火力发电贯流式（不含循环式）应纳税额=实际发电量×适用税额

（五）税收减免

下列情形，予以免征或者减征水资源税：

1. 规定限额内的农业生产取用水，免征水资源税；

2. 取用污水处理再生水，免征水资源税；

3. 除接入城镇公共供水管网以外，军队、武警部队通过其他方式取用水的，免征水资源税；

4. 抽水蓄能发电取用水，免征水资源税；

5. 采油排水经分离净化后在封闭管道回注的，免征水资源税；

6. 财政部、国家税务总局规定的其他免征或者减征水资源税情形。

（六）征收管理

水资源税的纳税义务发生时间为纳税人取用水资源的当日。

除农业生产取用水外，水资源税按季或者按月征收，由主管税务机关根据实际情况确定。对超过规定限额的农业生产取用水水资源税可按年征收。不能按固定期限计算纳税的，可以按次申报纳税。

纳税人应当自纳税期满或者纳税义务发生之日起15日内申报纳税。

纳税人应当向生产经营所在地的税务机关申报缴纳水资源税。在试点省份内取用水，其纳税地点需要调整的，由省级财政、税务部门决定。

跨省（自治区、直辖市）调度的水资源，由调入区域所在地的税务机关征收水资源税。

第二节　土地增值税

一、土地增值税概述

（一）土地增值税的概念

土地增值税是对转让国有土地使用权、地上建筑物及其附着物，并取得收入的单位和个人，就其转让房地产所取得的增值额征收的一种税。

（二）我国土地增值税制度的建立与发展

中华人民共和国成立后，我国长期对土地采用行政划拨和无偿使用制度。改革开放以来，随着土地有偿使用制度的逐步推进，为合理调节土地的级差收益，发挥税收的调控功能，1993年12月13日国务院颁布《中华人民共和国土地增值税暂行条例》（以下简称《土地增值税暂行条例》），自1994年1月1日开始实施，财政部于1995年1月27日颁布了《中华人民共和国土地增值税暂行条例实施细则》。

为落实税收法定原则，加快税收立法进程，2019年7月16日，财政部、国家税务总局就《中华人民共和国土地增值税法（征求意见稿）》向社会公开征求意见。征求意见稿基本平移了《土地增值税暂行条例》，征税范围、计税方式、税率等基本保持不变，但与《土地增值税暂行条例》相比新增了不少内容，比如特别规定出让集体土地使用权等可按照转移房地产收入的一定比例征收土地增值税，另外也对中央、地方税收优惠作出规定列出多种情形，可减征或免征土地增值税。

（三）土地增值税的特点

1. 以转让房地产的增值额为计税依据

增值额为纳税人转让房地产的收入，减除税法规定准予扣除的项目金额后的余额。土地增值税的增值额与增值税的增值额有所不同，土地增值税的增值额为征税对象的全部销售收入额扣除与其相关的成本、费用、税金及其他项目金额后的余额，与会计核算中计算会计利润的方法基本相似。增值税的增值额只扣除与其销售额直接相关的进货成本价格。

2. 征税面比较广

凡在我国境内转让房地产并取得收入的单位和个人，除税法规定免税的外，均应依照土地增值税条例规定缴纳土地增值税。换言之，凡发生应税行为的单位和个人，不论其经济性质，也不分内、外资企业或中、外籍人员，无论专营或兼营房地产业务，均有缴纳土地增值税的义务。

3. 实行超率累进税率

土地增值税的税率是以转让房地产增值率的高低为依据来确认，按照累进原则设计，实行分级计税。增值率是以收入总额扣除相关项目金额后的余额再除以扣除项目合计金额，增值率高的，税率高、多纳税；增值率低的，税率低、少纳税。

4. 按次征收

土地增值税在房地产发生转让的环节，实行按次征收，每发生一次转让行为，就应根据每次取得的增值额征一次税。

（四）土地增值税的作用

1. 有利于合理调节土地增值收益

1994年前，我国涉及房地产交易市场的税收，主要有营业税、企业所得税、个人所得税、契税等。这些税收对转让房地产收益可以起一般调节作用，但对于土地增值所获得的过高收入起不到特殊调节作用。而随着城镇经济的不断发展，综合配套设施的不断完善，土地利用效率不断提高和开发力度的不断加大，城镇区域的房地产必然会产生较大的升值。对房地产转让行为征收土地增值收益，有利于维护国家权益，增加地方财政收入，并缓解因巨额利润流入单位和个人的腰包而造成严重的社会分配不公。

2. 有利于规范房地产市场交易秩序

土地收益主要来源于土地的增值收益，包括自然增值和投资增值。特别是土地的自然增值，随着的经济的发展和土地资源的相对短缺，将会越来越大。征收土地增值税，通过对转让房地产的过高增值收益进行合理调节分配，一方面维护了国家权益，对房地产正当开发者的合法权益给予保护；另一方面使投机者不能再获取暴利，从根本上抑制炒买炒卖房地产的现象，规范房地产市场交易秩序。

3. 有利于健全地方税体系

土地增值税属于地方税，全部收入归地方政府。征收土地增值税，加强对土地增值税的管理，不仅有利于增加地方财政收入，提高地方政府改善城市综合环境的积极性，也有利于健全地方税体系，扩大地方税收收入规模，为完善我国的分税制财政体制创造有利条件。

二、征税范围、纳税人和税率

（一）征税范围

土地增值税的征税范围包括：

1. 转让国有土地使用权

“国有土地”，是指按国家法律规定属于国家所有的土地。

2. 地上建筑物及其附着物连同国有土地使用权一并转让

“地上建筑物”是指建于土地上的一切建筑物，包括地上、地下的各种附属设施。“附着物”是指附着于土地上的不能移动或一旦移动就会损坏的物品。

（二）纳税人

土地增值税的纳税人是指转让国有土地使用权、地上的建筑物及其附着物并取得收入的单位和个人，具体包括企业、机关、事业单位、军事单位、个体工商户以及国内其他单位和个人，也包括外商投资企业、外国企业、外国机构、华侨、港澳台胞以及外国公民等。

（三）税率

为抑制房地产投机、炒卖活动，促进公平分配，土地增值税实行四级超率累进税率，见表7-2。

表7-2 **土地增值税税率表**

级距	增值额与扣除项目金额的比率	税率（%）	速算扣除系数（%）
1	不超过50%的部分	30	0
2	超过50%至100%的部分	40	5
3	超过100%至200%的部分	50	15
4	超过200%的部分	60	35

三、计税依据

土地增值税的计税依据是增值额，即转让房地产取得的收入与扣除项目金额之间的差额。用公式表示为：

增值额＝转让房地产收入总额−扣除项目金额

（一）转让房地产收入的确定

纳税人转让房地产取得的应税收入，应包括转让房地产的全部价款及有关的经济收益，从收入的形式来看包括货币收入、实物收入和其他收入。取得实物收入的按照市场价格折合后计算；取得土地使用权等无形资产的评估确定其价值后再计算；取得收入为人民币以外货币的应折合为人民币计算，可选择收入当天或当月1日的汇率进行折合。

纳税人转让房地产的土地增值税应税收入不含增值税。适用增值税一般计税方法的纳税人，其转让房地产的土地增值税应税收入不含增值税销项税额；适用简易计税方法的纳税人，其转让房地产的土地增值税应税收入不含增值税应纳税额。

（二）扣除项目的确定

准予纳税人从转让收入额减除的扣除项目包括如下几项：

1. 取得土地使用权所支付的金额

取得土地使用权所支付的金额是指纳税人为取得土地使用权所支付的地价款和按国家统一规定缴纳的有关费用。

2. 房地产开发成本

房地产开发成本是指纳税人房地产开发项目实际发生的成本，包括土地的征用及拆迁补偿费、前期工程费、建筑安装工程费、基础设施费、公共配套设施费、开发间接费用等。

3. 房地产开发费用

房地产开发费用是指与房地产开发项目有关的销售费用、管理费用和财务费用。财务费用中的利息支出，凡能够按转让房地产项目计算分摊并提供金融机构证明的，允许据实扣除，但最高不能超过按商业银行同类同期贷款利率计算的金额。其他房地产开发费用按取得土地使用权所支付的金额和房地产开发成本的金额之和的5%以内计算扣除；凡不能够按转让房地产项目计算分摊或不能提供金融机构证明的，房地产开发费用按取得土地使用权所支付的金额和房地产开发成本的金额之和的10%以内计算扣除。上述计算扣除的具体比例，由各省、自治区、直辖市人民政府规定。

【例7-5】某企业开发房地产取得土地使用权所支付的金额（不含增值税，下同）为1 000万元；房地产开发成本为6 000万元；向金融机构借入资金发生利息支出300万元（能提供金融机构贷款证明且可以按转让房地产项目合理分摊）；该房地产所在地政府规定能提供金融机构贷款证明且可以合理分摊利息支出的，其他房地产开发费用的计算扣除比例为5%。请计算该企业允许扣除的房地产开发费用。

【答案解析】允许扣除的开发费用=300+（1 000+6 000）×5%=650（万元）

4. 与转让房地产有关的税金

与转让房地产有关的税金指在转让房地产时缴纳的城市维护建设税、印花税。因转让房地产缴纳的教育费附加和地方教育附加，可视同税金扣除。

5. 其他扣除项目

对从事房地产开发的纳税人，可以按取得土地使用权所支付的金额和房地产开发成本的金额之和，加计20%的扣除。

6. 旧房及建筑物的评估价格

旧房及建筑物的评估价格是指在转让已使用的房屋及建筑物时，由政府批准设立的房地产评估机构评定的重置成本价乘以成新度折扣率后的价格。评估价格须经当地税务机关确认。

转让旧房的，应按旧房及建筑物的评估价格、取得土地使用权所支付的地价款和按国家统一规定缴纳的有关费用及在转让环节缴纳的税金作为扣除项目金额计征土地增值税。

四、应纳税额的计算

土地增值税应纳税额的具体计算步骤如下：

第一步，确定转让房地产的收入额和扣除项目金额。

第二步，计算增值额。

增值额=转让房地产收入-扣除项目金额

第三步，计算增值额与扣除项目金额之间的比例，即“增值率”。

增值率=增值额÷扣除项目金额×100%

第四步，依据增值率确定适用税率，确定适用税率的档次。

第五步，计算应纳税额。

应纳税额 = $\sum$(每级距的土地增值额 × 适用税率)

为简化计算，应纳税额也可采用速算法计算：

应纳税额=增值额×税率-扣除项目金额×速算扣除系数

【例7-6】某市房地产开发公司为一般纳税人，2019年5月转让2018年12月自建的写字楼，取得含增值税收入1 090万元。已知该公司为取得土地使用权所支付的金额为50万元，房地产开发成本为200万元，房地产开发费用为40万元（经批准可全额扣除）。已知除增值税外的其他相关税费为10万元，请计算该企业应缴纳的土地增值税税额。

【答案解析】扣除项目金额=50+200+40+10+（50+200）×20%=350（万元）

增值额=1 090÷（1+9%）-350=650（万元）

增值率=650÷350×100%=185.71%

该企业应纳土地增值税税额=650×50%-350×15%=272.5（万元）

五、税收优惠

纳税人建造普通标准住宅出售，增值额未超过扣除项目金额之和20%的，免征土地增值税；增值额超过扣除项目金额之和20%的，应就其全部增值额按规定计税。纳税人兼营普通住宅和其他房地产开发项目的，应分别核算，不分别核算的，普通住宅不再享受免税待遇。

因国家建设需要而被政府征用、收回的房地产，免征土地增值税。因城市实施规划、国家建设需要而搬迁，由纳税人自行转让原房地产的，比照因国家建设需要而被政府征用、收回的房地产，免征土地增值税。

企事业单位、社会团体以及其他组织转让旧房作为公共租赁住房房源且增值额未超过扣除项目金额20%的，免征土地增值税。

从2008年11月1日起，对个人销售住房暂免征收土地增值税。

六、征收管理

（一）纳税申报

纳税人应在转让房地产合同签订后的7日内，到房地产所在地主管税务机关办理纳税申报，在税务机关规定的纳税期限内缴纳土地增值税。

对于纳税人销售房地产所取得的收入，凡当地税务机关规定预征土地增值税的，纳税人应当到主管税务机关办理纳税申报，并按规定比例预缴，待办理决算后，多退少补；凡当地税务机关规定不预征土地增值税的，也应在取得收入时先到税务机关登记或备案。

（二）纳税地点

土地增值税的纳税人应向房地产所在地主管税务机关办理纳税申报。房地产所在地是指房地产的坐落地。纳税人转让的房地产坐落在两个或两个以上地区的，应按房地产所在地分别申报纳税。

第三节　城镇土地使用税

一、城镇土地使用税概述

（一）城镇土地使用税的概念

城镇土地使用税是以国有土地或集体土地为征税对象，对拥有土地使用权的单位和个人征收的一种税。现行城镇土地使用税的基本法律规范，是2006年12月31日国务院修订的《中华人民共和国城镇土地使用税暂行条例》（以下简称《城镇土地使用税暂行条例》），2013年12月4日国务院第32次常务会议对其作了部分修改，自2013年12月7日起施行。

（二）城镇土地使用税的特点

1. 对占用土地的行为征税。

广义上，土地是一种财产，对土地课税在国外属于财产税。但是，根据我国宪法规定，城镇土地的所有权归国家，单位和个人对占用的土地只有使用权而无所有权。因此，现行的城镇土地使用税实质上是对占用土地的行为的课税，属于以有偿占用为特点的行为税类型。

2. 征税对象是国有土地或集体土地。

由于我国的土地归国家所有，单位和个人只有占有权或使用权，而无所有权。这样，国家既可以凭借财产权力对土地使用人获取的收益进行分配，又可以凭借政治权力对土地使用者进行征税。开征城镇土地使用税，实质上是运用国家政治权力，将纳税人获取的本属于国家的土地收益集中到国家手中。

3. 征税范围有所限定

现行城镇土地使用税征税范围限定在城市、县城、建制镇、工矿区内的国家和集体所有的土地。在筹集地方财政资金、调节土地使用和收益分配方面，其发挥了积极的作用。

4. 实行差别幅度税额

开征城镇土地使用税的主要目的之一是调节土地的级差收入，而级差收入的产生主要取决于土地的位置。占有土地位置优越的纳税人，可以取得额外经济收益。为了有利于体现国家政策，城镇土地使用税实行差别幅度税额，对不同城镇适用不同税额，对同一城镇的不同地段，根据市政建设状况和经济繁荣程度确定不等的负担水平。

（三）城镇土地使用税的作用

1. 有利于促进土地资源的合理配置和节约使用，提高土地使用效益。

就我国目前的国情而言，存在着土地资源的浪费，降低了土地资源的使用效率，开征城镇土地使用税可以对浪费土地资源的行为起到很好的遏制，从而提高土地使用效益。

2. 有利于调节土地级差收益，为土地使用者创造公平竞争环境，并促进企业加强经济核算。

我国根据不同地区的经济发展状况制定了不同的城镇土地使用税税率，对经济发展较快地区实行较高税率，对经济发展较慢地区实行较低税率，从而为土地使用者创造了公平的竞争环境，并促进了企业加强经济核算。

3. 有利于理顺国家与土地使用者之间的分配关系。

我国土地为国有和集体所有，个人和企业只有使用权，而没有所有权，征收城镇土地使用税更加明确了这一分配关系。

二、纳税人、征税对象与税率

（一）纳税人

城镇土地使用税的纳税人为在城市、县城、建制镇、工矿区范围内使用土地的单位和个人。所称单位，包括国有企业、集体企业、私营企业、股份制企业、外商投资企业、外国企业以及其他企业和事业单位、社会团体、国家机关、军队以及其他单位；所称个人，包括个体工商户以及其他个人。

城镇土地使用税的纳税人通常包括下列几类：

（1）拥有土地使用权的单位和个人。

（2）拥有土地使用权的单位和个人不在土地所在地的，其土地的实际使用人和代管人。

（3）土地使用权未确定或权属纠纷未解决的，其实际使用人。

（4）土地使用权共有的，由共有各方分别纳税。

几个人或几个单位共同拥有一块土地的使用权，这块土地的城镇土地使用税的纳税人应是对这块土地拥有使用权的每一个人或每一个单位。他们应以其实际使用的土地面积占总面积的比例，分别计算缴纳土地税。

（二）征税对象

城镇土地使用税的征税对象是在城市、县城、建制镇、工矿区内的国家和集体所有的土地。

上述城市、县城、建制镇和工矿区按以下标准确认：

城市是指经国务院批准设立的市。

县城是指县人民政府所在地。

建制镇是指经省、自治区、直辖市人民政府批准设立的建制镇，建制镇的征税范围为镇人民政府所在地的地区，但不包括镇政府所在地所辖行政村。

工矿区是指工商业比较发达，人口比较集中，符合国务院规定的建制镇标准，但尚未设立建设镇的大中型工矿区企业所在地，工矿区须经省、自治区、直辖市人民政府批准。

建立在城市、县城、建制镇和工矿区以外的工矿区企业不需缴纳城镇土地使用税。

（三）税率

城镇土地使用税采用定额税率，即采用有幅度的差别税额，按大、中、小城市和县城、建制镇、工矿区分别规定每平方米土地使用税年应纳税额。具体规定见表7–3。

表7–3 **城镇土地使用税税率表**

	大城市	中等城市	小城市	县城、建制镇、工矿区
税率	1.5~30元	1.2~24元	0.9~18元	0.6~12元

经省、自治区、直辖市人民政府批准，经济落后地区的土地使用税适用额标准可以适当降低，但降低额不得超过规定的最低税额的30%。经济发达地区土地使用税的使用额标准可以适当提高，但须报经财政部批准。

三、应纳税额的计算

（一）计税依据的确定

城镇土地使用税的计税依据为纳税人实际占用的土地面积，土地面积计量标准每平方米。即税务机关根据纳税人实际占用的土地面积，按照规定的税额计算应纳税额，向纳税人征收土地使用税。

纳税人实际占用的土地面积按下列办法确定：

1. 由省、自治区、直辖市人民政府确定的单位组织测定土地面积的，以测定的面积为准。

2. 尚未组织测量，但纳税人持有政府部门核发的土地使用证书的，以证书确认的土地面积为准。

3. 尚未核发土地使用证书的，应由纳税人申报土地面积，据以纳税，待核发土地使用证书以后再作调整。

（二）应纳税额的计算

城镇土地使用税应纳税额的计算公式为：

全年应纳税额=实际占用应税土地面积（平方米）×适用税率

【例7–7】A公司与政府机关共同使用一栋共有土地使用权的建筑物。该建筑物占用土地面积2 000平方米，建筑物面积10 000平方米（公司与机关的占用比例为3∶1），该公司所在市城镇土地使用税单位税额每平方米5元。计算该企业全年应缴纳城镇土地使用税。

【答案解析】A公司应纳城镇土地使用税=2 000×3÷（3+1）×5=7 500（元）

四、税收优惠与征收管理

（一）税收优惠

城镇土地使用税对以下土地的使用免税：

1. 国家机关、人民团体、军队自用的土地。这部分土地是指这些单位本身的办公用地和公务用地，如国家机关、人民团体的办公楼用地，军队的训练场用地等。

2. 由国家财政部门拨付事业经费的单位自用的土地。这部分土地是指这些单位本身的业务用地，如学校的教学楼、操场、食堂等占用的土地。

3. 宗教寺庙、公园、名胜古迹自用的土地。宗教寺庙自用的土地，是指举行宗教仪式等的用地和寺庙内的宗教人员生活用地。公园、名胜古迹自用的土地，是指供公共参观游览的用地及其管理单位的办公用地。

以上单位的生产、经营用地和其他用地，不属于免税范围，应按规定缴纳土地使用税，如公园、名胜古迹中附设的营业单位如影剧院、饮食部、茶社、照相馆等使用的土地。

4. 市政街道、广场、绿化地带等公共用地。

5. 直接用于农、林、牧、渔业的生产用地。这部分土地是指直接从事于种植养殖、饲养的专业用地，不包括农副产品加工场地和生活办公用地。

6. 经批准开山填海整治的土地和改造的废弃土地，从使用的月份起免缴土地使用税5年至10年。具体免税期限由各省、自治区、直辖市税务局在《城镇土地使用税暂行条例》规定的期限内自行确定。

7. 对非营利性医疗机构、疾病控制机构和妇幼保健机构等卫生机构自用的土地，免征城镇土地使用税。

8. 企业办的学校、医院、托儿所、幼儿园，其用地能与企业其他用地明确区分的，免征城镇土地使用税。

9. 免税单位无偿使用纳税单位的土地，免征城镇土地使用税。纳税单位无偿使用免税单位的土地，纳税单位应照章缴纳城镇土地使用税。纳税单位与免税单位共同使用、共有使用权土地上的多层建筑，对纳税单位可按其占用的建筑面积占建筑总面积的比例计征城镇土地使用税。

10. 对行使国家行政管理职能的中国人民银行总行（含国家外汇管理局）所属分支机构自用的土地，免征城镇土地使用税。

（二）征收管理

1. 纳税期限

城镇土地使用税实行按年纳税，分期缴征的征收办法，具体纳税期限由省、自治区、直辖市人民政府确定。

2. 纳税义务发生时间

（1）纳税人购置新建商品房，自房屋交付使用之次月起，缴纳城镇土地使用税。

（2）纳税人购置存量房，自办理房屋权属转移、变更登记手续，房地产权属登记机关签发屋权属证书之次月起，缴纳城镇土地使用税。

（3）纳税人出租、出借房产，自交付出租、出借房产之次月起，缴纳城镇土地使用税。

（4）以出让或转让方式有偿取得土地使用权的，应由受让方从合同约定交付土地时间的次月起缴纳城镇土地使用税；合同未约定交付时间的，由受让方从合同签订的次月起缴纳城镇土地使用税。

（5）纳税人新征用的耕地，自批准征用之日起满一年时开始缴纳土地使用税。

（6）纳税人新征用的非耕地，自批准征用次月起缴纳土地使用税。

（7）自2009年1月1日起，纳税人因土地的权利发生变化而依法终止城镇土地使用税纳税义务的，其应纳税款的计算应截止到土地权利发生变化的当月末。

3. 纳税地点

城镇土地使用税在土地所在地缴纳。

纳税人使用的土地不属于同一省、自治区、直辖市管辖的，由纳税人分别向土地所在地的税务机关缴纳土地使用税；在同一省、自治区、直辖市管辖范围内，纳税人跨地区使用的土地，其纳税地点由各省、自治区、直辖市税务局确定。

【例7-8】某人民团体拥有A、B两栋办公楼，A栋占地3 000平方米，B栋占地1 000平方米。2018年3月18日至12月31日将B栋出租。已知，当地城镇土地使用税每平方米年税额为15元，计算该人民团体2018年应缴纳的城镇土地使用税税额。

【答案解析】自用的土地A栋办公楼免征城镇土地使用税。

出租的B栋应自交付出租房产之次月起，缴纳城镇土地使用税：

应纳城镇土地使用税税额=1 000×15×9÷12=11 250（元）

第四节　耕地占用税

一、耕地占用税的概念

耕地占用税是对在中华人民共和国境内占用耕地建设建筑物、构筑物或者从事非农业建设的单位和个人，按照其实际占用的耕地面积一次性定额征收的一种税。

为限制非农业建设占用耕地，保护和合理利用耕地资源，运用法律和经济手段加强土地管理，建立发展农业专项资金，促进农业生产的全面协调发展，1987年4月1日国务院发布了《中华人民共和国耕地占用税暂行条例》，自发布之日起施行。随着经济的发展，该条例越来越不适应新形势的需要，保护耕地的作用日益弱化。为了合理利用土地资源，加强土地管理，保护耕地，国务院于2007年12月1日重新颁布了《中华人民共和国耕地占用税暂行条例》。2018年12月29日，《中华人民共和国耕地占用税法》由第十三届全国人民代表大会常务委员会第七次会议通过，自2019年9月1日起施行。

二、征税范围、纳税人与税率

（一）征税范围

耕地占用税的征税对象包括纳税人占用耕地建设建筑物、构筑物或者从事非农业建设的耕地。

耕地，是指用于种植农作物的土地。

占用园地、林地、草地、农田水利用地、养殖水面、渔业水域滩涂以及其他农用地建设建筑物、构筑物或者从事非农业建设的，比照占用耕地的规定缴纳耕地占用税。

需要注意的是：占用耕地建设农田水利设施的，不缴纳耕地占用税。

占用园地、林地、草地、农田水利用地、养殖水面、渔业水域滩涂以及其他农用地建设直接为农业生产服务的生产设施的，不缴纳耕地占用税。

（二）纳税人

耕地占用税的纳税人，是在中华人民共和国境内占用耕地建设建筑物、构筑物或者从事非农业建设的单位和个人。

（三）税率

耕地占用税根据不同地区的人均耕地面积和经济发展情况实行有地区差别的幅度定额税率，具体规定如下：

1. 一般规定

耕地占用税的税额如下：

（1）人均耕地不超过一亩的地区（以县、自治县、不设区的市、市辖区为单位，下同），每平方米为十元至五十元；

（2）人均耕地超过一亩但不超过二亩的地区，每平方米为八元至四十元；

（3）人均耕地超过二亩但不超过三亩的地区，每平方米为六元至三十元；

（4）人均耕地超过三亩的地区，每平方米为五元至二十五元。

各地区耕地占用税的适用税额，由省、自治区、直辖市人民政府根据人均耕地面积和经济发展等情况，在前款规定的税额幅度内提出，报同级人民代表大会常务委员会决定，并报全国人民代表大会常务委员会和国务院备案。各省、自治区、直辖市耕地占用税适用税额的平均水平，不得低于《各省、自治区、直辖市地占用税平均税额表》（见表7-4）规定的平均税额。

表7-4　**各省、自治区、直辖市地占用税平均税额表**

省、自治区、直辖市	平均税额（元/平方米）
上海	45
北京	40
天津	35
江苏、浙江、福建、广东	30
辽宁、湖北、湖南	25
河北、安徽、江西、山东、河南、重庆、四川	22.5
广西、海南、贵州、云南、陕西	20
山西、吉林、黑龙江	17.5
内蒙古、西藏、甘肃、青海、宁夏、新疆	12.5

2. 特殊规定

（1）在人均耕地低于零点五亩的地区，省、自治区、直辖市可以根据当地经济发展情况，适当提高耕地占用税的适用税额，但提高的部分不得超过本地区确定的适用税额的50%。具体适用税额按照上述规定的程序确定。

（2）占用基本农田的，应当按照前面两条最终确定的当地适用税额，加按150%征收。基本农田，是指依据《基本农田保护条例》划定的基本农田保护区范围内的耕地。

（3）占用园地、林地、草地、农田水利用地、养殖水面、渔业水域滩涂以及其他农用地的，适用税额可以适当低于上述本地区确定的适用税额，但降低的部分不得超过50%。具体适用税额由省、自治区、直辖市人民政府提出，报同级人民代表大会常务委员会决定，并报全国人民代表大会常务委员会和国务院备案。

三、应纳税额的计算

耕地占用税以纳税人实际占用的耕地面积为计税依据，按照规定的适用税额一次性征收。其应纳税额的计算公式为：

应纳税额=实际占用耕地面积（平方米）×适用定额税率

【例7-9】某企业2020年占用林地50万平方米建造生态高尔夫球场；占用林地50万平方米开发经济林木；占用耕地3 500平方米用于建造厂房，并临时占用耕地500平方米用于堆放沙子，沙子用于建造厂房，预计2021年3月厂房建造完成，临时占用耕地已获得批准；所占耕地适用的定额税率为20元/平方米。

要求：（1）请计算企业应缴纳的耕地占用税税额。（2）临时占用耕地的税务处理是如何规定的？

【答案解析】

（1）应缴纳的耕地占用税税额=50×20+（3 500+500）×20÷10 000=1 008（万元）

（2）临时占用耕地，应当缴纳耕地占用税。纳税人在批准临时占用耕地的期限内恢复所占用耕地原状的，全额退还已经缴纳的耕地占用税。

四、税收优惠

（一）免税规定

下列情形免征耕地占用税：

（1）军事设施、学校、幼儿园、社会福利机构、医疗机构占用耕地，免征耕地占用税。

（2）农村烈士遗属、因公牺牲军人遗属、残疾军人以及符合农村最低生活保障条件的农村居民，在规定用地标准以内新建自用住宅，免征耕地占用税。

（二）减税规定

下列情形减征耕地占用税：

（1）铁路线路、公路线路、飞机场跑道、停机坪、港口、航道、水利工程占用耕地，减按每平方米2元的税额征收耕地占用税。

（2）农村居民在规定用地标准以内占用耕地新建自用住宅，按照当地适用税额减半征收耕地占用税；其中农村居民经批准搬迁，新建自用住宅占用耕地不超过原宅基地面积的部分，免征耕地占用税。

根据国民经济和社会发展的需要，国务院可以规定免征或者减征耕地占用税的其他情形，报全国人民代表大会常务委员会备案。

免征或者减征耕地占用税后，纳税人改变原占地用途，不再属于免征或者减征耕地占用税情形的，应当按照当地适用税额补缴耕地占用税。补缴税款按改变用途的实际占用耕地面积和改变用途时当地适用税额计算。

五、征收管理

（一）纳税义务发生时间

耕地占用税的纳税义务发生时间为纳税人收到自然资源主管部门办理占用耕地手续的书面通知的当日。

（二）纳税期限

纳税人应当自纳税义务发生之日起30日内申报缴纳耕地占用税。

自然资源主管部门凭耕地占用税完税凭证或者免税凭证和其他有关文件发放建设用地批准书。

（三）纳税地点

纳税人占用耕地，应当在耕地所在地申报纳税。

（四）其他管理规定

1. 纳税人因建设项目施工或者地质勘查临时占用耕地，应当依照《中华人民共和国耕地占用税法》的规定缴纳耕地占用税。纳税人在批准临时占用耕地期满之日起1年内依法复垦，恢复种植条件的，全额退还已经缴纳的耕地占用税。

临时占用耕地，是指经自然资源主管部门批准，在一般不超过2年内临时使用耕地并且没有修建永久性建筑物的行为。

依法复垦应由自然资源主管部门会同有关行业管理部门认定并出具验收合格确认书。

2. 税务机关应当与相关部门建立耕地占用税涉税信息共享机制和工作配合机制。县级以上地方人民政府自然资源、农业农村、水利等相关部门应当定期向税务机关提供农用地转用、临时占地等信息，协助税务机关加强耕地占用税征收管理。

税务机关发现纳税人的纳税申报数据资料异常或者纳税人未按照规定期限申报纳税的，可以提请相关部门进行复核，相关部门应当自收到税务机关复核申请之日起30日内向税务机关出具复核意见。

关键概念

资源税；土地增值税；城镇土地使用税；耕地占用税；水资源税。

复习思考题

1. 简述资源税的分类及作用。
2. 简述土地增值税的征税范围。
3. 简述城镇土地使用税的特点及作用。
4. 简述耕地占用税的特点及作用。

第八章

财产税

学习目标

通过本章的学习，了解契税、房产税和车船税等财产税的概念、特点及作用，熟悉各税种的征税范围、纳税人及征管管理，掌握各税种应纳税额的计算。

重点与难点

本章的重点主要有：各税种的征收范围、计税依据的确定、应纳税额的计算。本章的难点主要有：房产税、车船税计税依据的确定、契税与房产税的税收优惠。

第一节　契税

一、契税的概念

契税是以土地使用权和房屋所有权权属转移的土地和房屋为征收对象，向权属承受人征收的一种行为税。

契税是一个古老的税种，至今已有1 600多年的历史。中华人民共和国成立以后颁布的第一个单行税收法规就是《中华人民共和国契税暂行条例》，对旧中国的契税进行了改革，基本形成了我国契税制度的雏形。1978年后，随着城乡房屋买卖的重新活跃。财政部对契税政策进行了一系列补充和调整，1990年，契税征收工作全面恢复。

1997年国务院对原契税暂行条例进行了修订，重新颁布了《中华人民共和国契税暂行条例》，并从1997年10月1日起施行。

2020年8月11日，第十三届全国人民代表大会常务委员会第二十一次会议通过《中华人民共和国契税法》，自2021年9月1日起施行，《中华人民共和国契税暂行条例》同时废止。2021年6月10日，《中华人民共和国印花税》通过，2022年7月1日起施行。

二、契税的征税范围

契税的征税对象是发生土地使用权和房屋所有权权属转移的土地和房屋。

（一）具体征税范围

1.土地使用权出让。

土地使用权出让，是指土地使用者向国家支付土地使用权出让费用，国家将国有土地使用权在一定年限内让予土地使用者的行为。

2.土地使用权转让，包括出售、赠与和互换。

土地使用权转让，是指土地使用者以出售、赠与、交换或者其他方式将土地使用权转移给其他单位和个人的行为。

土地使用权出售，是指土地使用者以土地使用权作为交易条件，取得货币、实物、无形资产或者其他经济利益的行为。

土地使用权赠与，是指土地使用者将其土地使用权无偿转让给受赠者的行为。

土地使用权互换，是指土地使用者之间相互交换土地使用权的行为。

土地使用权转让，不包括农村集体土地承包经营权的转移。

3.房屋买卖。

房屋买卖，是指房屋所有者将其房屋出售，由承受者交付货币、实物、无形资产或者其他经济利益的行为。

4.房屋赠与。

房屋赠与，是指房屋所有者将其房屋无偿转让给受赠者的行为。

个人无偿赠与不动产行为（法定继承人除外），应对受赠人全额征收契税，在缴纳契税时，纳税人须提交经税务机关审核并签字盖章的“个人无偿赠与不动产登记表”，税务机关（或其他征收机关）应在纳税人的契税完税凭证上加盖“个人无偿赠与”印章，在“个人无偿赠与不动产登记表”中签字并将该表格留存。

5.房屋互换。

房屋互换，是指房屋所有者之间相互交换房屋的行为。

房屋产权相互交换，双方交换价值相等的，免纳契税；其价值不相等的，按超出部分由支付差价方缴纳契税。

（二）视同土地使用权转让、房屋买卖

有关法规规定，土地、房屋权属以下列方式转移的，视同土地使用权转让、房屋买卖或者房屋赠与征税：

1.以土地、房屋权属作价投资、入股，但是以自有房产作股投入本人独资经营的企业，则免纳契税。

2.以土地、房屋权属抵债。

3.以获奖方式承受土地、房屋权属。

以获奖方式取得房屋产权的，其实质是接受赠与房产，应照章缴纳契税。

4.以预购方式或者预付集资建房款方式承受土地、房屋权属。

（三）房屋附属设施有关契税政策

对于承受与房屋相关的附属设施（包括停车位、汽车库、自行车库、顶层阁楼以及储藏室，下同）所有权或土地使用权的行为，按照契税法律、法规的规定征收契税；对于不涉及土地使用权和房屋所有权转移变动的，不征收契税。

采取分期付款方式购买房屋附属设施土地使用权、房屋所有权的，应按合同规定的总价款计征契税。

承受的房屋附属设施权属如为单独计价的，按照当地确定的适用税率征收契税；如与房屋统一计价的，适用与房屋相同的契税税率。

（四）土地使用者转让土地使用权及所附建筑物、构筑物等

土地使用者将土地使用权及所附建筑物、构筑物等（包括在建的房屋、其他建筑物、构筑物和其他附着物）转让给他人的，应按照转让的总价款计征契税。

（五）土地使用者转让、抵押或者置换土地

土地使用者转让、抵押或置换土地，无论其是否取得了该土地的使用权属证书，无论其在转让、抵押或置换土地过程中是否与对方当事人办理了土地使用权属证书变更登记手续，只要土地使用者享有占有、使用、收益或处分该土地的权利，且有合同等证据表明其实质转让、抵押或置换了土地并取得了相应的经济利益，土地使用者及其对方当事人就应当依照税法规定缴纳契税。

三、纳税人与税率

（一）纳税人

在中华人民共和国境内转移土地、房屋权属，承受的单位和个人为契税的纳税人。

承受，是指以受让、购买、受赠、交换等方式取得土地、房屋权属的行为。单位，是指企业单位、事业单位、国家机关、军事单位和社会团体以及其他组织。个人，是指个体经营者及其他个人。

（二）税率

契税采用的是幅度比例税率，具体为3%~5%。契税的适用税率，由省、自治区、直辖市人民政府在3%~5%的幅度内按照本地区的实际情况确定，并报财政部和国家税务总局备案。

四、应纳税额的计算

（一）计税依据的确定

契税的计税依据按照土地、房屋交易的不同情况确定：

1.国有土地使用权出让、土地使用权出售、房屋买卖，为成交价格。成交价格，是指土地、房屋权属转移合同确定的价格，包括承受者应交付的货币、实物、无形资产或者其他经济利益。

2.土地使用权赠与、房屋赠与，由征收机关参照土地使用权出售、房屋买卖的市场价格核定。

3.土地使用权交换、房屋交换，为所交换的土地使用权、房屋的价格的差额。

土地使用权交换、房屋交换，交换价格不相等的，由多交付货币、实物、无形资产或者其他经济利益的一方缴纳税款。交换价格相等的，免征契税。土地使用权与房屋所有权之间相互交换，也按此征税。

4.成交价格明显低于市场价格并且无正当理由的，或者所交换土地使用权、房屋的价格的差额明显不合理并且无正当理由的，由征收机关参照市场价格核定。

5.以划拨方式取得土地使用权的，经批准转让房地产时，应由房地产转让者补缴契税。其计税依据为补缴的土地使用权出让费用或者土地收益。

6.房屋买卖的契税计税价格为房屋买卖合同的总价款。计征契税的成交价格不含增值税。

7.对承受国有土地使用权所应支付的土地出让金，要计征契税。不得因减免土地出让金，而减免契税。

（二）应纳税额的计算

契税应纳税额，依照规定的税率和计税依据计算征收。计算公式为：

应纳税额=计税依据×税率

应纳税额以人民币计算。转移土地、房屋权属以外汇结算的，按照纳税义务发生之日中国人民银行公布的人民币市场汇率中间价折合成人民币计算。

【例8-1】周某向谢某借款80万元，后因谢某急需资金，周某以一套价值90万元（不含增值税）的房产抵偿所欠谢某债务，谢某取得该房产产权的同时支付周某差价款10万元。已知契税的税率为3%。请问契税的纳税人是谁？应缴纳的契税税额是多少？

【答案解析】契税应由房屋权属承受人谢某缴纳。

谢某应缴纳的契税税额=90×3%=2.7（万元）

五、税收优惠

（一）一般规定

1.国家机关、事业单位、社会团体、军事单位承受土地、房屋用于办公、教学、医疗、科研和军事设施的，免征契税。

用于办公的土地、房屋，是指办公室（楼）以及其他直接用于办公的土地、房屋。

用于教学的土地、房屋，是指教室（教学楼）以及其他直接用于教学的土地、房屋。

用于医疗的土地、房屋，是指门诊部以及其他直接用于医疗的土地、房屋。

用于科研的，是指科学试验的场所以及其他直接用于科研的土地、房屋。

用于军事设施的土地、房屋，是指地上和地下的军事指挥作战工程；军用的机场、港口、码头；军用的库房、营区、训练场、试验场；军用的通信、导航、观测台站；其他直接用于军事设施的土地、房屋。

其他直接用于办公、教学、医疗、科研的以及其他直接用于军事设施的土地、房屋的具体范围，由省、自治区、直辖市人民政府确定。

2.城镇职工按规定第一次购买公有住房的，免征。

城镇职工按规定第一次购买公有住房的，是指经县以上人民政府批准，在国家规定标准面积以内购买的公有住房。城镇职工享受免征契税，仅限于第一次购买的公有住房。超过国家规定标准面积的部分，仍应按照规定缴纳契税。

3.因不可抗力灭失住房而重新购买住房的，酌情准予减征或者免征。

不可抗力，是指自然灾害、战争等不能预见、不能避免、并不能克服的客观情况。

4.财政部规定的其他减征、免征契税的项目。

（1）土地、房屋被县级以上人民政府征用、占用后，重新承受土地、房屋权属的，是否减征或者免征契税，由省、自治区、直辖市人民政府确定。

（2）纳税人承受荒山、荒沟、荒丘、荒滩土地使用权，用于农、林、牧、渔业生产的，免征契税。

（3）依照我国有关法律规定以及我国缔结或参加的双边和多边条约或协定的规定应当予以免税的外国驻华使馆、领事馆、联合国驻华机构及其外交代表、领事官员和其他外交人员承受土地、房屋权属的，经外交部确认，可以免征契税。

5.经批准减征、免征契税的纳税人改变有关土地、房屋的用途，不再属于规定的减征、免征契税范围的，应当补缴已经减征、免征的税款。其纳税义务发生时间为改变有关土地、房屋用途的当天。

（二）特殊规定

1.2019年1月1日至2020年12月31日，对公租房经营管理单位购买住房作为公租房，免征契税。

2.对个人购买家庭唯一住房（家庭成员范围包括购房人、配偶以及未成年子女，下同），面积为90平方米及以下的，减按1%的税率征收契税；面积为90平方米以上的，减按1.5%的税率征收契税。

3.对个人购买家庭第二套改善性住房，面积为90平方米及以下的，减按1%的税率征收契税；面积为90平方米以上的，减按2%的税率征收契税。

家庭第二套改善性住房是指已拥有一套住房的家庭，购买的家庭第二套住房。

（三）企业、事业单位改制重组优惠政策

自2018年1月1日起至2020年12月31日，企业、事业单位改制重组涉及的契税政策按以下规定执行：

1.企业改制。企业按照《中华人民共和国公司法》有关规定整体改制，包括非公司制企业改制为有限责任公司或股份有限公司，有限责任公司变更为股份有限公司，股份有限公司变更为有限责任公司，原企业投资主体存续并在改制（变更）后的公司中所持股权（股份）比例超过75%，且改制（变更）后公司承继原企业权利、义务的，对改制（变更）后公司承受原企业土地、房屋权属，免征契税。

2.事业单位改制。事业单位按照国家有关规定改制为企业，原投资主体存续并在改制后企业中出资（股权、股份）比例超过50%的，对改制后企业承受原事业单位土地、房屋权属，免征契税。

3.公司合并。两个或两个以上的公司，依照法律规定、合同约定，合并为一个公司，且原投资主体存续的，对合并后公司承受原合并各方土地、房屋权属，免征契税。

4.公司分立。公司依照法律规定、合同约定分立为两个或两个以上与原公司投资主体相同的公司，对分立后公司承受原公司土地、房屋权属，免征契税。

5.企业破产。企业依照有关法律法规规定实施破产，债权人（包括破产企业职工）承受破产企业抵偿债务的土地、房屋权属，免征契税；对非债权人承受破产企业土地、房屋权属，凡按照《中华人民共和国劳动法》等国家有关法律法规政策妥善安置原企业全部职工规定，与原企业全部职工签订服务年限不少于3年的劳动用工合同的，对其承受所购企业土地、房屋权属，免征契税；与原企业超过30%的职工签订服务年限不少于3年的劳动用工合同的，减半征收契税。

6.资产划转。对承受县级以上人民政府或国有资产管理部门按规定进行行政性调整、划转国有土地、房屋权属的单位，免征契税。同一投资主体内部所属企业之间土地、房屋权属的划转，包括母公司与其全资子公司之间，同一公司所属全资子公司之间，同一自然人与其设立的个人独资企业、一人有限公司之间土地、房屋权属的划转，免征契税。

母公司以土地、房屋权属向其全资子公司增资，视同划转，免征契税。

7.债权转股权。经国务院批准实施债权转股权的企业，对债权转股权后新设立的公司承受原企业的土地、房屋权属，免征契税。

8.划拨用地出让或作价出资。以出让方式或国家作价出资（入股）方式承受原改制重组企业、事业单位划拨用地的，不属于上述规定的免税范围，对承受方应按规定征收契税。

9.公司股权（股份）转让。在股权（股份）转让中，单位、个人承受公司股权（股份），公司土地、房屋权属不发生转移，不征收契税。

六、征收管理

（一）纳税义务发生时间

契税的纳税义务发生时间是纳税人签订土地、房屋权属转移合同的当天，或者纳税人取得其他具有土地、房屋权属转移合同性质凭证的当天。

（二）纳税期限

纳税人应当自纳税义务发生之日起10日内，向土地、房屋所在地的契税征收机关办理纳税申报，并在契税征收机关核定的期限内缴纳税款。

（三）纳税地点

契税在土地、房屋所在地的税务机关缴纳。

（四）契税申报

1.根据人民法院、仲裁委员会的生效法律文书发生土地、房屋权属转移，纳税人不能取得销售不动产发票的，可持人民法院执行裁定书原件及相关材料办理契税纳税申报，税务机关应予受理。

2.购买新建商品房的纳税人在办理契税纳税申报时，由于销售新建商品房的房地产开发企业已办理注销税务登记或者被税务机关列为非正常户等原因，致使纳税人不能取得销售不动产发票的，税务机关在核实有关情况后应予受理。

此外，纳税人办理纳税事宜后，征收机关应向纳税人开具契税完税凭证。纳税人持契税完税凭证和其他规定的文件材料，依法向土地管理部门、房产管理部门办理有关土地、房屋的权属变更登记手续。土地管理部门和房产管理部门应向契税征收机关提供有关资料，并协助契税征收机关依法征收契税。

对已缴纳契税的购房单位和个人，在未办理房屋权属变更登记前退房的，退还已纳契税；在办理房屋权属变更登记后退房的，不予退还已纳契税。

第二节　房产税

一、房产税概述

房产税是以房屋为征税对象，以房产余值或租金收入为计税依据，向房屋产权所有人征收的一种财产税。

对房屋征税，我国自古有之。周朝的“廛布”，唐朝的间架税，清朝初期的“市廛输钞”“计檩输钞”，清末和民国时期的“房捐” 等，都是对房屋征税。中华人民共和国成立后，1950年1月，政务院公布《全国税政实施要则》，规定全国统一征收房产税、地产税两个税种，同年6月将房产税和地产税合并为房地产税。1951年8月政务院公布了《城市房地产税暂行条例》。1973年全国试行工商税后，规定实行工商税的纳税人缴纳的城市房地产税并入工商税内缴纳。城市房地产税仅对外商投资企业、外国企业和外籍人员的房产征税。1986年9月国务院颁布了《中华人民共和国房产税暂行条例》（以下简称《房产税暂行条例》），于当年10月起施行，纳税人为国内单位及个人。2008年12月31日，国务院废止《城市房地产税暂行条例》，内外资企业统一执行《房产税暂行条例》。

“房产”是以房屋形态表现的财产。房屋是指有屋面和围护结构（有墙或两边有柱），能够遮风避雨，可供人们在其中生产、工作、学习、娱乐、居住或储藏物资的场所。独立于房屋之外的建筑物，如围墙、烟囱、水塔、变电塔、油池油柜、酒窖菜窖、酒精池、糖蜜池、室外游泳池、玻璃暖房、砖瓦石灰窑以及各种油气罐等，不属于房产。

二、纳税人、征税范围与税率

（一）纳税人

房产税的纳税人是指在我国城市、县城、建制镇和工矿区（不包括农村）内拥有房屋产权的单位和个人。其中：

1.产权属于全民所有的，由经营管理的单位缴纳房产税。

2.产权出典的，由承典人依照房产余值缴纳房产税。

3.产权所有人、承典人不在房产所在地的，或者产权未确定及租典纠纷未解决的，由房产代管人或者使用人缴纳。凡以分期付款方式购买使用商品房，且购销双方均未取得房屋产权证书期间，应确定房屋的实际使用人为房产税的纳税义务人，缴纳房产税。

4.无租使用其他单位房产的应税单位和个人，依照房产余值代缴纳房产税。

5.纳税单位与免税单位共同使用的房屋，按各自使用的部分划分，分别征收或免征房产税。

6.鉴于房地产开发企业开发的商品房在出售前，对房地产开发企业而言是一种产品，因此，对房地产开发企业建造的商品房，在售出前，不征收房产税；但对售出前房地产开发企业已使用或出租、出借的商品房应按规定征收房产税。

（二）征收范围

房产税在城市、县城、建制镇和工矿区征收。其中：

1.城市是指经国务院批准设立的市。城市的征税范围为市区、郊区和市辖县县城，不包括农村。

2.县城是指未设立建制镇的县人民政府所在地。

3.建制镇是指经省、自治区、直辖市人民政府批准设立的建制镇。建制镇的征税范围为镇人民政府所在地，不包括所辖的行政村。

4.工矿区是指工商业比较发达，人口比较集中，符合国务院规定的建制镇标准，但尚未设立镇建制的大中型工矿企业所在地。开征房产税的工矿区须经省、自治区、直辖市人民政府批准。

（三）税率

房产税采用比例税率，根据计税依据的不同分为以下两档：依房产余值计税的，税率为1.2%；依房产租金收入计税的，税率为12%。

从2008年3月1日起，对个人出租住房，不区分用途，按4%税率征收房产税。对企事业单位、社会团体以及其他组织按照市场价格向个人出租用于居住的住房，减按4%税率征收房产税。

三、计税依据的确定

房产税采用从价计征。计税依据为房产余值或不含增值税的房产租金收入。

（一）房产余值

所谓房产余值，是指依照房产原值一次减除10%~30%损耗价值后的余额。具体减除幅度由省、自治区、直辖市人民政府规定。没有房产原值作为依据的，由房产所在地税务机关参考同类房产核定。

在具体政策运用上，应重点注意以下问题：

1.自2009年1月1日起，对依照房产原值计税的房产，不论是否记载在会计账簿“固定资产”科目中，均应按照房屋原价计算缴纳房产税。房屋原价应根据国家有关会计制度规定进行核算。对纳税人未按国家会计制度规定核算并记载的，应按规定予以调整或重新评估。纳税人对原有房屋进行改建、扩建的，要相应增加房屋的原值。

2. 自 2010 年 12 月 21 日起，对按照房产原值计税的房产，无论会计上如何核算，房产原值均应包含地价，包括为取得土地使用权支付的价款、开发土地发生的成本费用等。宗地容积率低于0.5的，按房产建筑面积的2倍计算土地面积并据此确定计入房产原值的地价。

3. 房产原值应包括与房屋不可分割的各种附属设备或一般不单独计算价值的配套设施。主要有：暖气、卫生、通风、照明、煤气等设备；各种管线，如蒸气、压缩空气、石油、给水排水等管道及电力、电信、电缆导线；电梯、升降机、过道、晒台等。属于房屋附属设备的水管、下水道、暖气管、煤气管等从最近的探视井或三通管算起，电灯网、照明线从进线盒连接管算起。

自 2006 年 1 月 1 日起，为了维持和增加房屋的使用功能或使房屋满足设计要求，凡以房屋为载体，不可随意移动的附属设备和配套设施，如给排水、采暖、消防、中央空调、电气及智能化楼宇设备等，无论在会计核算中是否单独记账与核算，都应计入房产原值，计征房产税。对于更换房屋附属设备和配套设施的，在将其价值计入房产原值时，可扣减原来相应设备和设施的价值；对附属设备和配套设施中易损坏、需要经常更换的零配件，更新后不再计入房产原值。

4. 凡在房产税征收范围内的具备房屋功能的地下建筑，包括与地上房屋相连的地下建筑以及完全建在地面以下的建筑、地下人防设施等，均应当依照有关规定征收房产税。上述具备房屋功能的地下建筑是指有屋面和维护结构，能够遮风避雨，可供人们在其中生产、经营、工作、学习、娱乐、居住或储藏物资的场所。自用的地下建筑，按以下方式计税：

（1）工业用途房产，以房屋原价的 50%~60% 作为应税房产原值。

（2）商业和其他用途房产，以房屋原价的 70%~80% 作为应税房产原值。

房屋原价折算为应税房产原值的具体比例，由各省、自治区、直辖市和计划单列市财政和税务部门在上述幅度内自行确定。

（3）对于与地上房屋相连的地下建筑，如房屋的地下室、地下停车场、商场的地下部分等，应将地下部分与地上房屋视为一个整体按照地上房屋建筑的有关规定计算征收房产税。

（二）租金收入

房产出租的，以不含增值税的房产租金收入为房产税的计税依据。

房产的租金收入包括货币收入和实物收入。如果纳税人对出租房屋的租金收入申报不实或申报数与同一地段同类房屋的租金收入相比明显不合理，税务部门可以核定其应纳税额。出租地下建筑，按照出租地上建筑的有关规定计征房产税。

（三）特殊情况

1. 对于投资联营的房产，应根据投资联营的具体情况，在计征房产税时予以区别对待。对于以房产投资联营，投资者参与投资利润分红，共担风险的情况，按房产原值作为计税依据计征房产税；对于以房产投资，收取固定收入，不承担联营风险的情况，实际上是以联营名义取得房产的租金，应根据《中华人民共和国房产税暂行条例》的有关规定由出租方按租金收入计缴房产税。

2.融资租赁的房产，由承租人自融资租赁合同约定开始日的次月起依照房产余值缴纳房产税。合同未约定开始日的，由承租人自合同签订的次月起依照房产余值缴纳房产税。

3.对居民住宅区内业主共有的经营性房产，由实际经营（包括自营和出租）的代管人或使用人缴纳房产税。其中自营的，依照房产原值减除10%~30%后的余值计征，没有房产原值或不能将业主共有房产与其他房产的原值准确划分开的，由房产所在地地方税务机关参照同类房产核定房产原值；出租的，依照租金收入计征。

4.对出租房产，租赁双方签订的租赁合同约定有免收租金期限的，免收租金期间由产权所有人按照房产原值缴纳房产税。

四、应纳税额的计算

（一）以房产余值计税

计算公式为：

应纳税额=房产余值×1.2%

房产余值=房产原值×（1-原值减除比例）

房产原值是指纳税人在“固定资产”科目中记载的房屋原价，减除一定比例是指省、自治区、直辖市人民政府规定的10%~30%的减除比例。

【例8-2】某公司拥有一处原值3 000万元的酒店，2019年4月对其进行改建，更换楼内电梯，将原值50万元的电梯更换为100万元的新电梯，支出200万元在后院新建一露天泳池，拆除100万元的照明设施，再支出150万元安装智能照明，酒店于2019年8月底改建完毕并对外营业。当地省政府规定计算房产余值的扣除比例为30%。请计算2019年该公司就酒店应缴纳的房产税税额。

【答案解析】露天泳池不属于房产税的征税对象，其支出无须增加房产原值；对更换房屋附属设备和配套设施的，在将其价值计入房产原值时，可扣减原来相应设备和设施的价值。

2019年该公司就酒店应纳房产税税额=3 000×（1-30%）×1.2%×8÷12+（3 000+100-50+150-100）×（1-30%）×1.2%×4÷12=25.48（万元）

（二）以房产租金收入计税

计算公式为：

应纳税额=房产租金收入×12%

房产租金收入是指不含增值税的收入。

【例8-3】某企业拥有一栋原值2 000万元的办公楼，全部对外出租，年租金收入为200万元。请计算该企业应缴纳的房产税税额。

【答案解析】该企业应缴纳的房产税税额=200×12%=24（万元）

五、房产税的税收优惠

（一）一般规定

下列房产免纳房产税：

1.国家机关、人民团体、军队自用的房产。

国家机关、人民团体、军队自用的房产，是指这些单位本身的办公用房和公务用房。

人民团体，是指经国务院授权的政府部门批准设立或登记备案并由国家拨付行政事业费的各种社会团体。

2.由国家财政部门拨付事业经费的单位自用的房产。

单位自用的房产，是指这些单位本身的业务用房。

3.宗教寺庙、公园、名胜古迹自用的房产。

宗教寺庙自用的房产，是指举行宗教仪式等的房屋和宗教人员使用的生活用房屋。公园、名胜古迹自用的房产，是指供公共参观游览的房屋及其管理单位的办公用房屋。

4.个人所有非营业用的房产。

5.经财政部批准免税的其他房产。

上述免税单位出租的房产以及非本身业务用的生产、营业用房产不属于免税范围，应征收房产税。

（二）经财政部批准免税的其他房产

1.企业办的各类学校、医院、托儿所、幼儿园自用的房产，可以比照由国家财政部门拨付事业经费的单位自用的房产，免征房产税。

2.凡是在基建工地为基建工地服务的各种工棚、材料棚、休息棚和办公室、食堂、茶炉房、汽车房等临时性房屋，不论是施工企业自行建造的还是由基建单位出资建造交施工企业使用的，在施工期间，一律免征房产税。但是，如果在基建工程结束以后，施工企业将这种临时性房屋交还或者估价转让给基建单位的，应当从基建单位接收的次月起，依照规定征收房产税。

3.对非营利性医疗机构、疾病控制机构和妇幼保健机构等卫生机构自用的房产，免征房产税。

4.自2001年1月1日起，对按政府规定价格出租的公有住房和廉租住房，包括企业和自收自支事业单位向职工出租的单位自有住房；房管部门向居民出租的公有住房；落实私房政策中带户发还产权并以政府规定租金标准向居民出租的私有住房等，暂免征收房产税。

5.2019年1月1日至2020年12月31日，对公租房免征房产税。公租房经营管理单位应单独核算公租房租金收入，未单独核算的，不得享受免征房产税优惠政策。

6.自2018年10月1日至2020年12月31日，对按照去产能和调结构政策要求停产停业、关闭的企业，自停产停业次月起，免征房产税、城镇土地使用税。企业享受免税政策的期限累计不得超过两年。

7. 自2019年1月1日至2021年12月31日，对国家级、省级科技企业孵化器、大学科技园和国家备案众创空间自用以及无偿或通过出租等方式提供给在孵对象使用的房产、土地，免征房产税和城镇土地使用税。

8. 自2019年1月1日至2020年12月31日，对向居民供热收取采暖费的供热企业，为居民供热所使用的厂房及土地免征房产税、城镇土地使用税；对供热企业其他厂房及土地，应当按照规定征收房产税、城镇土地使用税。

对专业供热企业，按其向居民供热取得的采暖费收入占全部采暖费收入的比例，计算免征的房产税、城镇土地使用税。

对兼营供热企业，视其供热所使用的厂房及土地与其他生产经营活动所使用的厂房及土地是否可以区分，按照不同方法计算免征的房产税、城镇土地使用税。可以区分的，对其供热所使用厂房及土地，按向居民供热取得的采暖费收入占全部采暖费收入的比例，计算免征的房产税、城镇土地使用税。难以区分的，对其全部厂房及土地，按向居民供热取得的采暖费收入占其营业收入的比例，计算免征的房产税、城镇土地使用税。

对自供热单位，按向居民供热建筑面积占总供热建筑面积的比例，计算免征供热所使用的厂房及土地的房产税、城镇土地使用税。

9. 自2019年1月1日至2021年12月31日，对高校学生公寓免征房产税。此处所称高校学生公寓，是指为高校学生提供住宿服务，按照国家规定的收费标准收取住宿费的学生公寓。企业享受规定的免税政策，应按规定进行免税申报，并将不动产权属证明、载有房产原值的相关材料、房产用途证明、租赁合同等资料留存备查。

六、房产税的申报缴纳

（一）纳税义务发生时间

1. 纳税人将原有房产用于生产经营，从生产经营之月起缴纳房产税。

2. 纳税人自行新建房屋用于生产经营，从建成之次月起缴纳房产税。

3. 纳税人委托施工企业建设的房屋，从办理验收手续之次月起缴纳房产税。

4. 纳税人购置新建商品房，自房屋交付使用之次月起缴纳房产税。

5. 纳税人购置存量房，自办理房屋权属转移、变更登记手续，房地产权属登记机关签发房屋权属证书之次月起，缴纳房产税。

6. 纳税人出租、出借房产，自交付出租、出借房产之次月起，缴纳房产税。

7. 房地产开发企业自用、出租、出借本企业建造的商品房，自房屋使用或交付之次月起，缴纳房产税。

8. 纳税人因房产的实物或权利状态发生变化而依法终止房产税纳税义务的，其应纳税款的计算应截止到房产的实物或权利状态发生变化的当月末。

（二）纳税期限

房产税实行按年计算、分期缴纳的征收方法，具体纳税期限由省、自治区、直辖市人民政府确定。

（三）纳税地点

房产税在房产所在地缴纳。房产不在同一地方的纳税人，应按房产的坐落地点分别向房产所在地的税务机关纳税。

（四）纳税申报

房产税的纳税人应按照条例的有关规定，及时办理纳税申报，并如实填写“房产税纳税申报表”。

第三节　车船税

一、车船税的概念

车船税是以车辆和船舶（以下简称车船）为征税对象，向应税车船所有人或者管理人征收的一种税。

我国对车船课税历史悠久。中华人民共和国成立后，政务院于1951年9月13日颁布了《中华人民共和国车船使用牌照税暂行条例》，自当日起对车船征收车船使用牌照税。1973年我国简化税制、合并税种时，把对国营企业和集体企业征收的车船使用牌照税并入工商税。车船使用牌照税只对不缴纳工商税的单位、个人及外侨征收。1986年9月15日，国务院发布了《中华人民共和国车船使用税暂行条例》，适用范围是内资企业和个人。2006年12月29日，国务院颁布了《中华人民共和国车船税暂行条例》，实现了内外统一，同时调整了税目，提高了税额标准。1951年9月13日政务院发布的《车船使用牌照税暂行条例》和1986年9月15日国务院发布的《中华人民共和国车船使用税暂行条例》同时废止。

2011年2月25日，第十一届全国人民代表大会常务委员会第十九次会议通过了《中华人民共和国车船税法》（以下简称《车船税法》），自2012年1月1日起施行。2006年12月29日国务院公布的《中华人民共和国车船税暂行条例》同时废止。2019年4月23日，第十三届全国人大常委第十次会议对该法进行了修正。

二、纳税人与征税范围

（一）纳税人

车船税的纳税人为中华人民共和国境内应税车船的所有人或者管理人。其中，所有人是指对车船依法享有占有、使用、收益和处分权利的单位和个人；管理人是指对车船具有管理、使用权，但不具有所有权的单位，如国家机关拥有所使用车船的管理使用权，其所有权属于国家，这样就出现了车船的所有人与车船的管理人不一致的情况。因此，《车船税法》将车船管理人也规定为车船税的纳税人。

（二）征税范围

车船税的征税范围是指在中华人民共和国境内属于《车船税法》所附《车船税税目税额表》规定的车辆、船舶，既包括依法应当在车船登记管理部门登记的机动车辆和船舶，也包括依法不需要在车船登记管理部门登记的在单位内部场所行使或者作业的机动车辆和船舶。

车船登记管理部门，是指公安、交通运输、农业、渔业等依法具有车船登记管理职能的部门；单位，是指依照中国法律、行政法规规定，在中国境内成立的行政机关、企业、事业单位、社会团体以及其他组织。

三、税目与税率

（一）税目

车船税的征税范围包括乘用车、商用车、挂车、其他车辆、摩托车和船舶六个税目。其中，乘用车按发动机气缸容量划分为七个子目，商用车划分为客车和货车两个子目，其他车辆分为专用作业车和轮式专用机械车两个子目，船舶分为机动船舶和游艇两个子目，挂车、摩托车单列税目。

（二）税率

车船税实行定额税率，即对征税的车船规定单位固定税额。

车辆的具体适用税额由省、自治区、直辖市人民政府依照《车船税法》所附《车船税税目税额表》规定的税额幅度和国务院的规定确定。

船舶的具体适用税额由国务院在《车船税法》所附《车船税税目税额表》规定的税额幅度内确定，具体见表8-1。

表8-1　**车船税税目税额表**

<table>
<tr><th colspan="2">税　目</th><th>计税单位</th><th>年基准税额(元)</th><th>备　注</th></tr>
<tr><td rowspan="7">乘用车按发动机汽缸容量(排气量分档)</td><td>1.0升(含)以下的</td><td rowspan="7">每辆</td><td>60 ~ 360</td><td rowspan="7">核定载客人数9人(含)以下</td></tr>
<tr><td>1.0升以上至1.6升(含)的</td><td>300 ~ 540</td></tr>
<tr><td>1.6升以上至2.0升(含)的</td><td>360 ~ 660</td></tr>
<tr><td>2.0升以上至2.5升(含)的</td><td>660 ~ 1200</td></tr>
<tr><td>2.5升以上至3.0升(含)的</td><td>1200 ~ 2400</td></tr>
<tr><td>3.0升以上至4.0升(含)的</td><td>2400 ~ 3600</td></tr>
<tr><td>4.0升以上的</td><td>3600 ~ 5400</td></tr>
<tr><td rowspan="2">商用车</td><td>客车</td><td>每辆</td><td>480 ~ 1440</td><td>核定载客人数9人(含电车)以上</td></tr>
<tr><td>货车</td><td>整备质量每吨</td><td>16 ~ 120</td><td>含半挂牵引车、挂车、客货两用汽车、三轮汽车和低速载货汽车等。挂车按照货车税额的50%计算</td></tr>
<tr><td rowspan="2">其他车辆</td><td>专用作业车</td><td rowspan="2">整备质量每吨</td><td>16 ~ 120</td><td rowspan="2">不包括拖拉机</td></tr>
<tr><td>轮式专用机械车</td><td>16 ~ 120</td></tr>
<tr><td>摩托车</td><td></td><td>每辆</td><td>36 ~ 180</td><td></td></tr>
<tr><td rowspan="2">船舶</td><td>机动船舶</td><td>净吨位每吨</td><td>3 ~ 6</td><td rowspan="2">拖船、非机动驳船分别按照机动船舶税额的50%计算</td></tr>
<tr><td>游　艇</td><td>艇身长度每米</td><td>600 ~ 2 000</td></tr>
</table>

1.机动船舶的具体适用税额

（1）净吨位不超过200吨的，每吨3元；

（2）净吨位超过200吨但不超过2 000吨的，每吨4元；

（3）净吨位超过2 000吨但不超过10 000吨的，每吨5元；

（4）净吨位超过10 000吨的，每吨6元。

拖船按照发动机功率每1千瓦折合净吨位0.67吨计算征收车船税。

2.游艇的具体适用税额

（1）艇身长度不超过10米的，每米600元；

（2）艇身长度超过10米但不超过18米的，每米900元；

（3）艇身长度超过18米但不超过30米的，每米1 300元；

（4）艇身长度超过30米的，每米2 000元；

（5）辅助动力帆艇，每米600元。

游艇长度是指游艇的总长。

上述整备质量、净吨位、艇身长度等计税单位，有尾数的一律按照含尾数的计税单位据实计算车船税应纳税额。计算得出的应纳税额小数点后超过两位的可四舍五入保留两位小数。

排气量、整备质量、核定载客人数、净吨位、千瓦、艇身长度等相关数据，以车船登记管理部门核发的车船登记证书或者行驶证所载数据为准。

依法不需要办理登记的车船和依法应当登记而未办理登记或者不能提供车船登记证书、行驶证的车船，以车船出厂合格证明或者进口凭证标注的技术参数、数据为准；不能提供车船出厂合格证明或者进口凭证的，由主管税务机关参照国家相关标准核定，没有国家相关标准的参照同类车船核定。

乘用车以车辆登记管理部门核发的机动车登记证书或者行驶证书所载的排气量毫升数确定税额区间。

四、应纳税额的计算

（一）年应纳税额的计算

车船税以应纳税车辆的数量或者整备质量和应纳税船舶的净吨位或者艇身长度为计税依据，从量计征，按照适用税额标准计算应纳税额。计算公式如下：

车辆应纳税额=应纳税车辆数量或者整备质量×年基准税额

船舶应纳税额=应纳税船舶净吨位或者艇身长度×年基准税额

【例8-4】某企业2020年拥有货车3辆，每辆货车的整备质量均为1.499吨；挂车1部，其整备质量为1.2吨；小汽车2辆。已知货车车船税税率为整备质量每吨年基准税额16元，小汽车车船税税率为每辆年基准税额360元。请计算该企业2020年应缴纳的车船税税额。

【答案解析】挂车按照货车税额的50%计算纳税。整备质量有尾数的，一律按照含尾数的计税单位据实计算应纳税额。

该企业应缴纳的车船税税额=1.499×3×16+1.2×16×50%+2×360=801.55（元）

（二）新购置车船应纳税额的计算

购置当年的应纳税额自纳税义务发生的当月起按月计算。计算公式如下：

应纳税额=（年应纳税额÷12）×应纳税月份数

（三）已完税车辆被盗抢、报废、灭失的税务处理

在一个纳税年度内，已完税的车船被盗抢、报废、灭失的，纳税人可以凭有关管理机关出具的证明和完税凭证，向纳税所在地的主管税务机关申请退还自被盗抢、报废、灭失月份起至该纳税年度终了期间的税款。

已办理退税的被盗抢车船失而复得的，纳税人应当从公安机关出具相关证明的当月起计算缴纳车船税。

【例8-5】某企业在2018年4月购入整备质量6吨的挂车3辆；11月，年初购进的1辆小轿车被盗，取得了公安机关证明，当地载货汽车车船税年税额为每吨60元，小轿车适用的车船税年税额为每辆300元。

要求：计算该企业2018年应纳车船税。

【答案解析】挂车年税额按照货车税额的50%计算缴纳车船税。

应纳税额=（6×3×60×50%÷12）×9+300－300×2÷12=655（元）

（四）已缴纳车船税的车船转让过户的税务处理

已缴纳车船税的车船在同一纳税年度内办理转让过户的，不另纳税，也不退税。

五、税收优惠

（一）法定减免

1.捕捞、养殖渔船免征车船税。捕捞、养殖渔船，是指在渔业船舶登记管理部门登记为捕捞船或者养殖船的船舶。

2.军队、武装警察部队专用的车船免征车船税。军队、武装警察部队专用的车船，是指按照规定在军队、武装警察部队车船登记管理部门登记，并领取军队、武警牌照的车船。

3.警用车船免征车船税。警用车船，是指公安机关、国家安全机关、监狱和人民法院、人民检察院等领取警用牌照的车辆和执行警务的专用船舶。

4.悬挂应急救援专用号牌的国家综合性消防救援车辆和国家综合性消防救援专用船舶免征车船税。

5.依照法律规定应当予以免税的外国驻华使领馆、国际组织驻华代表机构及其有关人员的车船免征车船税。

6.新能源车船免征车船税。新能源汽车是指纯电动商用车、插电式（含增程式）混合动力汽车、燃料电池商用车。纯电动乘用车和燃料电池乘用车不属于车船税征税范围，对其不征车船税。需要注意的是，享受免税待遇的新能源车船需要符合国家规定的相关标准。

7.对节能汽车，减半征收车船税。减半征收车船税的节能乘用车和商用车也要符合国家规定的相关标准。

（二）特定减免

1.临时入境的外国车船和香港特别行政区、澳门特别行政区、台湾地区的车船，不征收车船税。

2.按照规定缴纳船舶吨税的机动船舶，自车船税法实施之日起5年内免征车船税。

3.依法不需要在车船登记管理部门登记的机场、港口、铁路站场内部行驶或者作业的车船，自《车船税法》实施之日起5年内免征车船税。

4.对受严重自然灾害影响纳税困难以及有其他特殊原因确需减税、免税的，可以减征或者免征车船税。具体办法由国务院规定，并报全国人民代表大会常务委员会备案。

5.省、自治区、直辖市人民政府根据当地实际情况，可以对公共交通车船，农村居民拥有并主要在农村地区使用的摩托车、三轮汽车和低速载货汽车定期减征或者免征车船税。

六、征收管理

（一）纳税义务发生时间

车船税纳税义务发生时间为取得车船所有权或者管理权的当月，以购买车船的发票或者其他证明文件所载日期的当月为准。

（二）纳税期限

车船税按年申报，分月计算，一次性缴纳。纳税年度为公历1月1日至12月31日。具体申报纳税期限由省、自治区、直辖市人民政府规定。

1.纳税人缴纳车船税时，应当提供反映排气量、整备质量、核定载客人数、净吨位、千瓦、艇身长度等与纳税相关信息的相应凭证以及税务机关根据实际需要要求提供的其他资料。纳税人以前年度已经提供前款所列资料信息的，可以不再提供。

2.税务机关可以在车船登记管理部门、车船检验机构的办公场所集中办理车船税征收事宜。

3.公安机关交通管理部门在办理车辆相关登记和定期检验手续时，经核查，对没有提供依法纳税或者免税证明的，不予办理相关手续。

4.海事部门、船舶检验机构在办理船舶登记和定期检验手续时，对未提交依法纳税或者免税证明，且拒绝扣缴义务人代收代缴车船税的纳税人，不予登记，不予发放检验合格标志。

5.对于依法不需要购买机动车交通事故责任强制保险的车辆，纳税人应当向主管税务机关申报缴纳车船税。

6.纳税人在首次购买机动车交通事故责任强制保险时缴纳车船税或者自行申报缴纳车船税的，应当提供购车发票及反映排气量、整备质量、核定载客人数等与纳税相关的信息及其相应凭证。

7.从事机动车第三者责任强制保险业务的保险机构为机动车车船税的扣缴义务

人，应当在收取保险费时依法代收车船税，并出具代收税款凭证。

（三）纳税地点

车船税的纳税地点为车船的登记地或者车船税扣缴义务人所在地。依法不需要办理登记的车船，车船税的纳税地点为车船的所有人或者管理人所在地。

纳税人自行申报缴纳车船税的，纳税地点为车船登记地的主管税务机关所在地。

扣缴义务人代收代缴车船税的，纳税地点为扣缴义务人所在地。

依法不需要办理登记的车船，纳税地点为车船的所有人或者管理人所在地。

（四）其他需要注意的问题

1.关于车船因质量问题发生退货时的退税

已经缴纳车船税的车船，因质量原因，车船被退回生产企业或者经销商的，纳税人可以向纳税所在地的主管税务机关申请退还自退货月份起至该纳税年度终了期间的税款。退货月份以退货发票所载日期的当月为准。

2.关于扣缴义务人代收代缴后车辆登记地主管税务机关不再征收车船税

纳税人在购买“交强险”时，由扣缴义务人代收代缴车船税的，凭注明已收税款信息的“交强险”保险单，车辆登记地的主管税务机关不再征收该纳税年度的车船税。再次征收的，车辆登记地主管税务机关应予退还。

3.关于扣缴义务人代收代缴欠缴税款滞纳金的起算时间

车船税扣缴义务人代收代缴欠缴税款的滞纳金，从各省、自治区、直辖市人民政府规定的申报纳税期限截止日期的次日起计算。

4.关于境内外租赁船舶征收车船税的问题

境内单位和个人租入外国籍船舶的，不征收车船税。境内单位和个人将船舶出租到境外的，应依法征收车船税。

关键概念

财产税；契税；房产；房产税；车船税。

复习思考题

1.简述契税的概念、特点及作用。

2.如何确定契税的计税依据？

3.简述房产税的概念、特点及作用。

4.简述房产税的纳税义务时间。

5.简述车船税的概念及征税范围。

6.结合所学知识分析契税如何影响自然人的买房行为。

7.结合所学知识分析如何进行房地产税改革。

8.分析船舶吨税与车船税的联系与区别。

第九章

行为与目的税

学习目标

通过本章的学习，了解目前我国对特定行为和特定目的课征的税种，理解行为与目的税中的印花税、车辆购置税、城市维护建设税和烟叶税的概念、特点和作用，掌握各税种的具体征收制度和计算方法。

重点与难点

本章的重点是：各税种的征税范围与应纳税额的计算；本章的难点是：各税种计税依据的确定、各税种的税收优惠。

第一节 印花税

一、印花税概述

（一）印花税的概念

印花税是以经济活动和经济交往中书立、使用、领受应税凭证的行为为征税对象征收的一种税。因纳税人主要通过在应税凭证上粘贴印花税票来完成纳税义务，故名印花税。

印花税是世界各国普遍征收的一个税种。它的历史悠久，最早始于1624年的荷兰。我国现行印花税的基本法律规范是1988年8月6日国务院发布并于1988年10月1日实施的《中华人民共和国印花税暂行条例》。

（二）印花税的特点

1.兼有凭证税和行为税性质

一方面，印花税是对单位和个人书立、使用、领受的应税凭证征收的一种税，具有凭证税性质。另一方面，任何一种应税经济凭证反映的都是某种特定的经济行为，因此，对凭证征税，实质上是对经济行为的课税。

2.征税对象广泛

印花税的征税对象包括了经济活动和经济交往中的各种应税凭证，凡书立、使用和领受这些凭证的单位和个人都要缴纳印花税，其征税对象是极其广泛的。随着市场经济的发展和经济法制的逐步健全，依法书立经济凭证的现象会愈来愈普遍。因此，印花税的征收面将更加广阔。

3.税率低、税负轻

印花税与其他税种相比较，税率要低得多，其税负较轻，具有广集资金、积少成多的财政效应。

4.纳税人自行完税

纳税人在书立、领受、使用应税凭证、发生纳税义务的同时，先根据凭证所载计税金额和应适用的税目税率，自行计算其应纳税额，再由纳税人自行购买印花税票，并一次足额粘贴在应税凭证上，最后由纳税人按规定对已粘贴的印花税票自行注销或画销。

（三）印花税的作用

1.有利于增加财政收入

印花税（证券交易印花税除外，证券交易印花税为中央税收入）属于地方税，其收入归地方政府所有，这对于完善地方税体系和分税制财政体制具有重要的作用。

2.有利于加强对纳税人的监督管理

各种合同贴花以后，不论是否兑现，都已负担了税款，可以促使经济往来各方信守合同，减少由于盲目签约而造成的经济损失和纠纷，提高合同的兑现率。对纳税人各种应税凭证的贴花和检查，客观上又可以及时掌握纳税人经济活动中涉及应纳其他各税的相关情况，有利于配合加强对其他应纳税种的监督管理。

3.有利于培养公民的纳税意识

印花税实行自行贴花纳税的方法，有助于培养纳税人自觉纳税的意识；同时，印花税又具有轻税重罚的特点，有利于增强纳税人的税收法制观念。

二、纳税人、征税对象与税率

（一）纳税人

印花税的纳税义务人，是在中国境内书立、使用、领受印花税法规所列举的凭证的单位和个人。上述单位和个人，按照书立、使用、领受应税凭证的不同，可以分别确定为立合同人、立据人、立账簿人、领受人、使用人和各类电子应税凭证的签订人。

值得注意的是，对应税凭证，凡由两方或两方以上当事人共同书立的，其当事人各方都是印花税的纳税人，应各就其所持凭证的计税金额履行纳税义务。

（二）征税对象

现行印花税采取正列举形式，一般来说，列入印花税税目的就要征税，未列入税目的就不征税。列举的凭证主要分为五类，即合同或具有合同性质的凭证、产权转移书据、营业账簿、权利许可证照和经财政部门确认的其他凭证。

印花税共有13个税目，主要包括：购销合同，加工承揽合同，建设工程勘察设计合同，建筑安装工程承包合同，财产租赁合同，货物运输合同，仓储保管合同，借款合同，财产保险合同，技术合同，产权转移书据，营业账簿。

（三）税率

印花税的税率设计，遵循税负从轻、共同负担的原则。凭证的当事人，即对凭证有直接权利与义务关系的单位和个人均应就其所持凭证依法纳税。印花税的税率有两种形式，比例税率和定额税率，具体见表9-1。

表9-1 印花税税目税率表

	税目	范围	税率	纳税人	说明
1	购销合同	包括供应、预购、采购、购销结合及协作、调剂、补偿、易货等合同	按购销金额0.3‰贴花	立合同人	
2	加工承揽合同	包括加工、定作、修缮、修理、印刷、广告、测绘、测试等合同	按加工或承揽收入0.5‰贴花	立合同人	
3	建设工程勘察设计合同	包括勘察、设计合同	按收取费用0.5‰贴花	立合同人	
4	建筑安装工程承包合同	包括建筑、安装工程承包合同	按承包金额0.3‰贴花	立合同人	
5	财产租赁合同	包括租赁房屋、船舶、飞机、机动车辆、机械、器具、设备等合同	按租赁金额1‰贴花。税额不足1元的，按1元贴花	立合同人	
6	货物运输合同	包括民用航空运输、铁路运输、海上运输、内河运输、公路运输和联运合同	按运输费用0.5‰贴花	立合同人	单据作为合同使用的，按合同贴花
7	仓储保管合同	包括仓储、保管合同	按仓储保管费用1‰贴花	立合同人	仓单或栈单作为合同使用的，按合同贴花
8	借款合同	银行及其他金融组织和借款人（不包括银行同业拆借）所签订的借款合同	按借款金额0.05‰贴花	立合同人	单据作为合同使用的，按合同贴花
9	财产保险合同	包括财产、责任、保证、信用等保险合同	按保险费收入1‰贴花	立合同人	单据作为合同使用的，按合同贴花
10	技术合同	包括技术开发、转让、咨询、服务等合同	按所载金额0.3‰贴花	立合同人	
11	产权转移书据	包括财产所有权和版权、商标专用权、专利权、专有技术使用权等转移书据、土地使用权出让合同、土地使用权转让合同、商品房销售合同	按所载金额0.5‰贴花	立据人	
12	营业账簿	生产经营用账册	记载资金的账簿，按实收资本和资本公积的合计金额0.25‰贴花	立账簿人	

三、应纳税额的计算

（一）计税依据的确定

印花税的计税依据为各种应税凭证上所记载的计税金额。具体规定为：

（1）购销合同的计税依据为合同记载的购销金额。

（2）加工承揽合同的计税依据是加工或承揽收入的金额。

（3）建设工程勘察设计合同的计税依据为收取的费用。

（4）建筑安装工程承包合同的计税依据为承包金额。

（5）财产租赁合同的计税依据为租赁金额；经计算，税额不足1元的，按1元贴花。

（6）货物运输合同的计税依据为取得的运输费金额（即运费收入），不包括所运货物的金额、装卸费和保险费等。

（7）仓储保管合同的计税依据为收取的仓储保管费用。

（8）借款合同的计税依据为借款金额。

（9）财产保险合同的计税依据为支付（收取）的保险费，不包括所保财产的金额。

（10）技术合同的计税依据为合同所载的价款、报酬或使用费。为了鼓励技术研究开发，对技术开发合同，只就合同所载的报酬金额计税，研究开发经费不作为计税依据。单对合同约定按研究开发经费一定比例作为报酬的，应按一定比例的报酬金额贴花。

（11）产权转移书据的计税依据为所载金额。

（12）营业账簿税目中记载资金的账簿的计税依据为“实收资本”与“资本公积”两项的合计金额。

（13）权利、许可证照的计税依据为应税凭证件数。

（二）应纳税额的计算

纳税人的应纳税额，根据应纳税凭证的性质，分别按比例税率或者定额税率计算，其计算公式为：

应纳税额=应税凭证计税金额（或应税凭证件数）×适用税率

【例9-1】某企业2019年1月开业，当年发生以下有关业务事项：与其他企业订立转移专用技术使用权书据1份，所载金额为100万元；订立产品购销合同1份，所载金额为200万元；订立借款合同1份，所载金额为400万元；企业记载资金的账簿，“实收资本”与“资本公积”共计800万元。请计算企业2019年应缴纳的印花税税额。

【答案解析】企业领受权利、许可证照应纳税额= 3×5 = 15（元）

企业订立产权转移书据应纳税额=1 000 000×0.5‰ =500（元）

企业订立购销合同应纳税额=2 000 000×0.3‰ =600（元）

企业订立借款合同应纳税额=4 000 000×0.05‰ = 200（元）

企业记载资金的账簿应纳税额= 8 000 000×0.25‰ = 2 000（元）

2019年企业应纳印花税税额= 500 + 600 + 200 + 2 000 = 3 300（元）

四、税收优惠与征收管理

（一）税收优惠

1.对已缴纳印花税凭证的副本或者抄本免税。

2.对财产所有人将财产赠给政府、社会福利单位、学校所立的书据免税。所谓社会福利单位，是指扶养孤老伤残的社会福利单位。

3.对国家指定的收购部门与村民委员会、农民个人书立的农副产品收购合同免税。印花税法规授权省、自治区、直辖市主管税务机关根据当地实际情况，具体划定本地区“收购部门”和“农副产品”的范围。

4.对无息、贴息贷款合同免税。

5.对外国政府或者国际金融组织向我国政府及国家金融机构提供优惠贷款所书立的合同免税。

6.对房地产管理部门与个人签订的用于生活居住的租赁合同免税。

7.对农牧业保险合同免税。

8.对特殊货运凭证免税。这类凭证有：军事物资运输凭证、抢险救灾物资运输凭证、新建铁路的工程临管线运输凭证。

【例9-2】甲企业将自己生产的100 000元产品赠给了扶养孤老伤残社会福利单位，签订了赠予协议；乙企业属于国家指定的收购部门，与农民个人书立收购农副产品20 000元的合同；丙房地产管理部门与个人签订用于生活居住的租赁合同，月租赁费300元。那么，甲、乙、丙应缴纳多少印花税?

【答案解析】按照印花税的税收优惠具体规定：甲企业将财产赠给社会福利单位所立的书据免税；乙收购部门与农民个人书立的农副产品收购合同免税；丙房地产管理部门与个人签订的用于生活居住的租赁合同免税。

（二）征收管理

1.纳税方法

印花税根据税额大小、贴花次数以及税收征收管理的需要，分别采用以下三种纳税办法：

（1）自行贴花办法。这个方法一般适用于应税凭证较少或者贴花次数较少的纳税人。纳税人书立、领受或者使用印花税法规列举的应税凭证的同时，纳税义务即已产生，应当根据应纳税凭证的性质和适用的税目税率自行计算应纳税额，自行购买印花税票，自行一次贴足印花税票并加以注销或画销，纳税义务才算全部履行完毕。值得注意的是，纳税人购买了印花税票，支付了税款，国家就取得了财政收入。但就印花税来说，纳税人支付了税款并不等于已经履行了纳税义务。纳税人必须自行贴花并注销或画销，这样才算完整地完成了纳税义务。这也是通常所说的“三自”纳税办法。

对已贴花的凭证，修改后所载金额增加的，其增加部分应当补贴印花税票。凡多贴印花税票者，不得申请退税或者抵用。

（2）汇贴或汇缴办法。这个方法一般适用于应纳税额较大或者贴花次数频繁的纳税人。一份凭证应纳税额超过500元的，应向当地税务机关申请填写缴款书或者完税证，将其中一联粘贴在凭证上或者由税务机关在凭证上加注完税标记代替贴花。这就是通常所说的“汇贴”办法。同一种类应纳税凭证，需频繁贴花的，纳税人可以根据实际情况自行决定是否采用按期汇总缴纳印花税的方式，汇总缴纳的期限为1个月。采用按期汇总缴纳方式的纳税人应事先告知主管税务机关。缴纳方式一经选定，1年内不得改变。

（3）委托代征办法。这个方法主要是指通过税务机关的委托，经由发放或者办理应纳税凭证的单位代为征收印花税税款。税务机关应与代征单位签订代征委托书。例如，按照印花税法规的规定，市场监督管理机关核发各类营业执照和商标注册证的同时，负责代售印花税票，征收印花税税款，并监督领受单位或个人贴花。税务机关委托市场监督管理机关代售印花税票，按代售金额5%的比例支付代售手续费。

2.纳税环节

印花税应当在书立或领受时贴花，具体是指在合同签订时、账簿启用时和证照领受时贴花。如果合同是在国外签订并且不便在国外贴花的，应在将合同带入境时办理贴花纳税手续。

3.纳税地点

印花税一般实行就地纳税。对于在全国性商品物资订货会（包括展销会、交易会）等上所签订合同应纳的印花税，由纳税人回其所在地后及时办理贴花完税手续；对地方主办、不涉及省际关系的订货会、展销会上所签合同的印花税，其纳税地点由各省、自治区、直辖市人民政府自行确定。

第二节　车辆购置税

一、车辆购置税概述

（一）车辆购置税的概念

车辆购置税是以在中国境内购置规定车辆为征税对象，在特定的环节向车辆购置者征收的一种税。就性质而言，其属于直接税的范畴。

我国车辆购置税是在原交通部门收取的车辆购置附加费的基础上，通过“费改税”方式演变而来的。2000年10月，国务院颁布了《中华人民共和国车辆购置税暂行条例》，并于2001年1月1日起实施。2018年12月29日，第十三届全国人大常务委员会第七次会议通过了《中华人民共和国车辆购置税法》，并于2019年7月1日起施行。

（二）车辆购置税的特点

1.征税对象范围窄，征收环节单一

车辆购置税以购置的特定车辆为征税对象，而不是对所有的车辆征税，范围窄；车辆购置税实行一次课征制，它不是在生产、经营和消费的每个环节道道征收，只是在消费领域中的某一个环节一次性征收，即车辆购置税是在消费领域中的使用环节（即最终消费环节）征收。

2.税率单一，征收方法简便

车辆购置税只确定一个统一的比例税率，按10%征收，税率具有不随征税对象数额变动的特点，计征简便、负担稳定，有利于依法治税。同时，车辆购置税实行单一的比例税率，根据纳税人购置应税车辆的计税价格实行从价计征，以价格为计税标准，价值高者多征税，价值低者少征税，其征收方法简便易行。

3.具有特定目的，专款专用

车辆购置税为中央税，它取之于车辆，用之于交通建设，其征税具有专门用途，不挪作他用，由中央财政根据国家建设投资计划，统筹安排。这种特定目的的税收，可以保证国家财政支出需要，既有利于统筹合理安排资金，又有利于保证特定事业和建设支出的需要。

4.价外征收，不转嫁税负

征收车辆购置税的商品价格中不含车辆购置税额，车辆购置税是附加在价格之外的，且税收的缴纳者即为最终的税收负担者，税负没有转嫁性。

（三）车辆购置税的作用

1.有利于合理筹集建设资金

国家通过开征车辆购置税参与国民收入的再分配，可以更好地将一部分消费基金转化为财政资金，为国家筹集更多的资金，以满足国家行使职能的需要。

2.有利于调节收入差距

车辆购置税在消费环节对消费应税车辆的使用者征收，可以对过高的消费支出进行调节，即高收入者多负税，低收入者少负税。

3.有利于配合打击走私

车辆购置税在车辆上牌使用时征收，具有源泉控制的特点，它可以配合有关部门在打击走私、惩治犯罪和维护国家利益方面起到积极的作用。

4.有利于规范政府行为

开征车辆购置税，有利于理顺税费关系，进一步完善财税制度，实现税制结构的不断优化。“费改税”改革，不但能规范政府行为，遏制乱收费，同时对正确处理税费关系、深化和完善财税体制改革能起到积极作用。

二、纳税人、征税范围与税率

（一）纳税人

车辆购置税的纳税人是指在我国境内购置汽车、有轨电车、汽车挂车、排气量超过150毫升的摩托车（以下统称应税车辆）的单位和个人。其中，购置是指以购买、进口、自产、受赠、获奖或者其他方式取得并自用应税车辆的行为。车辆购置税实行一次性征收。购置已征车辆购置税的车辆，不再征收车辆购置税。

（二）征税范围

车辆购置税以列举的车辆作为征税对象，未列举的车辆不纳税。其征税对象包括汽车、有轨电车、汽车挂车、排气量超过150毫升的摩托车。地铁、轻轨等城市轨道交通车辆，装载机、平地机、挖掘机、推土机等轮式专用机械车，以及起重机（吊车）、叉车、电动摩托车，不属于应税车辆。

（三）税率

车辆购置税实行统一比例税率，税率为10%。

三、应纳税额的计算

（一）计税依据的确定

车辆购置税以应税车辆为征税对象，考虑到我国车辆市场供求的矛盾，价格差异变化，计量单位不规范以及征收车辆购置附加费的做法，实行从价定率、价外征收的方法计算应纳税额，应税车辆的价格即计税价格就成为车辆购置税的计税依据。但是，由于应税车辆购置的来源不同，应税行为的发生不同，计税价格的组成也就不一样。车辆购置税的计税依据有以下几种情况：

1.购买自用应税车辆计税依据的确定

纳税人购买自用的应税车辆的计税依据为纳税人购买应税车辆而实际支付给销售方的全部价款，依据纳税人购买应税车辆时相关凭证载明的价格确定，不包括增值税税款。购买的应税自用车辆包括购买自用的国产应税车辆和购买自用的进口应税车辆。

2.进口自用应税车辆计税依据的确定

纳税人进口自用的应税车辆以组成计税价格为计税依据，组成计税价格的计算公式为：

组成计税价格=关税完税价格+关税+消费税

进口自用的应税车辆是指纳税人直接从境外进口或委托代理进口自用的应税车辆，即非贸易方式进口自用的应税车辆。而且进口自用的应税车辆的计税依据，应根据纳税人提供的、经海关审查确认的有关完税证明资料确定。

3.纳税人自产自用应税车辆计税依据的确定

纳税人自产自用应税车辆的计税价格，按照纳税人生产的同类应税车辆的销售价格确定，不包括增值税税款。

4.纳税人以其他方式取得并自用应税车辆计税依据的确定

纳税人以受赠、获奖或者以其他方式取得并自用应税车辆的计税价格，按照购置应税车辆时相关凭证载明的价格确定，不包括增值税税款。

纳税人申报的应税车辆计税价格明显偏低，又无正当理由的，由税务机关依照《税收征收管理法》的规定核定其应纳税额。

车辆购置税的计税依据和应纳税额应使用统一货币单位计算。纳税人以外汇结算应税车辆价款的，按照申报纳税之日中国人民银行公布的人民币汇率中间价折合成人民币计算应纳税款。

（二）应纳税额的计算

车辆购置税实行从价定率的方法计算应纳税额，计算公式为：

应纳税额=应税车辆的计税价格×税率

由于应税车辆的来源、应税行为的发生以及计税依据组成不同，因而，车辆购置税应纳税额的计算方法也有区别。

1.购买自用应税车辆应纳税额的计算

在应税车辆计税价格的计算当中，应注意以下费用的计税规定：

（1）购买者随购买车辆支付的工具件和零部件价款应作为购车价款的一部分，并入计税价格中。

（2）销售方价外向购买方收取的车辆装饰费、包装费、储存费、优质费、运输装卸费、保管费、基金、集资费、违约金（延期付款利息）和手续费以及其他各种性质的价外收费不计入计税价格。

（3）销售方代办保险等而向购买方收取的保险费，以及向购买方收取的代购买方缴纳的车辆购置税、车辆牌照费不计入计税价格。

（4）销售单位开给购买者的各种发票金额中包含增值税税款，因此，计算车辆购置税时，应换算为不含增值税的计税价格。

【例 9-3】2019 年 8 月份，张某从某汽车有限公司购买一辆小汽车供自己使用，支付含增值税税款在内的款项 170 000 元，另支付代收临时牌照费 500 元、代收保险费 2 000 元，支付购买工具件和零配件价款 5 150 元，车辆装饰费 1 300 元。所支付的款项均由该汽车有限公司开具机动车销售统一发票和有关票据。请计算张某应纳的车辆购置税。

【答案解析】车辆购置税计税价格=（170 000+5 150）/（1+13%）=155 000（元）

车辆购置税应纳税额=15 5000×10% =15 500（元）

2.进口自用应税车辆应纳税额的计算

纳税人进口自用的应税车辆应纳税额的计算公式为：

应纳税额=（关税完税价格+关税+消费税）×税率

【例 9-4】某公司 2020 年 8 月份，从国外进口宝马小轿车 1 辆自用。其关税完税价格为 185 000 元人民币，缴纳关税 46 200 元，消费税 25 600 元、增值税 33 384 元。请计算该企业应纳的车辆购置税。

【答案解析】车辆购置税的计税依据=185 000+ 46 200+25 600=256 800（元）

应纳车辆购置税税额=256 800×10% =25 680（元）

3.减税、免税条件消失的车辆应纳税额的计算

对减税、免税条件消失的车辆，纳税人应按现行规定，在办理车辆过户手续前或者办理变更车辆登记注册手续前向税务机关缴纳车辆购置税。计税价格以免税、减税车辆初次办理纳税申报时确定的计税价格为基准，每满一年扣减 10%。具体计算公式为：

应纳税额=初次办理纳税申报时确定的计税价格×（1-已使用年限×10%）×税率-已纳税额

【例9-5】2019年8月，某部队在更新武器装备过程中，将设有雷达装置的一辆雷达车进行更换，该车规定使用年限为10年，已使用4年，列入军队武器装备计划的免税车辆，部队更换车辆时将雷达装备拆除，并将其改造为后勤用车，初次办理纳税申报时确定的计税价格为49 000元。请计算该部队应缴纳的车辆购置税税额。

【答案解析】免税、减税车辆因转让、改变用途等原因不再属于免税、减税范围的，计税价格以免税、减税车辆初次办理纳税申报时确定的计税价格为基准，每满一年扣减10%。

该部队应纳车辆购置税税额= 49 000×（1–4×10%）×10%=2 940（元）

4.应退税额的计算

纳税人将已征车辆购置税的车辆退回车辆生产企业或者销售企业的，可以向主管税务机关申请退还车辆购置税。退税额以已缴税款为基准，自缴纳税款之日至申请退税之日，每满一年扣减10%。计算公式为：

应退税额=已纳税额×（1–已使用年限×10%）

四、税收优惠与征收管理

（一）税收优惠

1.车辆购置税的免税

下列车辆免征车辆购置税：

①依照法律规定应当予以免税的外国驻华使馆、领事馆和国际组织驻华机构及其外交人员自用车辆；

②中国人民解放军和中国人民武装警察部队列入军队武器装备订货计划的车辆；

③设有固定装置的非运输车辆；

④悬挂应急救援专用号牌的国家综合性消防救援车辆；

⑤城市公交企业购置公共汽电车辆；

根据国民经济发展需要，国务院可以规定其他免征或者减税征车辆购置税的情形，报全国人民代表大会常务委员会备案。

2.车辆购置税的退税

纳税人已经缴纳车辆购置税但在办理车辆登记手续前，因下列原因需要办理退还车辆购置税的，由纳税人申请，征收机构审查后办理退还车辆购置税手续：公安机关车辆管理机构不予办理车辆登记注册手续的凭公安机关车辆管理机构出具的证明办理退税手续；因质量等原因发生退回所购车辆的，凭经销商的退货证明办理退税手续。

（二）征收管理

1.纳税义务发生时间

车辆购置税的纳税义务发生时间为购置应税车辆的当日，以纳税人购置应税车辆所取得的车辆相关凭证上注明的时间为准。免税、减免车辆不再符合减免税范围，车辆转让或者用途改变发生之日为纳税义务发生时间。

2.纳税地点

纳税人购置应税车辆，应当向车辆登记注册地的主管税务机关申报纳税；购置不需办理车辆登记注册手续的应税车辆，应当向纳税人所在地主管税务机关申报纳税。车辆登记注册地是指车辆的上牌落籍地或落户地。

3.纳税期限

纳税人购买自用的应税车辆，自购买之日起60日内申报纳税；进口自用的应税车辆，应当自进口之日起60日内申报纳税；自产、受赠、获奖和以其他方式取得并自用的应税车辆，应当自取得之日起60日内申报纳税。这里的“购买之日”是指纳税人购车发票上注明的销售日期；“进口之日”是指纳税人报关进口的当天。

4.纳税申报

车辆购置税实行一车一申报制度。纳税人在办理纳税申报时应如实填写“车辆购置税纳税申报表”，同时提供车主身份证明、车辆价格证明、车辆合格证明及税务机关要求提供的其他资料的原件和复印件。主管税务机关应对纳税申报资料进行审核，确定计税依据，征收税款，核发完税证明。征税车辆在完税证明征税栏加盖车购税征税专用章，免税车辆在完税证明免税栏加盖车购税征税专用章。完税后，由税务机关保存有关复印件，并对已经办理纳税申报的车辆建立车辆购置税征收管理档案。

第三节　城市维护建设税

一、城市维护建设税概述

（一）城市维护建设税的概念

城市维护建设税是对从事工商经营，缴纳增值税、消费税的单位和个人征收的一种税。城市维护建设税是一种特定目的的税，是国家为加强城市的维护建设、扩大和稳定城市维护建设资金的来源而采取的一项税收措施。

我国的城市维护建设税制度是20世纪80年代开始提出和发展起来的。1985年，国务院颁布并实施了《中华人民共和国城市维护建设税暂行条例》，2011年1月进行了修订。

为完善税收法律制度，并与“营改增”改革相衔接，2020年8月11日，第十三届全国人民代表大会常务委员会第二十一次会议通过《中华人民共和国城市维护建设税法》，自2021年9月1日起施行。

（二）城市维护建设税的特点

1.税款专款专用

城市维护建设税事先明确规定使用范围与方向，税款的缴纳与受益直接联系，专款专用，用来保证城市公共事业和公共设施的维护和建设。

2.属于一种附加税

城市维护建设税与其他税种不同，没有独立的征税对象或税基，而是以增值税和消费税“两税”实际缴纳的税额之和为计税依据，随“两税”同时附征，本质上属于一种征税对象较广的附加税。

3.根据地区种类设计税率

城市维护建设税规定，根据纳税人地区不同，差别设置税率，较好地照顾了城市建设的不同需要。

（三）城市维护建设税的作用

1.补充城市维护建设资金的不足

由于城市建设维护税以增值税、消费税的税额为计税依据，与其同时征收，这样不但扩大了征税对象，而且还可以保证城市维护建设税随“两税”的增长而增长，从而使城市维护建设有比较稳定和可靠的资金来源。

2.调动城市维护建设的积极性

城市维护建设税用于城市的公共事业和公共设施的维护建设，具体安排由地方政府确定，将城市维护建设税与当地城市建设直接挂钩，税收收入越多，城镇建设资金就越充裕，城市建设发展就越快。这样，就能充分调动地方政府进行城市维护建设的积极性。

二、纳税人与税率

（一）纳税人

城市维护建设税的纳税人，是指负有增值税和消费税纳税义务的单位和个人，包括国有企业、集体企业、私营企业、股份制企业、其他企业和行政单位、事业单位、军事单位、社会团体、其他单位，以及个体工商户及其他个人。

城市维护建设税的代扣代缴、代收代缴，一律比照增值税、消费税的有关规定办理。增值税、消费税的扣缴义务人同时也是城市维护建设税的扣缴义务人。

（二）税率

城市维护建设税按纳税人所在区域的不同，设置了三档地区差别比例税率：

（1）纳税人所在地为市区的，税率为7%；

（2）纳税人所在地为县城、镇的，税率为5%；

（3）纳税人所在地为其他的，税率为1%。

城市维护建设税的适用税率，应当按纳税人所在地的规定税率执行。但是，对下列两种情况，可按缴纳增值税、消费税所在地的规定税率就地缴纳城市维护建设税：由受托方代扣代缴、代收代缴的单位和个人，其代扣代缴、代收代缴的城市维护建设税按受托方所在地适用税率执行；流动经营等无固定纳税地点的单位和个人，在经营地缴纳的，其城市维护建设税的缴纳按经营地适用税率执行。

三、应纳税额的计算

（一）计税依据的确定

城市维护建设税的计税依据是纳税人实际缴纳的增值税和消费税（以下简称"两税"）税额。纳税人违反增值税和消费税有关税法规定而加收的滞纳金和罚款，是税务机关对纳税人违法行为的经济制裁，不作为城市维护建设税的计税依据，但纳税人在被查补增值税和消费税以及被处以罚款时，应同时对其偷漏的城市维护建设税进行补税、缴纳滞纳金和罚款。

城市维护建设税以"两税"税额为计税依据并同时征收，如果要免征或者减征增值税和消费税，也就要同时免征或者减征城市维护建设税。但对出口产品退还增值税、消费税的，不退还已缴纳的城市维护建设税。

（二）应纳税额的计算

城市维护建设税纳税人的应纳税额大小是由纳税人实际缴纳的增值税和消费税税额决定的，其计算公式为：

应纳税额＝纳税人实际缴纳的增值税、消费税税额×适用税率

由于城市维护建设税实行纳税人所在地差别比例税率，所以在计算应纳税额时，应注意根据纳税人所在地来确定适用税率。

【例 9-6】A 市区一家企业 2019 年 3 月份实际缴纳增值税 150 000 元，缴纳消费税 200 000 元。请计算该企业应缴纳的城市维护建设税税额。

【答案解析】应纳城市维护建设税税额=（实际缴纳的增值税+实际缴纳的消费税）×适用税率

=（150 000+200 000）×7%=350 000×7%=24 500（元）

四、税收优惠与征收管理

（一）税收优惠

城市维护建设税原则上不单独减免，但因城市维护建设税具附加税性质，当主税发生减免时，城市维护建设税相应发生税收减免。城市维护建设税的税收减免具体有以下几种情况：

（1）城市维护建设税按减免后实际缴纳的"两税"税额计征，即随"两税"的减免而减免。

（2）对于因减免税而需进行"两税"退库的，城市维护建设税也可同时退库。

（3）海关对进口产品代征的增值税、消费税，不征收城市维护建设税。

（4）对国家重大水利工程建设基金免征城市维护建设税。

（5）对"两税"实行先征后返、先征后退、即征即退办法的，除另有规定外，对随"两税"附征的城市维护建设税和教育费附加，一律不退（返）还。

（二）征收管理

1.纳税义务发生时间

由于城市维护建设税是"两税"的附加税，因此城市维护建设税的纳税义务发生时间与"两税"是一致的。城市维护建设税的纳税义务时间为缴纳增值税、消费

税的当日。

2.纳税期限

由于城市维护建设税是由纳税人在缴纳增值税、消费税的同时缴纳的，因此，城市维护建设税的纳税期限与增值税和消费税一致，按照固定期限缴纳。不能按照固定期限纳税的，可以按次纳税。

3.纳税环节

城市维护建设税的纳税环节，实际就是纳税人缴纳“两税”的环节。纳税人只要发生“两税”的纳税义务，就要在同样的环节，分别计算缴纳城市维护建设税。

4.纳税地点

纳税人缴纳“两税”的地点，就是该纳税人缴纳城市维护建设税的地点。但是下列情况例外：

（1）代扣代缴、代收代缴“两税”的单位和个人，同时也是城市维护建设税的代扣代缴、代收代缴义务人，其城市维护建设税的纳税地点在代扣代收地。

（2）跨省开采的油田，下属生产单位与核算单位不在一个省内的，其生产的原油，在油井所在地缴纳增值税，其应纳税款由核算单位按照各油井的产量和规定税率，计算汇拨各油井缴纳。所以，各油井应纳的城市维护建设税，应由核算单位计算，随同增值税一并汇拨油井所在地，由油井在缴纳增值税的同时，一并缴纳城市维护建设税。

（3）对管道局输油部分的收入，由取得收入的各管道局于所在地缴纳增值税。所以，其应纳城市维护建设税，也应由取得收入的各管道局于所在地缴纳增值税时一并缴纳。

（4）对流动经营等无固定纳税地点的单位和个人，应随同“两税”在经营地按适用税率缴纳。

第四节　烟叶税

一、烟叶税概述

烟叶税是以纳税人收购烟叶的收购金额为计税依据征收的一种税。

烟叶税是随着中华人民共和国的成立和发展而逐步成熟的。1958年我国颁布实施了《中华人民共和国农业税条例》，1983年国务院以其为依据，选择特定农业产品征收农林特产农业税（简称农业特产税），但其征收范围不包括烟叶，对烟叶征收的是产品税和工商统一税。1994年我国进行了分税制改革，合并农林特产税、产品税及工商统一税中的农林牧水产品税目，统一征收农业特产税，对烟叶在收购环节征收农业特产税。从2004年起，除对烟叶还征收农业特产税外，对其他农业特产品不再征收。随着2006年1月1日农业税的废止，对烟叶征收农业特产税失去了法律依据。

但对烟叶停征农业特产税，将会产生一些新的问题。例如，不利于烟叶产区县乡经济的发展，其地方财政特别是一些县乡的财政收入将受到较大的影响。同时，也不利于卷烟工业的持续稳定发展。为此，2006年4月28日，国务院公布并实施了《中华人民共和国烟叶税暂行条例》，开征烟叶税取代原烟叶特产农业税。2017年12月27日，第十二届全国人民代表大会常务委员会第三十一次会议通过了《中华人民共和国烟叶税法》，自2018年7月1日起实施。

二、纳税人、征税范围和税率

在中华人民共和国境内，依照《中华人民共和国烟草专卖法》的规定收购烟叶的单位为烟叶税的纳税人。

烟叶税的征税范围是指晾晒烟叶、烤烟叶。

烟叶税实行比例税率，税率为20%。烟叶税实行全国统一的税率，主要是考虑烟叶属于特殊的专卖品，其税率不宜存在地区间的差异，否则会形成各地之间的不公平竞争，不利于烟叶种植的统一规划和烟叶市场、烟叶收购价格的统一。

三、应纳税额的计算

烟叶税的计税依据为纳税人收购烟叶实际支付的价款总额，包括支付给烟叶生产销售单位和个人的烟叶收购价款及价外补贴。其中，价外补贴统一按烟叶收购价款的10%计算。

烟叶税的应纳税额按照纳税人收购烟叶实际支付的价款总额乘以税率计算，计算公式为：

应纳税额=实际支付价款总额×税率

【例9-7】某烟草公司是增值税一般纳税人，2019年1月收购烟叶100 000千克，烟叶收购价格10元/千克，总计1 000 000元，货款已全部支付。请计算该烟草公司8月收购烟叶应缴纳的烟叶税税额。

【答案解析】应纳烟叶税税额=1 000 000×（1+10%）×20%=220 000（元）

四、征收管理

烟叶税的征收管理，依照《中华人民共和国税收征收管理法》及《中华人民共和国烟叶税法》的有关规定执行。

烟叶税的纳税义务发生时间为纳税人收购烟叶的当日。收购烟叶的当日是指纳税人向烟叶销售者付讫收购烟叶款项或者开具收购烟叶凭据的当日。

纳税人收购烟叶，应当向烟叶收购地的主管税务机关申报缴纳烟叶税纳税。

烟叶税按月计征，纳税人应当于纳税义务发生月终了之日起15日内申报并缴纳税款。

第五节　环境保护税

一、环境保护税概念

环境保护税是对在中华人民共和国领域和中华人民共和国管辖的其他海域，直接向环境排放应税污染物的企事业单位和其他生产经营者征收的一种绿色环保税。

2016年12月25日，第十二届全国人民代表大会常务委员会第二十五次会议通过的《中华人民共和国环境保护税法》（以下简称《环境保护税法》），是我国第一部专门体现“绿色税制”、推进生态文明建设的单行税法。《环境保护税法》自2018年1月1日起施行，同时，不再征收排污费。

开征环境保护税有利于构建促进经济结构调整、发展方式转变的绿色税制体系，有利于促进绿色发展与生态文明建设，有利于提高执法刚性，增加地方政府的治污投入。

二、纳税人、征税范围与税率

（一）纳税人

在中华人民共和国领域和中华人民共和国管辖的其他海域，直接向环境排放应税污染物的企业、事业单位和其他生产经营者为环境保护税的纳税人。

依法设立的城乡污水集中处理、生活垃圾集中处理场所超过国家和地方规定的排放标准向环境排放应税污染物的，应当缴纳环境保护税。

企业、事业单位和其他生产经营者贮存或者处置固体废物不符合国家和地方环境保护标准的，应当缴纳环境保护税。

有下列情形之一的，不属于直接向环境排放污染物，不缴纳相应污染物的环境保护税：企业、事业单位和其他生产经营者向依法设立的污水集中处理、生活垃圾集中处理场所排放应税污染物的；企业、事业单位和其他生产经营者在符合国家和地方环境保护标准的设施、场所贮存或者处置固体废物的。

（二）征税范围

环境保护税税目是根据原排污收费项目设置的，大的税目分类包括大气污染物、水污染物、固体废物和噪声四类。具体说来，不是对这四类中所有的污染物都征税，而只是对《环境保护税税目税额表》及应税污染物和当量值表中规定的污染物征税。

应税大气污染物、水污染物的具体适用税额的确定及调整，由省、自治区、直辖市人民政府统筹考虑本地区的环境承载能力、污染物排放现状和经济与社会生态发展目标的要求，在《环境保护税税目税额表》规定的税额幅度内提出，报同级人民代表大会常务委员会决定，并报全国人民代表大会常务委员会和国务院备案。

（三）税率

环境保护税的税率实行定额税率和幅度定额税率。其中，应税大气污染物、水污染物实行幅度定额税率，应税固体废物和噪声实行定额税率，具体见表9-2。

表9-2　　环境保护税税目税率表

税目		计税单位	税额
大气污染物		每污染当量	1.2元至12元
水污染物		每污染当量	1.4元至14元
固体废物	煤矸石	每吨	5元
	尾矿	每吨	15元
	危险废物	每吨	1000元
	冶炼渣、粉煤灰、炉渣、其他固体废物（含半固态、液态废物）	每吨	25元
噪声	工业噪声	超标1~3分贝	每月350元
		超标4~6分贝	每月700元
		超标7~9分贝	每月1 400元
		超标10~12分贝	每月2 800元
		超标13~15分贝	每月5 600元
		超标16分贝以上	每月11 200元

三、应纳税额的计算

（一）计税依据的确定

1.应税大气污染物、水污染物

应税大气污染物、水污染物的计税依据，按照污染物排放量折合的污染当量数确定。

纳税人有下列情形之一的，以其当期应税大气污染物、水污染物的产生量作为污染物的排放量：

（1）未依法安装、使用污染物自动监测设备，或者未将污染物自动监测设备与环境保护主管部门的监控设备联网。

（2）损毁或者擅自移动、改变污染物自动监测设备。

（3）篡改、伪造污染物监测数据。

（4）通过暗管、渗井、渗坑、灌注或者稀释排放以及不正常运行防治污染设施等方式违法排放应税污染物。

（5）进行虚假纳税申报。

2.应税固体废物

应税固体污染物按照固体废物的排放量确定。

固体废物的排放量为当期应税固体废物的产生量减去当期应税固体废物的贮存

量、处置量、综合利用量的余额。

其中，固体废物的贮存量、处置量是指在符合国家和地方环境保护标准的设施、场所所贮存或者处置的固体废物数量：固体废物的综合利用量是指按照国务院发展和改革、工业和信息化部门关于资源综合利用要求以及国家和地方环境保护标准进行综合利用的固体废物数量。

纳税人有下列情形之一的，以其当期应税固体废物的产生量作为固体废物的排放量：

（1）非法倾倒应税固体废物。

（2）进行虚假纳税申报。

（3）应税噪声按照超过国家规定标准的分贝数确定。

应税大气污染物、水污染物的污染当量数，以该污染物的排放量除以该污染物的污染当量值计算。每种应税大气污染物、水污染物的具体污染当量值，依照应税污染物和当量值表执行。

（二）应纳税额的计算

其应纳税额的计算公式为：

应纳税额=应税污染物的计税依据×适用税额

具体的环境保护税应纳税额按照下列方法计算：

（1）应税大气污染物的应纳税额为污染当量数乘以具体适用税额。

（2）应税水污染物的应纳税额为污染当量数乘以具体适用税额。

（3）应税固体废物的应纳税额为固体废物排放量乘以具体适用税额。

（4）应税噪声的应纳税额为超过国家规定标准的分贝数对应的具体适用税额。

【例9-8】某餐饮公司2019年6月排放污水80吨，污染当量值为0.5吨，当地水污染物每污染当量适用税额为5元。请计算该餐饮公司当月应缴纳的环境污染税税额。

【答案解析】应纳环境保护税税额=80÷0.5×5=800（元）

四、税收优惠

（一）免税规定

对于下列情形，暂予免征环境保护税：

（1）农业生产（不包括规模化养殖）排放应税污染物的。

（2）机动车、铁路机车、非道路移动机械、船舶和航空器等流动污染源排放应税污染物的。

（3）依法设立的城乡污水集中处理、生活垃圾集中处理场所排放相应应税污染物，不超过国家和地方规定的排放标准的。

（4）纳税人综合利用的固体废物，符合国家和地方环境保护标准的。

（5）国务院批准免税的其他情形。国务院批准免税的，由国务院报全国人民代表大会常务委员会备案。

（二）减征规定

对于下列情形，减征环境保护税：

（1）纳税人排放应税大气污染物或者水污染物的浓度值低于国家和地方规定的污染物排放标准30%的，减按75%征收环境保护税。

（2）纳税人排放应税大气污染物或者水污染物的浓度值低于国家和地方规定的污染物排放标准50%的，减按50%征收环境保护税。

五、征收管理

环境保护税的纳税义务发生时间为纳税人排放应税污染物的当日。

纳税人应当向应税污染物排放地的税务机关申报缴纳环境保护税。

环境保护税按月计算，按季缴纳。不能按固定期限计算缴纳的，可以按次申报缴纳。

纳税人按季申报缴纳的，应当自季度终了之日起15日内，向税务机关办理纳税申报并缴纳税款。纳税人按次申报缴纳的，应当自纳税义务发生之日起15日内，向税务机关办理纳税申报并缴纳税款。

税务机关发现纳税人的纳税申报数据资料异常或者纳税人未按照规定期限办理纳税申报的，可以提请生态环境主管部门进行复核，生态环境主管部门应当自收到税务机关的数据资料之日起15日内向税务机关出具复核意见。

关键概念

印花税；车辆购置税；城市维护建设税；烟叶税；环境保护税；污染当量。

复习思考题

1.简述印花税的征税范围？如何理解印花税缴纳的“三自”原则？
2.农村地区是否征收城市维护建设税？
3.简述印花税的征税范围。
4.如何确定车辆购置税的计税依据？
5.如何理解我国目前继续课征烟叶税？
6.结合所学知识分析如何发挥环境保护税的环保功能？

主要参考文献

[1] 中国注册会计师协会．税法［M］．北京：中国财政经济出版社，2020.

[2] 全国注册税务师执业资格考试教材编写组．税法Ⅰ［M］．北京：中国税务出版社，2020.

[3] 全国注册税务师执业资格考试教材编写组．税法Ⅱ［M］．北京：中国税务出版社，2020.

[4] 刘佐．中国税制概览［M］．24版．北京：经济科学出版社，2020.

[5] 黄桦．税收学［M］．5版．北京：中国人民大学出版社，2020.

[6] 梁文涛，苏杉．税法［M］．大连：东北财经大学出版社，2019.

[7] 盖地．中国税制［M］．4版．北京：中国人民大学出版社，2019.

[8] 梁俊娇．税法［M］．6版．北京：中国人民大学出版社，2019.

[9] 马海涛．中国税制［M］．10版．北京：中国人民大学出版社，2019.

[10] 刘颖．中国税制［M］．3版．北京：中国财政经济出版社，2019.

[11] 王乔，姚林香．中国税制［M］．3版．北京：高等教育出版社，2018.

[12] 杨斌．税收学［M］．2版．北京：科学出版社，2017.

[13] 朱为群．中国税制［M］．北京：高等教育出版社，2016.

[14] 莫里斯．税制设计［M］．湖南国税翻译小组，译．长沙：湖南人民出版社，2016.

[15] 罗森，盖亚．财政学［M］．郭庆旺，译．北京：中国人民大学出版社，2015.

[16] 王玉华．税法［M］．北京：经济科学出版社，2014.